ALBERT SLOSMAN

LA TRILOGÍA DE LOS ORÍGENES
I
EL GRAN CATACLISMO

En aquellos tiempos, vivieron Isis y Osiris

OMNIA VERITAS

ALBERT SLOSMAN
(1925-1981)

Fascinado por el antiguo Egipto y la Atlántida. Profesor de matemáticas y experto en análisis informático participó en los programas de la NASA para el lanzamiento de Pioneer en Júpiter y Saturno. Su intención era encontrar la fuente del monoteísmo y escribir su historia. Su búsqueda de los orígenes de todo y de todos le llevó, de forma curiosa e inesperada, a centrar su atención en la antigua civilización egipcia, cuya formación y desarrollo fue abordado con una mente abierta e independiente a lo largo de su corta vida. Albert fue un luchador de la resistencia durante la Segunda Guerra Mundial, torturado por la Gestapo, y más tarde víctima de un accidente que lo dejó en coma durante tres años. Slosman era una persona de apariencia y salud extremadamente frágil, pero animada por una intensa fuerza interior que lo mantenía vivo, motivada por el deseo de completar una obra de 10 volúmenes que pretendía ser un enorme tejido de la permanencia del monoteísmo a través del tiempo, y que su prematura muerte no le permitió concluir. Un accidente banal, una fractura del cuello del fémur, tras una caída en los locales de la *Maison de la Radio* de París, le quitó la vida, tal vez porque su cuerpo, (su carcasa humana como le gustaba decir) ya bien sacudido, no pudo soportar una agresión adicional, por insignificante que fuera.

LA TRILOGÍA DE LOS ORÍGENES I - EL GRAN CATACLISMO

© Omnia Veritas Limited, 2020

La trilogie des origines I Le grand cataclysme, Robert Laffont, 1976
Traducido del francés por Antonio Suárez

Publicado por
OMNIA VERITAS LTD

www.omnia-veritas.com

Reservados todos los derechos. No se permite la reproducción total o parcial de esta obra, ni su incorporación a un sistema informático, ni su transmisión en cualquier forma o por cualquier medio (electrónico, mecánico, fotocopia, grabación u otros) sin autorización previa y por escrito de los titulares del copyright. Ninguna parte de esta publicación puede ser reproducida por ningún medio sin permiso previo del editor. La infracción de dichos derechos puede constituir un delito contra la propiedad intelectual.

A MODO DE PROLEGÓMENO 11
PREFACIO 13
CAPÍTULO I 32
   AL INICIO: DIOS 32
CAPÍTULO II 52
   LAS COMBINACIONES MATEMÁTICAS DIVINAS 52
CAPÍTULO III 71
   LA CREACIÓN 71
CAPÍTULO IV 84
   EL SIMBOLISMO ORIGINAL DE LA CREACIÓN 84
CAPÍTULO V 99
   LA NUMÉRICA SIMBÓLICA TERRESTRE 99
CAPÍTULO VI 110
   AHA-MEN-PTAH: PRIMER CORAZÓN DE DIOS 110
CAPÍTULO VII 127
   UNA SESIÓN EN EL GRAN CONSEJO 127
CAPÍTULO VIII 140
   GEB, EL ÚLTIMO MAESTRO. 140
CAPÍTULO IX 158
   LA REINA NUT 158
CAPÍTULO X 175
   OSIRIS E ISET 175
CAPÍTULO XI 195
   SIT. HIJO DE LA REBELION. «MESIT BETESU» 195
CAPÍTULO XII 215
   EL GRAN CATACLISMO 215
CAPÍTULO XIII 233
   MANDJIT 233
CAPÍTULO XIV 247

CRONOLOGÍA DE AHA-MEN-PTAH 247
BIBLIOGRAFÍA 267
OTROS TÍTULOS 273

A MODO DE PROLEGÓMENO

Quizás has oído pronunciar el nombre de Atlas, y el de la raza que descendió de él en numerosas generaciones. También se dice que de él descienden las numerosas familias que componen nuestra raza. Desgraciadamente fue antaño una nación feliz y querida de los dioses mientras que honró al cielo.
Jérôme Frascator
Syphilidis, canto III

La teogonía de los Atlantes, informada por Diodoro de Sicilia, probablemente se introdujo en Egipto durante esta gran irrupción de la que se habla en el Timeo de Platón.
Buffon
Épocas de la naturaleza

El hundimiento de la Atlántida puede ser observado con tanta razón como un punto histórico. La poca profundidad del mar Atlántico hasta las Canarias bien podría ser prueba de este acontecimiento cuyas islas podrían ser los restos de la Atlántida.
Voltaire
Dic. fil. de los cambios ocurridos en el globo

¿Por qué las Canarias y las Azores, islas del océano Atlántico, no serían incluso los restos de la tierra llamada Atlántida? Ellas muestran las montañas más sólidas de las partes que fueron las más elevadas. Las colinas más humildes y los valles intermedios fueron sumergidos cuando por el efecto de los terremotos y del diluvio, este continente desapareció en las aguas del mar.
Padre Athanase Kircher
El Mundo subterráneo, tomo 1, 3

El pensamiento racional, sin la ayuda de la parcela Divina constituyente del Alma impalpable, no puede conducir más que a una filosofía de la Nada.

Albert Slosman

PREFACIO

Los que, entre los antiguos egipcios, deseaban llegar al Conocimiento, aprendían ante todo el tipo de letras llamadas epistolografía; en segundo lugar la hierática, de la que se servían los hierogramatas, y, al fin, la jeroglífica. Esta última es de dos tipos: uno ciriológico, que emplea las letras alfabéticas; el otro simbólico. El método simbólico se subdivide a su vez en tres clases: una representa los propios objetos, por imitación; otra expresa la figuración una forma trópica; la tercera se expresa por alegorías y define ciertos enigmas.

Clemente de Alejandría
Stromata, V, 657

El texto, que desde hace más de dos mil años ha hecho correr mucha tinta y aún sigue aunque sólo sea como en este escrito que lo nombra para empezar. Se trata del famoso Timeo de Platón cuyos otros relatos filosóficos son también conocidos internacionalmente, pero en el Timeo, el autor se inspiró en el poema en verso del sabio Solón, lo que él mismo reconoce voluntariamente.

Han aparecido centenares de libros más o menos discutidos, nombremos la bella novela de Pierre Benoit que suscitó la vocación de tantos investigadores y soñadores. La Atlántida, por mantener por el momento este nombre platónico, ha sido situada prácticamente en todas las partes del mundo.

No abordaremos esta parte humorística con el objeto de dedicar el máximo de capítulos a la historia del continente desaparecido, y bajo su verdadero nombre, tal como los antiguos textos jeroglíficos lo nombraban en sus subtítulos anaglíficos, es decir, en su segunda lengua sagrada, es Aha-Men-Ptah que quiere decir: corazón primogénito de Dios.

Por ello, los rescatados del gran cataclismo que sumergió el país, lo llamaron cuando desembarcaron en tierra africana: Amenta, Reino de los

Muertos. Cuando estos rescatados llegaron a "Ta Merit", el "Lugar Amado", no pudieron bautizarlo más que por mediación de su primer rey Menes en Ath-Ka-Ptah, es quiere decir: Segunda Alma de Dios, que se convirtió fonéticamente por gracia, que sólo los griegos comprenden, en Ae-Guy-Ptos, es decir Egipto.

Numerosos textos testimonian formalmente este antiguo origen. Y antes de abordarlos en detalle, veamos la narración platónica de los acontecimientos ocurridos a este continente engullido. El autor hace hablar a Critias:

> *"Voy a referir esta historia, que no es nueva, y que oí a un hombre, que no era joven. Critias, según él mismo lo decía, tocaba entonces en los noventa años, cuando yo apenas contaba diez. Era el día Cureotís de las fiestas Apaturías1. En la fiesta tomamos parte los que éramos jóvenes, en la forma acostumbrada, y nuestros padres propusieron premios para los que sobresalieran entre nosotros en la declamación de versos. Se recitaron muchos poemas de varios poetas, y como entonces eran nuevas las poesías de Solón, muchos las cantaron. Algunos de nuestra tribu, fuera porque así lo creyesen o porque quisieran complacer a Critias, dijeron, que Solón no sólo les parecía el más sabio de los hombres, sino también el más noble de los poetas.*
>
> *El anciano Critias[2], me acuerdo bien, se entusiasmó al oír esto, y dijo complacido: «Aminandro[3], si Solón, en lugar de hacer versos por pasatiempo, se hubiera consagrado seriamente a la poesía como otros muchos; si hubiera llevado a cabo la obra que trajo de*

---

[1] Platón, Obras completas, edición de Patricio de Azcárate, tomo 6, Madrid 1872.

Las Apaturías, fiesta ateniense en honor a Baco. Duraba tres días, cada uno de los cuales tenía un nombre particular; el primero, sópicsta se consagraba a los festejos; el segundo avápuaia, a los sacrificios; y el tercero, xoupeaTií, al canto y la declamación.

[2] Critias (griego antiguo Κριτίας) (460-403 a.C.) fue un sofista griego nacido en Atenas. Hijo de Calescro, fue tío carnal de Platón.

[3] Aminandro fue rey de Atamania a finales del siglo III a. C. Aminandro aparece en la historia como mediador entre la Liga Etolia y el Reino de Macedonia en 208 a. C. Los romanos le informaron de su intención de hacer la guerra a Macedonia y Aminandro se alió con ellos.

Egipto; si no hubiera tenido necesidad de dedicarse a combatir las facciones y los males de toda clase, que encontró aquí a su vuelta; en mi opinión, ni Hesíodo, ni Homero, ni nadie le hubieran superado como poeta.
— *¿Y qué obra era esa Critias? preguntó Aminandro.*
—*Es la historia del hecho más grande y de más nombradía, que fue realizado por esta ciudad, y cuyo recuerdo, a causa del trascurso del tiempo y de la muerte de sus autores, no ha llegado hasta nosotros.*
—*Repítenos desde el principio, replicó el otro, lo que contaba Solón, qué tradición era esa, y quién se lo contó como una historia verdadera."*

En este prólogo al relato de Platón, Timeo, atestigua de esta forma la autenticidad del efectuado por Solón más de un siglo antes. Sabemos por múltiples ecos de autores contemporáneos del sabio heleno que su poema en verso, inacabado, trataba de un modo extremadamente detallado y preciso, y por primera vez desvelaba la historia de Egipto a lo largo de su larga estancia a las orillas del Nilo; él aprendió a leer en el texto mismo los jeroglíficos que trazaban la verdadera tragedia y la extraordinaria aventura de un continente hundido por un Gran Cataclismo, y cuyos rescatados fundaron, a través de su descendencia, las familias egipcias, luego las semitas, las fenicias y las griegas entre otras.

Antes de seguir con la vida en Aha-Men-Ptah, seguiremos un poco más con la lectura del relato en prosa, interpretado por Platón, para tenerlo en concordancia en nuestra memoria para el resto de la lectura:

"Hay, dijo Critias, en Egipto, en el Delta, en cuyo extremo divide el Nilo sus aguas, un territorio llamado Saítico, distrito cuya principal ciudad es Sais, patria del rey Amasis[4]*. Los habitantes honraban como fundadora de su ciudad a una divinidad, cuyo*

---

[4] Sobre el origen de Amasis, véase a Herodoto, 162, 182. Durante el siglo VI a.C, los libios del oeste luchaban contra el ejército egipcio del general Apriès y en contra de los griegos dóricos de Cirena, ellos mismos en lucha contra los rebeldes de Amasis, celebre por su vulgaridad y borracheras. Después de varias batallas, Amasis fue coronado Faraón.

nombre egipcio es Neith, y el nombre griego, si se les ha de dar crédito, es Atena[5]. Aman mucho a los atenienses, y pretenden en cierto modo pertenecer a la misma nación. Solón decía, que cuando llegó a aquel país, había sido perfectamente acogido; que había interrogado sobre las antigüedades a los sacerdotes más versados en esta ciencia; y que había visto, que ni él ni nadie, entre los griegos, sabia, por decirlo así, ni una sola palabra de estas cosas. Un día, queriendo comprometer a los sacerdotes a que se explicaran sobre las antigüedades, Solón se propuso hablar de todo lo que nosotros conocemos como más antiguo, de Foroneo, llamado el primero[6], de Niobe[7], y después del diluvio de Deucalion[8] y Pyrro, con todo lo que a esto se refiere; explicó la genealogía de todos los descendientes de aquellos, y ensayó, computando los años, fijar la fecha de los sucesos. Pero uno de los sacerdotes más ancianos, exclamó:

¡Solón! ¡Solón! vosotros los griegos seréis siempre niños; en Grecia ¡no hay ancianos!— ¿Qué quieres decir con eso, replicó Solón? —Sois niños en cuanto al alma, respondió el sacerdote, porque no poseéis tradiciones remotas ni conocimientos venerables por su antigüedad. He aquí la razón.

Mil destrucciones de hombres han tenido lugar y de mil maneras, y se repetirán aún, las mayores por el fuego y el agua, y las menores mediante una infinidad de causas. Lo que se refiere entre vosotros, de que en otro tiempo Faetón, hijo del Sol, habiendo uncido el carro de su padre y no pudiendo conservarle

---

[5] Sobre la cuestión relativa a si la Neith de Sais es la Minerva de los griegos, véase Herodoto, II, 28, 59,170, y 176; Pausanias 11,36; Cicerón De nat. Deor. III, 23, y Plutarco, Sobre Isis y Osiris, 9,92 y 6.

[6] Foroneo, hijo de Inaco, el primero según unos, porque fué el primero de los hombres (Inaco pudo ser un río); según otros porque él fué el primer mortal que reinó; y según otros, porque fué el primero que fundó en Argos.

[7] Hija de Foroneo, que tuvo de Júpiter un hijo llamado Argus, el cual dio nombre a la ciudad de Argos.

[8] El de Deucalion. El escoliasta refiere tres, el primero bajo Ojijio; el segundo bajo Deucalion, y el tercero bajo Dárdano.

Platón, *Obras completas*, edición de Patricio de Azcárate, tomo 6, Madrid 1872.

en la misma órbita, abrasó la tierra y pereció él mismo herido del rayo, tiene todas las apariencias de una fábula; pero lo que es muy cierto é innegable, es que en el espacio que rodea la tierra y en el cielo se realizan grandes revoluciones, y que los objetos, que cubren el globo a largos intervalos, desaparecen en un vasto incendio. En tales circunstancias los que habitan las montañas, y en general los lugares elevados y áridos, sucumben antes que los que habitan las orillas de los ríos y del mar. Con respecto a nosotros, el Nilo, nuestro constante salvador, nos salvó también de esa calamidad desbordándose. Cuando por otra parte, los dioses, purifican la tierra por medio de las aguas, la sumergen y los pastores en lo alto de las montañas y sus ganados de toda clase se ven libres de este azote; mientras que los habitantes de vuestras ciudades se ven arrastrados al mar por la corriente de los ríos. Pues bien, en nuestro país, ni entonces, ni en ninguna ocasión, las aguas se precipitan nunca desde las alturas a las campiñas; por el contrario, manan de las entrañas de la tierra. Por estos motivos, se dice, que es entre nosotros donde se han conservado las más antiguas tradiciones. La verdad es, que en todos los países, donde los hombres no tienen necesidad de huir por un exceso de agua ó por un extremado calor, subsisten siempre más ó en menos, pero siempre en mayor número.

Así es que, sea entre vosotros, sea aquí, sea en cualquiera otro país de nosotros conocido, no hay nada que sea bello, que sea grande, y que sea notable en cualquier materia, que no haya sido consignado desde muy antiguo por escrito, y que no se haya conservado en nuestros templos. Pero entre vosotros y en los demás pueblos, apenas habéis adquirido el uso de las letras y de todas las cosas necesarias a los Estados, cuando terribles lluvias, a ciertos intervalos, caen sobre vosotros como un rayo, y sólo dejan sobrevivir hombres iliteratos y extraños a las musas; de manera que comenzáis de nuevo, y os hacéis niños sin saber nada de los sucesos de este país ó del vuestro, que se refieran a los tiempos antiguos. Ciertamente esas genealogías, que acabas de exponer, Solón, se parecen mucho a cuentos de niños".

Indiscutiblemente todos, estos propósitos están efectivamente extraídos del poema escrito por Solón. Se habla realmente de lo que el sabio ha visto y ha oído en Egipto. La verdad sale por su boca, habiendo verificado los textos jeroglíficos él mismo. Los hechos relatados por el sacerdote son, pues, exactos. Pero si Platón copió fielmente hasta las palabras de su muy sabio antepasado, va a introducir manifiestamente en la continuación del Timeo un arriesgado trozo de su propia cosecha, que será el preludio de la vía filosófica que trazará la República y las leyes en la gloria del Estado perfecto, y de Grecia ¡por supuesto!

El esquema organizador político social aparece cada vez más nítidamente a partir del párrafo siguiente, donde Platón idealiza la ciudad y el ejército de su país. De forma que en el pasaje siguiente, el país Atlante deja de ser un continente para confundirse en el pasado con Grecia todopoderosa. Ya que, en efecto, al presente en el que se debate el autor necesita que se le eche una mano para no hundirse.

Escuchemos, pues la fábula, inventada a este efecto y contada, lo que parece increíble en la actualidad, por un sacerdote egipcio del templo de iniciación de Sais:

> "Y luego, la raza mejor y la más bella entre los hombres, no sabéis que es en vuestro país donde nació, ni que de esos hombres vosotros y toda vuestra ciudad actual provenís; ya que un poco de su semilla se ha conservado. Vosotros la imploráis porque durante numerosas generaciones, los supervivientes han muerto sin ser capaces de expresarse por escrito. Sí, Solón, hubo un tiempo, antes de la gran destrucción por las aguas, que en la ciudad que es hoy la de los Atenienses, era de todas la mejor en la guerra, y la mejor vigilada en todos los aspectos. En ella, se dice, fueron realizados los más bellos éxitos, hubo organizaciones políticas, las mejores de todas las que jamás oímos nombrar bajo el cielo".

De paso, no podía faltar evidentemente, ensalzar el genio de los griegos e incitarlos a convertirse en lo que debían ser, y para lograr esta hazaña, Platón no disminuye ni sus efectos, ni sus esfuerzos, abre en todos los acimuts, todos los grandes archivos mitológicos ficticios de dioses atenienses, haciendo intervenir a la benevolente Atenea para fundar Sais donde se implantó bajo el nombre de Neith. Olvidando que esta protectora del nomo de Sais ya existía en este lugar mucho antes de ponerse la primera piedra del Partenón de Atenas... ¡Pero poco importó!

para el renacimiento griego frente a las exigencias que omiten la realidad. Escuchemos algo más a este sacerdote egipcio, tan poco ortodoxo [¡sic!]:

"No usaré reticencia alguna, y en referencia hacia usted, ¡Oh! Solón, hacia vuestra ciudad, y más aún hacia la diosa que la ha protegido, elevado, instruido; de vuestra ciudad os contaré esta maravillosa Historia: de nuestras dos ciudades, la más antigua es la vuestra, y de mil años, ya que recibió vuestra semilla de Gaïa y de Hefaisto, ésta es más reciente. Desde que nuestro país se civilizó, han pasado, llevando nuestros sagrados espíritus, el número de ocho mil años. Es pues de vuestros conciudadanos de hace nueve milenios que os voy a descubrir brevemente las leyes, y entre sus grandes hechos, os diré el más bello que han realizado".

Detengo esta descripción platónica de las más enfáticas, ya que el célebre escritor da libre curso a sus propias visiones, y a sus propios preceptos filosóficos sobre diferentes clases de esta sociedad antigua, donde los combatientes helenos tenían un lugar preponderante y privilegiado. Lo que es un contrasentido de los más aberrantes en boca de uno de los más eruditos sacerdote egipcios, y cuyos jeroglíficos nunca conjuntaban la palabra guerra ya que el pueblo de su país no tenía militares.

La continuación del relato de Platón evocaría más bien la segunda guerra médica que Escílax[9] puso a punto con los persas. Nuestro autor, para recuperar de alguna forma su homilía y volver realmente a la Atlántida de Solón, describe cómo el venerable antepasado de Critias recordó esta historia, pero esto ya no tiene lugar en nuestro prefacio. Si algún lector curioso desea la continuación del relato glorioso, puede consultar las innumerables traducciones del Timeo existentes en el mercado que son satisfactorias.

Volvamos pues a Aha-Men-Ptah, desde su origen humano. Para ello, debemos igualmente remontar hasta el origen tal como lo concebían sus

---

[9] Escílax de Carianda fue un explorador y marino, natural de la ciudad de Carianda, en Caria, que vivió en el siglo VI a.C. fue el primer griego en narrar sus exploraciones desde el punto de vista geográfico.

habitantes, y que nos ha llegado por sus antepasados, hasta las orillas del Nilo.

El origen con una O mayúscula: el Origen de cada uno de nosotros, de todos, de todo: del cielo y de la tierra, de sus contenidos y contenedores. Seamos creyentes o ateos, nuestros pensamientos, al menos una vez, se han dirigido hacia este origen común, único y a su creador, ya se llame Dios, o simplemente azar, ¿y quién está más habilitado para hablar de este origen, que los mismos que lo vivieron y lo contaron a sus descendientes, y los que lo grabaron en la piedra para la eternidad?

El objetivo de esta obra es permitir al lector, sea cual sea su pensamiento espiritual, hacerse una opinión por él mismo leyendo la Historia, y no "una historia", de Aha-Men-Ptah, que el gran cataclismo borró de la superficie de nuestro globo terrestre en pocas horas.

Para remontar a este origen, conviene recorrer marcha atrás la cronología analítica del continente hundido. Y si parece complejo volver a un pasado tan remoto, la tarea no es por ello insuperable, ya que subsisten muchos escritos que lo narran, incluso si están en anaglifos jeroglíficos. Los anales de Aha-Men-Ptah remontan a una sustancial antigüedad. Estos textos están grabados sobre ladrillo crudo, cocido, luego sobre piedra; impresos sobre barro o pintados en pieles de cuero apenas tañidas antes de ser escritos en papiro, y es fácil observar que todos concuerdan en definir un origen único, altamente espiritual y esencialmente monoteísta.

La metafísica tan sorprendente por su claridad, tanto litúrgica como teológica, se desprende de este conocimiento predinástico egipcio, y nos permite decir con toda lógica que sus autores representaban una civilización superior llegando al final de un éxodo, y descendientes de un pueblo más antiguo que vivió en otro lugar.

¿Cómo poder transmitir en este prefacio, la necesidad vital que tenían de comunicar su "Origen"? ¿Qué tenía esta raza, en vía de extinción, por ofrecer tanto sobre sus realizaciones como sobre su Dios-Único que les había permitido su supervivencia para dar el medio a las generaciones futuras de realizar lo mismo armonizándose con Sus mandamientos?

¿Cómo comunicar a los hombres del siglo XX esta necesidad innata de comunión ancestral que tenían las almas, como parcelas divinas, amadas en los envoltorios carnales mortales con todos sus padres, a lo largo de sus vidas terrestres no eternas?

¿Cómo hacer admitir a los espíritus contemporáneos, demasiado complejos por su entorno que ellos mismos destruyen, la necesidad vital de armonizar cada acto de la vida cotidiana a los mandamientos naturales de un sólo Dios: Ptah?

¿Cómo no mostrar actualmente estupefacción ante esta ética rigurosa que limita al hombre a no realizar nada que le pueda ser reprochado a la hora de la "pesada del alma", bajo pena de no poder acceder a Amenta, ese Más Allá de la Muerte, para entrar en el Reino de los Bienaventurados?

Todas estas preguntas quedan sin embargo sin respuestas, ya que la historia más antigua de la Humanidad nos ha sido transmitida por generaciones sucesivas de escribas. Están ahí, en una multitud de inscripciones, grabadas sobre los muros de las tumbas más antiguas, en Saqqara, en Dendera, en Tebas, o bien en los subterráneos de los más antiguos templos, vueltos a ser copiados de textos antiguos.

A su modo, Mena o Menes, tal como se pronunció en griego, fue el primer Rey de la primera dinastía, según cuenta la historia de nuestros ancestros. Estamos en el año 4.303 antes de que empiece la era cristiana. El unificador realizó el sueño tan deseado por sus ancestros: edificar un templo en gloria de Dios, y alrededor se construiría la capital de la segunda patria establecida. El edificio religioso fue llamado Ath-Ka-Ptah, o Segunda-Alma-de-Dios.

Esta segunda alma, o segundo corazón se convirtió rápidamente en el nombre el país, pronunciándose Ae-guy-ptos, en griego. Fue igualmente durante las dos primeras dinastías, el nombre de la capital que se transformó en Aneb-Hedj o los Muros-Blancos, que los helenos fonetizaron Memphis.

La simple lógica frente a esta denominación principal de Ath-Ka-Ptah, es admitir que anteriormente hubo un primer corazón, una primera alma en otro lugar: un antiguo corazón, un Corazón Amado de Dios: Aha-Men-Ptah.

El origen de este pueblo remonta de tal forma indiscutible a un Hijo de Dios que estableció las criaturas realizadas a imagen del Creador en un lugar terrestre en cuanto a una civilización, treinta y seis mil años antes aproximadamente del nacimiento de Jesús. En ese lugar, un Adán enseñó a hablar y a usar sus manos para actuar. El Verbo estaba encarnado. Los Faraones fueron considerados a lo largo de más de cuatro milenios como los lejanos descendientes de esta denominación de la jeroglífica Pêr-Ahâ que significa precisamente: Descendiente del Primogénito.

El pionero de los primeros tiempos, al final de ese extenuante éxodo que fue acabado por la tórrida travesía del desierto libio, tenía cada vez más una fe casi incondicional en ese Dios que tan severamente había castigado a sus antepasados. Edificando el segundo corazón bajo la clara unificación de Menes, él sabía en su interior que podría desde entonces vivir en paz con los otros hombres y en armonía con su Creador del que era imagen. Conocía las tareas por realizar en su vida terrestre al igual que los pecados que no debía cometer bajo pena de temibles sanciones más allá de la vida humana. Había aprendido por la experiencia lo que costaba transgredir los mandamientos Divinos. Haber perdido su Edén, bajo el sol de esa tierra privilegiada que había sido Aha-Men-Ptah, era más que suficiente. Sólo podría recuperarlo por segunda vez gracias a una abnegación total de su propia personalidad en beneficio de la comunidad. De tal forma, la esperanza renacería al igual que los derechos de cada uno para acceder a la Vida Eterna.

Esta noción de divinidad, tal como existía en esta época muy remota, necesitaba irremediablemente de un ciclo de pensamientos abstracto dominante al igual que determinante, formado, justamente a lo largo de una suma de observaciones, de reflexiones, de meditaciones a lo largo de numerosos milenios.

Esto explica, en cierto sentido, que el día en el que fue alcanzado este máximo de espiritualidad, una cierta fuerza de inercia muy humana se instaló planeando sobre todas las cosas y todo acto de vida cotidianamente repetido. Los altos pensamientos antiguos que unían el alma a su Dios fueron sumergidos desde ese preciso instante, y cedieron el lugar a un espíritu puramente razonador, de lo más materialista. Lo que los sacerdotes de la segunda patria no deseaban volver a ver reestablecido bajo ningún pretexto. De ahí la abundancia de prohibiciones y de dioses, o mejor, de protectores de las provincias, que aseguraban una vigilancia incansable en todos los instantes de la vida de todos y de todo.

Pero, desde Menes, los dogmas religiosos imperativos se desdibujaron a lo largo de los siglos, para borrarse de nuevo totalmente al paso de los milenos. A continuación las invasiones precediendo el inicio de la era cristiana, luego la penetración griega, y ya no subsistió más que una fabulosa mitología.

De esta forma se cumplieron las palabras de Imutes el sabio, que los helenos pronunciaron Asklépios:

"Oh Egipto, ¡Egipto! No quedará de tu religión más que fábulas. ¡Tus propios hijos, más tarde, tampoco creerán! Nada sobrevivirá más que las palabras grabadas sobre las piedras que serán las únicas en recordar tus piadosas hazañas".

Ello reveló ser de una rigurosa exactitud, ya que ¿quién se preocupa hoy de explicar, o simplemente estudiar racionalmente lo que los especialistas llaman mitología? Nadie puede o desea remontar el tiempo hasta una cronología más o menos bíblica mucho anterior al diluvio de Noé; con lo que esta narración aún más remota permanecería siendo una simple fábula.

La Iglesia, al igual que la comisión bíblica del vaticano, deseó subrayar que actualmente han vuelto a unas nociones menos simplistas del origen, y aconsejaron en la reunión de 1958 a todos los especialistas volcarse sobre este espinoso problema histórico. Ya que no debemos en absoluto olvidar que hasta Esdras, es decir hasta la mitad del siglo V a.C., los judíos no poseían escrito sagrado alguno, ni ninguna regla canónica proveniente de una autoridad religiosa, y la gran sinagoga aún no existía.

Había, ciertamente, unas leyes transcritas por Moisés y recordadas por sus sucesores deseosos de crear un seguimiento más estricto de los mandamientos, también estaba el discurso de los profetas que excitaba al pueblo hebreo y llamaba a más piedad y a más virtud. Por último, había numerosos poetas que daban a unos cantos épicos una gloria ilusoria. Pero de todo ello no substituía una Autoridad Eclesiástica, para elegir y designar como tales los escritos de la voluntad divina, inspirados por ella. En tanto que, efectivamente, desde hacía más de cuatro mil años, éstos ya estaban en vigor en Egipto.

Además, Esdras no se contentó con reunir en los cinco libros del Pentateuco las leyes que intentaba legar a los judíos como obra de Moisés, sino que añadió leyendas cotidianas para los caldeos de su tiempo, éstas a su vez fabuladas de textos egipcios demostrando el poder de Dios sobre la tierra, notablemente en lo referente al gran cataclismo, cuya terrible transcripción se transformó en el diluvio universal. Ocurrió lo mismo en todas las cosas creadoras, tal y como lo veremos más adelante en detalle.

A pesar de las vicisitudes, los judíos, al igual que los griegos más tarde, tendrán una historia cuidadosamente conservada en un idioma preciso totalmente conocido, embellecido y perfectamente comentado. ¿Cómo sería posible penetrar en la intimidad de una nación mucho más sabia, madre de estas dos culturas, pero extinta, completamente desaparecida? Sumergida una primera vez con su "saber" en Aha-Men-Ptah, fue arrasada y destruida una segunda vez en Ath-Ka-Ptah junto a sus monumentos y bibliotecas.

A medida que el lector se sumerge más profundamente en el pasado, también deberá hacer un esfuerzo de imaginación, los numerosos detalles de esta vida antigua no le serán familiares, y se han difuminado, confundido incluso borrado a cincel en los textos de los monumentos. En pocas palabras, el lector deberá sustituir con elocuencia espiritual la carencia de las huellas de las ruinas apenas visibles.

Por ello, las colosales construcciones de las más antiguas dinastías puestas al día, son testigos de esta civilización venida de otro lugar, de una región lejana, hundida, donde oriente se convirtió súbitamente en occidente cambiando la cara de las cosas. Estas construcciones son la unión entre este pasado tan prestigioso y nuestro presente que desea ser completamente concreto y materialista, mientras que recuerdan el final de un pueblo que acabó por creerse él mismo ¡creador de todas las cosas!

Así, el poder divino indujo a los supervivientes a un éxodo extremo, hecho de adaptaciones y de implantaciones, de amalgamas y de mestizajes, que los llevó a una nueva tierra a través de la reintroducción de los clanes y de las castas. En cuanto a las tribus autóctonas lugareñas, aún en la edad de piedra tallada, acogieron sin restricción a estos extranjeros diferentes a ellos, los nubios, y los incluyeron todos y cada uno en su círculo familiar, al igual que hicieron con los que encontraron a todo lo largo de su marcha hacia la luz, Ath-Ka-Ptah.

Nadie era esclavizado, pero los recién llegados comprendían que un tipo de jerarquía les era necesaria para mantener el orden y la unidad. Fomentando el misterio que rodeaba su origen divino y aportando un cierto temor supersticioso que iba a durar más de cuatro milenios.

De esta forma renació su segunda patria, constituida en su cima por del Descendiente del Primogénito y sus Menores, de piel rosada, indiferentemente morenos o rubios. Luego venían los etíopes, negros de piel con el pelo encrespado y de inteligencia poco desarrollada, pero que poseían una facultad de adaptación rápida. Por fin, estaban los kusitas, que habían tomado a los recién llegados por dioses y les servían con devoción y fe. Más adelante, serán estos mismos kusitas los que, deseando seguir con el mismo Dios en sus corazones, mantuvieron dos de los tres jeroglíficos del nombre del país en total perdición, con el fin de definir su sencilla creencia eterna: KA-PTAH, los Coptos, o los del Corazón-de-Dios.

En dos o tres siglos había nacido un nuevo pueblo que bajo el impulso de Menes, el primer Pêr-Ahâ o Faraón, olvidó sus herramientas de sílex y sus moradas precarias para entrar en el camino de la obediencia a Dios para una mejor vida. Se formaron rápidamente, tanto en el Próximo Oriente como más al este, nuevas civilizaciones, a la vez que mantenían una supremacía intelectual, a pesar de todo, durante más de cuatro milenios, con Ptah en el poder supremo.

La armonía idílicamente se había realizado por la ubicación elegida desde el establecimiento de un plan de retirada. Diferentes lugares habían sido estudiados, pero únicamente este había recibido el bello nombre de Ta Merit, el Lugar Amado. Y se había revelado totalmente adecuado, incluso los emplazamientos reservados a los lugares de estudio de las combinaciones matemáticas, estaban perfectamente adaptados a las mismas condiciones climáticas, y situados en los mismos paralelos. Mucho antes de llegar a la tierra prometida, de alguna forma, todas las ventajas habían sido racionalmente determinadas. Este territorio era sin duda alguna el nuevo lugar que permitiría una segunda alianza con el Eterno.

El Nilo era el eje vital, y aún más, ya que al tomar un nuevo curso se había alineado mejor en el eje paralelo Cielo-Tierra. Pero fue por otros axiomas, a menudo ofrecidos por motivos climatológicos, que el Río fue llamado "don de Dios". En efecto, esta líquida masa alargada que cruzaba todo el país, era el doble, la perfecta reproducción terrestre de la Vía Láctea, de ahí su anaglifo: "Hapy". Denominaba al Nilo, la Vía Láctea, al igual que un escarabajo especial, emblema de Isis, y que se llama aún en latín "el Toro Volador". Por supuesto que volveremos sobre todos estos elementos tan sutiles como lógicos, fáciles de verificar para todos los que han estado en la orilla de este gran río; bajo un cielo estrellado.

La Vía Láctea es el gran río Celeste, fiel reproducción del Nilo, ya que una larga cola blanca, lechosa, cruza el cielo en toda su amplitud, estirándose en el Este en dos brazos intrincados, como el Nilo blanco y el Nilo azul, y perdiéndose en el horizonte occidental en un cúmulo lechoso triangular, como el famoso delta terrestre.

La unión armónica entre el cielo y la tierra no es pues una simple visión del espíritu, y cada uno de los pioneros de la época predinástica podía fácilmente darse cuenta por él mismo de la identidad de los dos "Hapy" desde la primera noche, simplemente levantando los ojos. La cabeza de puente preliminar al reconocimiento de la Segunda Patria por Dios al fin estaba establecida.

Para su realización, debían establecerse sobre esta tierra como estaban implantadas las estrellas en las orillas del Gran Río Celeste: en montón a las configuraciones geométricas, que lentamente navegaban siguiendo el Sol conductor, como sobre las barcas, las "Mandjit", las insumergibles, que habían salvado a los rescatados, y a sus descendientes que siguieron el curso del Gran Río Terrestre con el objetivo de colonizar las orillas en clanes.

En lo alto, las constelaciones zodiacales, esos clanes celestes, elementos vitales de la trama constitutiva del Alma de cada ser, esta parcela divina, el rayo de vida que concede la fuerza para actuar, podía iniciar su acción. Ellas emitían, y aún lo siguen haciendo por medio de su sol central, una radiación tan colosal y tan poderosa a pesar de ser invisible, que un laboratorio soviético siberiano calculó que atravesaba la tierra en su mayor diámetro en 1/200 de segundo. Cada uno de estos doce soles emite en unas longitudes de ondas particulares formas de esquemas, de tramas características, que los maestros de las combinaciones divinas conocían evidentemente en su integridad, tal como hablaremos más adelante.

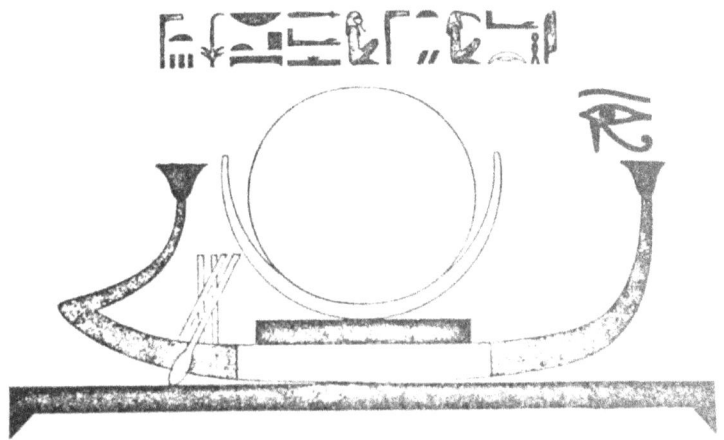

Aquí el Sol navega en su nuevo sentido, sobre el cielo invertido después del Gran Cataclismo, conducido por el Ojo Sagrado. (Lo que debe resaltarse, es el sentido religioso de los textos grabados y pintados).

Frente a estos esquemas estelares navega en retroceso el sol, introduciendo así el ciclo precesional del Gran Año, cuyo número perfecto es 25.920 años. Esta cifra está astronómica y científicamente demostrada. Es el segundo eslabón de la cadena que une el alma terrestre al cielo, y que será también ampliamente explicado.

El tercer eslabón incumbe a los constructores que se establecieron en los terrenos predestinados de modo que, por las construcciones elevada a la gloria de Dios como para prevenir la maldición sobre sus primeras criaturas, consiguieran la alianza, para ello erigieron las moradas de Dios, haciéndolas resplandecer con todas las riquezas disponibles. Igualmente modelaron en la roca un enorme "Aboul'Hol", o "Padre del Espanto", los árabes aún lo murmuran con respeto y terror. Es el Padre de todas las reproducciones que se hicieron a lo largo de los siguientes milenios, y todas simbolizan el gran cataclismo. Teniendo como objetivo recordarle a todos la ley divina y las consignas de obediencia únicas garantías del buen entendimiento y del no regreso de tal cataclismo, por ello está esculpido en la masa pétrea: con el fin de resistir a la eternidad misma.

Para el pueblo, tanto como para el faraón, el ancestro, esta estatua no tenía nada de enigmático, ni su templo excavado en los cimientos todo en alabastro y en granito rosa, dispuesto a favorecer todas las intercesiones que permitirían una vida terrestre exenta de un segundo cataclismo. Es por lo que todas las generaciones que se sucedieron a lo largo de las doce primeras dinastías, reirían hasta morir por segunda vez si hubiesen podido estar presentes cuando las élites griegas, después las súper inteligencias de nuestra era cristiana, buscaron comprender lo que significaba la Esfinge.

Lo que quiero destacar en este prefacio, en primer lugar, es sobre todo el sentido religioso de las frases grabadas o pintadas por los obreros controlados por los escribas, ellos mismos fieles servidores de los Sacerdotes ejecutantes del Pontífice. Y estos textos jeroglíficos anaglíficos no se dirigían, y ello es evidente, más que a los egipcios antiguos, y no a los egiptólogos modernos. También debo añadir, para traducir mejor el ardor de los constructores, que estos pensaban al formar la silueta de "Aboul'Hol", elevarla igualmente hacia el cielo, en el mismo eje que las pirámides, un doble benéfico, simbolizando la misma figura de un león echado de la constelación del mismo nombre. Ya que el gran cataclismo tuvo lugar, el 27 de julio de 9792 a.C., es decir en el momento en el que el Sol cruzaba aparentemente esta configuración estelar, y donde igualmente, por el fenómeno de la precesión equinoccial y del giro del eje terrestre, estando en su ciclo de el "Gran Año", empezó a retroceder en lugar de seguir hacia adelante. Lo que aún sigue haciendo después de casi doce mil años.

El simbolismo de los dos leones adosados con el sol elevándose entre ellos, al igual que ese "Aboul'Hol" o "león tumbado y padre del terror" aporta la incontestable confirmación de hechos que en esa época no trataban de demostrar, ya que todos los conocían, pero simplemente se trataba de conjurarlos. La fecha de ese mes de julio dio el argumento y la justificación de toda la iconografía leonina egipcia. Del diluvio catastrófico que trastocó irremediablemente las vidas de los supervivientes dejándoles el recuerdo de los terremotos, los tsunamis y las gigantescas erupciones volcánicas, en este mes en el que el sol estaba doblemente en Leo, fue sinónimo de completo cambio.

Así, parece que la protección rogada al León no tiene nada que ver con la realeza en sí misma, sino sencillamente con la majestad solar, a quien se le ruega, mientras que esté en esta la constelación de Leo, seguir navegando con toda tranquilidad ya que el fenómeno precesional demostrado matemáticamente, siempre era susceptible de volver a producirse. De ahí la imploración sin descanso de todo un pueblo que deseaba una armonía real a fin de evitar el regreso de un nuevo y espantoso cataclismo.

El problema planteado de la precesión de los equinoccios es sencillo; la tierra gira sobre ella misma en casi 24 horas, es decir casi 365 días anuales, ya que hay 6 horas más, con lo que sería conveniente añadir 6 horas más aproximadamente y, de hecho, se sumarían cada cuatro años para tener un día más.

El tiempo estaría así en acuerdo con el espacio, pero en la práctica la cosa es de otro modo. El segundo movimiento que anima nuestro globo es el que lo hace retroceder o retrogradar precesionalmente, es decir, que hace también retroceder nuestro planeta en el espacio, y ello, de cincuenta segundos de arco cada año. Y como no existe ningún gigante Atlas para impedir a la Tierra ir hacia atrás, y además en este caso preciso la matemática terrestre no sirve rigurosamente de nada, harían falta 25.920 años para realizar una rotación completa de su movimiento precesional, a razón de UN grado cada 72 años. Lo que es muy lento.

Se volverá a situar así, después de haber efectuado un ciclo al revés sobre ella misma, de nuevo en un punto cero, fijado el día del inicio de primavera y denominado punto vernal. Esta verdad científicamente establecida, es sin embargo humanamente imposible de comprobar debido a la duración de este Gran Año Espacial, excepto por una acumulación de observaciones astronómicas realizadas generación tras generación. Es lo que hizo aparecer a lo largo de los anales cronológicos, un elemento perturbador en el sistema que puede detener el desarrollo armónico del movimiento: un cataclismo, por ejemplo.

Los antiguos conocían muy bien las combinaciones matemáticas complejas que constituían los engranajes bien engrasados. Esto es absolutamente cierto gracias a los documentos que nos han llegado por medio del templo de Dendera, el templo de la Dama del Cielo: "Isis". Este nombre está en griego, y su nombre en jeroglífico es "Iset".

Un capítulo entero le será dedicado, al igual que al significado primordial de los textos de Dendera. Un planisferio, transformado en zodíaco, que fue objeto de grandes polémicas entre los sabios que se dividieron en tres grupos intentando demostrar encarnizadamente que la configuración astral databa de 300 a.C., o bien, de dos milenios antes de nuestra era, o más aún de quince milenios a.C.

Hoy es fácil darse cuenta que los tres grupos de eruditos igualmente tenían razón. Y aún es más fácil dar la explicación de las causas del cataclismo cíclico. Cuando el retroceso precesional llega a 180º, han transcurrido 12.960 años, y era ineluctable, para los Maestros de las combinaciones matemáticas Divinas, que el desequilibrio del Alma humana conllevaba una ruptura de equilibrio geológico.

¿Qué querían decir con eso? Que un desequilibrio permanente reina en el seno de la tierra en cuanto a la materia. El retroceso precesional de la corteza terrestre es más o menos lento en relación con la masa en ignición que está comprimida en el interior. Lo que quiere decir que el magma, esta masa colosal de unos quince mil millones de millones de toneladas, en gran parte metálica, sometida a la atracción más o menos lenta en relación con la corteza que la rodea, padecerá un modo de presión.

Y cuando por este movimiento precesional sentido de forma diferente en su progreso por la corteza terrestre y por el magma, en un punto cualquiera ese movimiento superará al otro que en otro punto superará al anterior, y el roce producirá en primer lugar un estallido de la corteza, cuyo débil grosor y la materia moldeable que posee no podrán resistir la impresionante presión del magma.

Toda la Historia de Aha-Men-Ptah y de Ath-Ka-Ptah se desarrolla en una trilogía. Diodoro de Sicilia, en su Biblioteca Histórica, nos dice en el capítulo XXIII:

"He aprendido aquí, por lo general, que se debe contar entre el tiempo en el que vivieron Osiris e Isis, y el reinado de Alejandro, fundador en Egipto de la ciudad que lleva su nombre, una duración de diez mil años".

Este primer tomo, nos llevará hasta el Gran Cataclismo, hablará de Osiris, de Isis, ya que nacieron bajo el último Rey de Aha-Men-Ptah: Geb.

Entremos pues en la realidad Original.

CAPÍTULO I

AL INICIO: DIOS

> Nadie pretende que una estatua o un cuadro puedan existir sin escultor o pintor; y esta creación ¿No tendría Creador?... Guárdate, hijo mío de privar al obrero de su obra. Dale a Dios el nombre que mejor le describe; llámalo: ¡el Padre de todas las cosas!
>
> Hermes Trismegisto, *Libro I, capítulo 5*

> El Universo, a decir verdad, ¡me sobrepasa! Se mueve semejante a un péndulo y a sus agujas. No puedo, pues, pensar que este reloj exista, ¡Y que no tenga relojero.
>
> Voltaire, *Críticas*

El momento de la pesada del Alma, primordial para conseguir la luz verde con destino a Amenta, era la principal preocupación de los egipcios a lo largo de su vida terrestre. Era temida, ya que este juicio final no tenía recurso. Únicamente los que habían vivido sin pecado, podrían unirse al reino de los Bienaventurados donde todos los ancestros, que habían vivido en este Aha-Men-Ptah hundido, se volvían a encontrar, habiendo sido perdonadas sus faltas por Dios. Este Edén, perdido para siempre para los vivos, se hacía accesible a los puros, al otro lado de la vida, bajo la forma de Amenta: el más allá de la vida terrestre.

En su infinita bondad, el Eterno, que había dado a cada imagen humana una parcela de él mismo, permitía de este modo a toda Alma justa y buena, es decir, con el mismo peso que a su llegada sobre la tierra, franquear sin problemas los límites de la envoltura carnal.

Este miedo a desaparecer "después", bajo los diluvios y en los más espantosos tormentos, e igualmente no poder unirse a los ancestros bienaventurados, que sin duda alguna habían accedido, todo ello hacía al pueblo moldeable al tipo de vida preconizado por los sacerdotes sin desencadenar una segunda vez la cólera divina: la comunión del espíritu y de la acción ordenada por los mandamientos de Dios.

En todos los eslabones de esta sabia sociedad, ninguno de los componentes dotados de un alma, sabiendo que esta parcela divina lo unía a su creador, hubiera deseado bajo ningún concepto atraer la cólera por segunda vez. De forma que el acuerdo se mantuvo de nuevo durante los milenios del antiguo Egipto.

El lector escéptico, siempre los hay, contestará este estado de espíritu, y sobre todo en nuestro mundo materialista contemporáneo, ya que parece aberrante que todo un pueblo, sin excepción, se encadene moral y físicamente, al igual que espiritualmente, limitándose así a una ética de las más rigurosas. Ya veo el gesto de mueca en el rostro del hombre moderno que se siente claramente superior y mucho más inteligente por haberse liberado de estos prejuicios retrógrados que tal, o que cual.

Pero el hecho es que, sin pensar en filosofear sobre el concepto del modo de vida de esta especie de inteligencia, que ya no tiene ni consciencia, ni alma, ya que actualmente la Libertad no es más que el derecho de realizar uno mismo sus propios deseos, pasando por encima de los demás, obligándolos a ser prisioneros de sus actos personales. Esta forma liberal de vida no obedece evidentemente a ningún mandamiento, sea el que sea, todas las licencias, que no las libertades, se ven favorecidas y se convierten para todos los demás en una dictadura. Y este tipo de libertad es un sin sentido y demuestra que algo se ha roto. El fin del verdadero modo de vida está cerca, o quizás el fin del mundo, mientras que la gente razonable cierra los ojos, los Sacerdotes intentan hacer coincidir los mandamientos de Dios con los deseos sin frenos de una juventud que los mayores mismos han empujado a la revuelta.

Actualmente estamos en el mismo punto en el que estaba la última realeza de Aha-Men-Ptah. Cada uno se mofaba abiertamente de las instituciones, reprobando siempre las cosas sin conocimiento hasta llegar al drama final. Es por lo que esta narración merece ser contada y meditada.

Mi propósito no es dar miedo, o profetizar el futuro, lo que además sería imposible ya que se creará conforme a lo que los hombres modelarán por sus propias acciones. Por ello, las protestas en aumento de la juventud, apoyada por los adultos, no son para nada liberadoras para las futuras generaciones. Mi propósito es contar un pasado, como historiador tal como ocurrió desde el origen de Aha-Men-Path, sin inventar o fantasear los hechos que recuerdan los pasajes del Antiguo Testamento.

Mi propósito será pues iniciarme en este estilo de Vida, común para todo un pueblo, con el fin de incitar actualmente a la reflexión, y preservar, quizás, el futuro, que parece estar muy comprometido humanamente hablando, por el desequilibrio psíquico que engendra una ruptura entre el cielo y la tierra, traída por la ruptura entre Dios y Su imagen. Todas las voces que en nuestros días predican todo tipo de libertades, derogan de hecho la única libertad posible en este mundo en perpetuo movimiento: la Libertad en el acuerdo con los mandamientos de Dios, es decir, en acuerdo con las reglas que rigen la Armonía Cósmica.

Es evidente que, a pesar de los esfuerzos por suprimir las injusticias y los vicios cada vez más visibles, se ha desarrollado una crisis de fe, tanto en los jóvenes como en los sacerdotes mismos. El equilibrio se ha roto, pero se podría restablecer si una verdadera toma de consciencia de la realidad se produjese antes de que Libra pese todas las almas, como ocurrió en Aha-Men-Ptah.

Remontaremos al Inicio, con el fin de comprender mejor la obra creadora y su proceso de entorno para la humanidad, cuya finalidad es que permanezca en constante acuerdo con su creador. Los ateos y los escépticos se remueven en sus sillones, ya lo veo, y se disponen a dejar el libro o a elegir páginas, pero que aún no lo hagan, al menos ¡hasta dentro de unos capítulos!

Imaginemos pues, con los no creyentes de todas las categorías, que Dios no es el creador, que no existe, que la creación es un simple azar, una serie de coincidencias, o cualquier otra cosa. No habiendo tenido personalmente una formación teológica, puedo concebir esta abstracción; pero en cambio habiendo tenido una muy sólida formación matemática, de base lógica y siendo informático analítico, el concepto de azar, sólo puede durar medio segundo como base sólida.

La negación de la divinidad creadora es, en efecto, absolutamente ilógica. Un razonamiento muy sencillo al alcance de cada uno lo demuestra fácilmente: miles de coincidencias, que se suman las unas a las otras para intentar formar a lo largo de varios millones los resultados concretos, y esto sin interrupción durante centenares de millones de años, no pueden ser resultados del azar, ya que todo el universo, y no sólo nuestra pequeña tierra, está regido por un sistema, muy complejo por cierto, pero que depende de una única ley. Ninguna duda es posible, excepto para el que tenga miedo a la Verdad. En efecto, quién dice Ley, o sistema, enuncia por si mismo: "Alguien que dicta la ley y que es responsable del sistema". Ahora bien... el miedo proviene de ahí, ningún hombre en ningún caso ha podido formularla, ya que es más vieja que él varios miles de millones de años.

Esta ley ha hecho girar la tierra alrededor del sol con varios movimientos complejos pero interconectados entre ellos, al igual que los demás planetas; todo el sistema solar gira, en cuanto a él, en el seno de un grupo estelar que efectúa a su vez su rotación alrededor de un núcleo galáctico central, con un movimiento de espiral de unos doscientos cincuenta mil años.

Cada galaxia a su vez está dotada de un enorme sentido giratorio que la propulsa a velocidades vertiginosas en la dirección de los quasars, para los que se ha tenido que inventar nuevas medidas: las unidades de tiempo y de espacio, como el megaparsec, que equivale a 106 parsecs, cada uno vale: 3.260.000 años luz.

Para comprenderlo con nuestra minúscula matemática terráquea, daría un total de: 101.399.040.000.000.000.000 kilómetros. Y este número es ínfimo en relación a la distancia que hay entre un quasar y otro.

Millones de galaxias compuestas de miles de millones de constelaciones rodean miríadas de sistemas solares en movimiento, en atracción, girando del mismo modo alrededor de un mismo inicio del que la creación hizo el universo, este espacio donde masas mucho más enormes que nuestro pequeño sol interactúan entre ellas para delimitar el tiempo.

¿Qué representa el hombre en esta inconmensurabilidad? Estrictamente: ¡Nada! Que viva o no, no cambiará nada en la armonía que hace reinar la ley de su creador, al menos que este bípedo esté dotado de un alma, y se tome por su igual e intente a su vez crear también, añadiendo un peligro ¡al jugar a ser aprendiz de mago! Fue la obra vitalizante de la Gran Obra, y no se puede convertir en su devastador, incluso si sobre la tierra el humano lo es todo... o casi todo.

Y por último, un instante de reflexión; todos los movimientos de los globos, que nadie niega y que recorren todas esas inmensas distancias a unas velocidades vertiginosas, incluyendo nuestra tierra: todos esos movimientos constantes no modifican aparentemente en nada el comportamiento de nuestro cuerpo, ya que cuando nos detenemos, descansamos, tenemos la sensación de estar completamente inmóviles. Cuando caminamos, adelantando una pierna a la otra, estamos convencidos de no superar cinco kilómetros por hora. ¡Sin considerar que podemos estar cabeza abajo y mirar el cielo!

El hombre está tan convencido a través de la realización de los gestos ordinarios, que ya no piensa en el milagro que constituye el simple acto natural de caminar. Los ancestros estudiaban en detalle la filosofía que se deriva, pero el Alma moderna, materialista en extremo, no está en acuerdo con Dios, ni con filosofía alguna si no es la de su único bienestar.

La envoltura carnal está en vía de no ser más que una simple mecánica mortal, con los elementos que pueden intercambiarse: cuando el corazón se daña, el cuerpo no es más que polvo y vuelve al polvo. Esto se demuestra cada vez más, ciertamente, pero ¿y el Alma? La evolución humana se precipita a tal ritmo que se aleja deliberadamente de toda sentimentalidad o espiritualidad.

En la filosofía de Pascal[10] el "junco pensador", se entreve ya los progresos que se podrían acometer en el futuro, frente a los vertiginosos prodigios realizados. Hoy vemos que sus esperanzas han sido ampliamente superadas con el tamaño de un "roble pensador". Por ello, tiene tendencia a creerse indestructible, y todo le parece posible, se toma por un semidiós, desgraciadamente, ¡tres veces desgraciadamente! Que Dios nos libre de los semidioses ya que la inteligencia no es inteligencia más que si cultiva y desarrolla su fuerza vital, impalpable pero real, que la une a Dios: su alma.

La inteligencia no significa en absoluto obrar por el Bien, puede igualmente personificar el Mal, o incluso la mezcla de los dos, lo que para nada es la mejor solución. El saber aliado a los conocimientos nunca ha dado la sabiduría. Rechazando mirar de cara a su consciencia, el hombre pierde su alma, y se pierde igualmente. Por este motivo, seguramente ocurrirán las peores calamidades si la humanidad sigue acelerando su ritmo tan frenético de vida. Ya que los movimientos geológicos naturales de la tierra pueden ser perturbados por el propio hecho que la obra divina y la ley que se deriva, evolucionan siguiendo su ritmo inmutable, que no es igual al que intenta imponer la única inteligencia humana.

"Soy todo lo que ha sido, lo que es, y lo que será". Esta inmutable máxima grabada encima del pórtico de la entrada a la sala iniciática del templo de Sais, impresionaba entonces al Sabio Solón, inspirándole dos mil quinientos años antes que nosotros, las mismas reflexiones desesperadas. Desde entonces el mundo ha evolucionado aún más rápidamente.

Para demostrar lógica y matemáticamente la ley divina que ha servido a la concepción, y a la preparación de la multitud en la inmensidad, necesitaba tanta paciencia como meditación, y las dos me cayeron por suerte por la necesidad de mi inmovilización física. Dos accidentes graves me habían obligado a mantener largos reposos, permitiéndome sin embargo, consultar, recopilar, explicar, extraer, extrapolar, compilar la síntesis de numerosos documentos; al igual que calcular, con y sin ayuda de ordenador, centenares de estimaciones, datos básicos basados en el

---

[10] La vena científica llevó a Blaise Pascal a alcanzar la fama como matemático, pero otras facetas de su pensamiento se adentraron en todas las cuestiones imaginables.

mismo principio analógico de Pascal: "La multitud que no se reduce a la unidad, no es más que confusión".

Las primeras luces concretas de esta unificación aparecieron durante mi convalecencia. Desde que soy informático estoy convencido de esta realidad, que el mismo Pitágoras, mucho antes de la aparición de los ordenadores, recordaba por el lema grabado en el frontón de su escuela de Crotona: "Dios ha sacado UNO de CERO, como sacó la Tierra de la Nada".

El inicio de los tiempos se inscribió en este cuadro original, por la ley divina que lo desarrolla. Y si los escépticos protestan por comodidad, demasiado pronto frotándose las manos, percibiendo ya una contradicción como una montaña, que se desencanten, la demostración en la que pensaban es falsa. No porque haya un inicio, existe forzosamente un principio, me explico: cero es el inicio de una serie de números. Uno empieza los cálculos adicionales.

La eternidad no tiene ni principio ni fin, el Eterno es, por supuesto, Dios cuando reinicia un tiempo, ya que perpetuamente vuelve a crear el Universo con su Influjo cósmico, a Su ritmo, esencialmente diferente al que concebimos. Su duración es infinitamente "otra" a un tiempo calculado cuantitativamente según nuestros horarios terrestres. Pero su ritmo, mantiene la proporción, depende de las mismas coordenadas. Un gran ciclo, reducido a escala solar, da el Gran Año, a escala humana, se transforma en DÍA, sencillamente.

De tal forma se explicará la creación en SEIS DÍAS, que depende de esta ley válida para el conjunto del cosmos: el cielo y la tierra, cada una de estas pulsaciones cotidianas está dotada, además, de un triple movimiento, que los textos jeroglíficos llaman "respiratorio", este término que tan admirablemente se ajusta a los detalles de los seis días de la creación. Se trata de la aspiración o la contracción; del tiempo de reposo, el plano horizontal; y el de la expiración, o expansión, que da el Gran Influjo, expresado por el símbolo jeroglífico que representa un triángulo, o pirámide, y que significa MER, o el Amado.

Este signo simboliza también el triple movimiento solar: la subida al cenit, la bajada hacia el atardecer, y el sueño nocturno en horizontal. Es la unión entre el cielo y la tierra; el elemento vital de la radiación que protege: el Amante. ¿Por qué lo denominarían los griegos pirámide? ¿El nombre no significaba estrictamente nada para ellos? Nadie puede explicarlo.

Al inicio pues, el tiempo divino que encadena un nuevo ciclo, que se reiniciaba en T-1 elevado a doce: 0,000.000.0001, que aporta un nuevo origen de la creación del cosmos total. Esta fecha, remontando en el pasado a partir de 1.975, nos da 168.121.464.880 años.

Expuestos de forma tan cruda, estos números pueden parecer de lo más extravagante, veremos un capítulo completo dedicado a la creación, aquí sólo la cito como documento, para precisar desde el instante en el momento en el que brotó la luz de las tinieblas, otra vez.

En T-1 elevado a doce, Dios salió de su descanso en lo Increado, el Caos, creando la luz al mismo tiempo, instantáneamente. Prolongándose, expandiéndose, el espacio se creó al igual que el tiempo: la materia vino después por la energía, para llegar a la materia-espíritu, resultado del ciclo engendrado a imagen del creador.

Sólo estaba Dios en reposo antes de ese tiempo de T-1 elevado a 12, en el Caos reestablecido. Por lo que no es un inicio lo que ocurrió, sino un reinicio, un nuevo acto de una perpetua eternidad.

Cuando el influjo divino retomó su obra y su ritmo cósmico, hizo brotar la Luz, creando y procreando, unas reacciones cíclicas en interacciones controladas, ordenando todas las cosas y todos los seres en armonía equilibrada en el Universo.

Así se justifican las palabras: "Dios creó el hombre a Su imagen", pero es el hombre quien no justifica su denominación de parcela divina, y tiende a convertirse en un bípedo sin alma, semejándose extrañamente a la bestia del Apocalipsis. Ahí también otras épocas han transmitido textos que dan que pensar, he aquí un extracto:

"Los hijos de los príncipes serán tirados contra los muros. Las familias de nobles tiradas en las calles. Los ricos se verán afligidos y los pobres se alegrarán, cada ciudad declara suprimir a los que ejercen sobre nosotros cualquier tipo de autoridad".

El sacerdote conmovido dice:

"Si aún supiera donde encontrar a Dios, me arrodillaría y rezaría. La justicia no existe más que de nombre, y los hombres hacen daño proclamando hacer el bien. El antiguo orden ha desaparecido, y el ruido ya no puede callar. Pero no son risas lo que se oye, son murmullos de llanto que llenan el país. Pequeños y grandes dicen: "Ah, si pudiese morir", otros: "Mi padre nunca debería haberme dado la vida."

Este extracto está sacado de un escrito que ¿data de la revolución de 1789?, o, ¿quizás de un manifiesto de la protesta de 1968? Pues no, ni de uno ni de otro, sino de un papiro que remonta a la caída del faraón Mentuhotep, es decir en el año 2.195 antes de la era cristiana cuando se instauró un verdadero caos que iba a barrer la dinastía en el poder.

Horapolo, nativo de los primeros siglos, enseñó griego en Alejandría, en su escrito iniciático Hieroglífica, daba explicaciones del inicio, la creación el caos, entre otras cosas, de las que no renegarían ciertamente los exégetas cristianos a pesar de la antigüedad de los símbolos, que remontan al menos a siete mil años para Egipto únicamente.

Pero este autor antiguo cayó en el olvido más profundo hasta el siglo XVI, donde tuvo cierto renacer por cierto interés, sobre todo por los detractores incultos, que le hicieron volver al anonimato por trescientos años más. A. Wolff lo consideró como escritor ignorante, cuya obra no contenía más que unas explicaciones de los jeroglíficos ciertamente contrarias al espíritu en uso en la remota Antigüedad[11].

Wyttenbach, en cuanto a él, dio el golpe de gracia: "Es una recopilación inepta de un griego del Bajo Imperio, que se ha esforzado en

---

[11] Volegen ber die Geschichte der Grieschischen Literatur, vol II.

dar relieve a su malvado escrito decorándolo con el divino nombre de Horapolo"[12].

Se tuvo que esperar a Champollion, que buscando la inspiración de los antiguos, fue seducido por la interpretación de los textos que daba, este erudito demostró pues, la estrecha conexión existente entre la Hieroglyphica de Horapolo y el sistema que elaboró[13].

Como la comprensión de Champollion de los jeroglíficos me parece, al menos, manchada por multitud de errores, y enormes lagunas por rellenar, me he volcado sobre el mencionado escrito de Horapolo. Y conviene saber sobre ello que el autor era un gramático egipcio, que enseñaba griego en Alejandría bajo el reinado de Teodosio. Ello en cuanto a la cultura en seriedad del personaje. Además, Suidas, escribió de él: "era un hombre hábil en su arte, sin nada que envidiar a los gramáticos más célebres de la Antigüedad. Lo que le permitió igualmente escribir comentarios notables sobre las obra de Homero y de Sófocles."

Fabritius, otro historiador de la misma época, va más lejos diciendo que el texto traducido por el griego Filipo provenía de una obra de la famosa biblioteca de Alejandría, y reproducida tal cual, ya que el mismo nombre de Horapolo incluye el jeroglífico Hor, que significa Horus, y cuyo gemelo griego no es más que Apolo... Sería, pues, Horus mismo, en los tiempos predinásticos quien lo hubiese compuesto para uso de los grandes sacerdotes.

Clemente de Alejandría, en cuanto a él, se había inspirado en otras copias de textos salvados del primer incendio de la biblioteca para dar los elementos reales de la comprensión de los jeroglíficos en su Stromata, ha sido de éstos últimos de donde he podido extrapolar la clave de los anaglifos. Son un pozo inalterable de soluciones inteligentes y comprensibles para todos los actos que acompañan la vida cotidiana, al igual que la vida sagrada de los actos religiosos.

---

[12] Dictionnaire Historique et Philosofique, vol. I., 3-8.

[13] Lo que hizo aparecer en Amsterdam, y únicamente en latín, la última edición de esta obra: *Horapollonis Niloi Hieroglyphica, 1.835.*

A lo largo de los siglos anteriores a la era cristiana, hubo una invasión de Egipto que, aunque pacífica, saturó a los sacerdotes de Tebas, Heliópolis, Sais y Menfis a causa de la sed de conocimientos de los que llegaban de todos los lugares, y los doctos pontífices egipcios pronto sintieron repugnancia, ya que toda sabiduría estaba excluida del alma de los buscadores. Por ello la mayoría no volvió más que con una ínfima parcela del conocimiento que los había motivado a visitar el gran río.

Pero tanto en astronomía, como en matemáticas, álgebra y otras variadas disciplinas médicas y filosóficas, las "migajas" del conocimiento aportado abrían un abismo de reflexiones a los "sabios" griegos.

Hiparco y Eudoxo, sin hablar de Erastóstenes, trajeron muchos elementos que les permitieron fundar una astronomía sobre bases conjetúrales sólidas. Pero los axiomas más importantes de las combinaciones matemáticas divinas no les habían sido revelados. En particular las que se referían al retroceso de la tierra en el espacio, es decir, la retrogradación debida a la precesión de los equinoccios.

Sobre ello, ninguna definición más notoria fue escrita que la conseguida por la simple observación de los hechos en la misma terraza del templo de la Dama del Cielo, en Dendera, mucho milenios antes de nuestra era. Está reproducida en la Encyclopédie Méthodique et Mathématique, de 1820, en el artículo de precesión:

"La precesión es el movimiento casi invisible por el que los equinoccios cambian continuamente de lugar, yendo de oriente a occidente muy imperceptiblemente, haciendo aparecer el Sol, siempre en retroceso a lo largo de un Gran Año de cerca de 26.000 años, en las constelaciones llamadas zodiacales, que rodean el ecuador celeste".

Hoy diríamos que el movimiento precesional está demostrado por el aumento sucesivo de la longitud de las estrellas, que crece un grado cada 72 años, el punto vernal retrocede así continuamente cincuenta segundos de arco sobre la circunferencia ecuatorial celeste, volviendo a un punto CERO cada 25.920 años. Sobre este número cíclico perfecto, memoricemos algunas claves:

– El Hombre-Día: desde el momento de su nacimiento, hasta su muerte, el hombre vive en la tierra respirando normalmente siguiendo un ritmo regular que es de 18 inspiraciones de media por minuto, es decir que en un día de vida terrestre, inspira 18 veces por minuto x 60 minutos y x 24 horas, lo que nos da: 25.920 inspiraciones/día.

– El Hombre-Año: desde el momento de su nacimiento, hasta su muerte, el hombre vive en la tierra, normalmente una media 72 años. Es decir 72 x 360 días, nos da: 25.920 días de vida. Lo que corresponde a 1º (un grado) de la precesión equinoccial, y nos permite una escala de evaluación matemática bastante notable para los diferentes días de la Creación:

25.920 del Gran Año = 1/1
25.920 días terrestres = 1/360
25.920 inspiraciones/día = 1/9.331.200

Esta primera numeración dentro de la enumeración de los números del inicio, es revelada por el número 25.920, que determina un gran año cíclico. Modificándose él mismo de forma periódica por sus datos extremadamente precisos las "eras terrestres", engendrando unas a continuación de las otras, cambiando a su vez una tras otra las configuraciones, las estaciones, las combinaciones que las provocan, obedeciendo de este modo la ley divina inalterable que remonta desde el inicio.

Las modificaciones aportadas a los lugares reservados a la vida eran pues muy necesarios, e incluso vitales para los que deseaban vivir en acuerdo con Dios, es decir, en armonía con el Universo, por este hecho no podían dejar la arquitectura de sus monumentos bajo una orientación en desequilibrio, y la hicieron evolucionar siguiendo las combinaciones del cielo. Los cimientos de numerosos templos conservan los planos de las modificaciones que se deben realizar en cada nuevo ciclo sotíaco para mantenerse directamente bajo el influjo de la radiación de esta estrella primordial que es Sirio. Y el mérito de Newton, por otro lado tan combatido debido a su falsa interpretación cronológica egipcia, fue haber sido el primero en haber pensado en aplicar a los acontecimientos históricos, el cálculo retrógrado de la precesión de los equinoccios, incluso si, desgraciadamente para este genio, ¡los datos estaban falseados!

El señor Bailly, en su Astronomie (p. 509), constata bruscamente este fracaso:

> "La idea de regular la cronología por la determinación antigua de los puntos equinocciales y solsticiales retrógrados fue bella, grande y digna de un genio como Newton. Pero se equivocó en la aplicación que realizó, y el sistema que resulta de ello se cae ya que era contrario a los hechos".

Aquí entra en juego el preponderante factor de la lógica. La sencilla lógica, sin cálculo alguno o suposición, hubiera debido probar a Newton lo erróneo de la cronología egipcia corta que intentaba demostrar mientras que Laercio demostraba la existencia de los faraones cuarenta siglos antes de su tiempo, y Herodoto hablaba de un origen remontando a más de doce mil años. Pero la lógica no demostrará lo absurdo tampoco, y los números de la creación no servirán para unas operaciones del tipo que fueron reprobados por Ireneo:

> "Los doctores os hacen ver claramente el origen supra celeste de Jesús por un cálculo de este tipo; ya que las letras del nombre Cristo en griego, leídas como números, y sumados, dan 888; y que por otra parte el alfabeto griego que sirve para traducir estos números, incluye ocho letras que sirven para escribir las unidades, más ocho decenas y ocho centenas, lo que nos da la misma suma de 888. Jesús encierra pues en su esencia todos los números, es decir todas las perfecciones"[14].

A lo largo de estas páginas no usaremos ningún artificio "cogido por los pelos", para demostrar los cálculos. Sino que, además, incluiremos con agrado algunas curiosidades matemáticas a las pruebas. Como a propósito de este desgraciado ejemplo dado anteriormente con el número 8. En Egipto era el número Sagrado el del Ogdoade, el colegio Divino. Ocho era el Número del orden perfecto y del equilibrio, el de la justicia, es decir el de Balanza que pesaba las Almas.

---

[14] ($\iota = 10$ $\eta = 8$ $\sigma = 200$ $o = 70$ $\upsilon = 400$ $\sigma = 200$ total $= 888$). Libro I, 15. 2

La prueba matemática de este equilibrio perfecto es dada en la regla a continuación: los ocho números (los nueve menos el número 8) multiplicados por ellos mismos dan los resultados siguientes:

$$1 \times 9 \times 12345679 = 111\,111\,111$$
$$2 \times 9 \times 12345679 = 222\,222\,222$$
$$3 \times 9 \times 12345679 = 333\,333\,333$$
$$etc\ldots$$
$$9 \times 9 \times 12345679 = 999\,999\,999$$

En cuanto al simbolismo mismo de la Ogdoade, dependiendo de la Eneade (es decir 8 más 1 = 9) nos muestra sus verdaderas posibilidades al igual que su supremacía matemática, por la siguiente demostración:

$$0 \times 9 + 8 = 8$$
$$9 \times 9 + 7 = 88$$
$$98 \times 9 + 6 = 888$$
$$987 \times 9 + 5 = 8888$$
$$9876 \times 9 + 4 = 88888$$
$$98765 \times 9 + 3 = 888888$$
$$987654 \times 9 + 2 = 8888888$$
$$9876543 \times 9 + 1 = 88888888$$
$$98765432 \times 9 + 0 = 888888888$$
$$987654321 \times 9 - 1 = 8888888888$$
$$ETC\ldots$$

Esta técnica muy antigua, además de jugar matemáticamente y desarrollar la sutilidad mental que representa, incluye una parte filosófica muy apreciable, pero demasiado fuera del tema de esta obra. Apuntemos pues simplemente las muy sólidas bases aritméticas y de lógica en la asociación de los números. Si el hombre en su fatuidad y su egoísmo olvida rápidamente los fundamentos divinos de la creación, nuevos cataclismos le recordarán de forma cíclica menos orgullo hacia la obra de Dios y más consideración, incluso si el resultado conseguido es mediocre. El nombre de la divinidad cambia o es modificado; el hijo que recompra los pecados se ve cargado de las cadenas de los humanos que se vuelven ciegos; y el movimiento celeste vuelve a su punto inicial cambiando sólo la forma de pensar y las acciones, pero no el fondo en sí.

La conclusión de la locura humana resultó ser una tragedia reflejada en la santa cena, y la triste pero admirable realidad que siguió.

Un drama semejante, mucho milenios antes y bajo otra forma, precedió el final de Aha-Men-Ptah. Y debemos comprender, antes de seguir adelante en los jeroglíficos, que los escribas encargados de escribir la tradición de los "Chebet", habían sido educados y criados únicamente con ese objetivo, y no decían más que la verdad. A lo largo del éxodo, los descendientes de estos Escribas educados con el fin de poder memorizar los textos que les eran transmitidos oralmente, ya que todas la obras habían sido destruidas, no fue más que poco a poco que la escritura retomó sus derechos. Los primeros escritos, pintados con prisa, son sin embargo los exactos reflejos de la realidad.

Si el significado de los caracteres de escritura evolucionó, volviendo hacia su origen anaglífico, la interpretación del "Libro" no cambió jamás. Fue bajo Narmer, es decir antes de la primera dinastía, o mejor bajo Sesostris, dos mil quinientos años más tarde, o incluso bajo los tolomeos, poco antes del inicio de la era cristiana: las fórmulas del hombre debiendo permanecer puro para poder entrar en Amenta, "Más allá de la Vida", fueron siempre las mismas a lo largo de siete milenios.

En esta representación, de derechas a izquierdas: Ousir (Osiris) hijo de Dios, luego padre de los hombres creyentes, luego el Padre de los Hijos, y por último el Justiciero en la pesada de las Almas, (entre cada efigie, un sicomoro estilizado).

EL GRAN CATACLISMO

La fecha de la llegada de los primeros supervivientes a este territorio de Ta Merit, o la Amada, es aún difícil de determinar a unos cientos de años aproximadamente.

Todo ello es tan lejano, tan increíble... Imaginemos que le pedimos a un escriba acostumbrado a traducir la Ovide, hacer lo mismo con una historia de ¡San Antonio! Este argótico francés de lo menos conformista podía estar tan alejado de la versión latina como lo podrían estar los primeros escritos tradicionales de las primeras dinastías en relación al usado bajo los Ramsés en la XIX dinastía. Tomemos pues briznas de aquí y de allá, fragmentos por aquí, añadiendo poco a poco luz tan confusa como difusa. Transformado a través de los siglos y por los usos modificados, un texto homogéneo apareció bajo mi pluma, coordinado por una trama matemática de las más lógicas que, espero, está en conformidad con la teología monoteísta de los primeros tiempos en sus grandes líneas al menos.

Aquí hay también una comparación tentadora frente a la profusión de los grupúsculos religiosos que se reclaman de Jesús, y, o de Dios, ¡cuando no del diablo! Un Pontífice de Dendera, frente a la exposición de los adoradores impíos de los ídolos animales, o igual frente a verdaderos sacerdotes formados en su propio colegio del noviciado religioso, que adoraban Amón: un Carnero o Apis: un Toro. Eso fue hace cinco mil años. El mecanismo celeste falseado por este tipo de devoción que ahogaba toda Fe verdadera hacia Dios a través de un misticismo de mal gusto, dio por resultado los marasmos que trastocaron Ath-Ka-Ptah en cada nueva era de la realeza, entre el Antiguo y el Medio Imperio, especialmente, lo que favoreció las invasiones de los persas en el siglo VI a.C.

Los hechos históricos, como los demás, se renuevan bajo las mismas condiciones, una buena centena de coincidencias que seguirán no deben nada al azar. Todo fue creado en un orden preciso, añadiendo un resultado parcial a una suma fragmentada esperando una evolución; y ello, miles y miles de veces para llegar a desarrollar la creación de la Humanidad en su entorno.

Remontamos pues el tiempo paso a paso, de forma que la cronología de la Creación aparezca claramente, incluso si no es admitida por escépticos irreductibles. Que no tengan perdón, como los jueces de

Hicetas y de Copérnico, por no hablar de Galileo, que condenaron lo que estaba fuera del alcance de su conocimiento.

Todo el mundo puede ciertamente dudar de todo, pero no debe burlarse de lo que no comprende. Herodoto pasó por ello, y sin embargo... la cronología egipcia toma tal retroceso que lo nombró en su periplo, recordemos:

"Hasta este lugar de mi historia, los egipcios y sus Sacerdotes me hicieron ver que, desde su primer Rey hasta hoy, había 341 generaciones, al igual que tantos Grandes Sacerdotes y Reyes. Bien, 300 generaciones dan diez mil años, ya que tres generaciones valen 100 años. Y las 41 restantes suman 1.340 años. Añadieron que a lo largo de esos 11.340 años, ningún dios se había manifestado bajo forma humana, y que no se había visto nada igual, ni en los tiempos anteriores a esta época, ni entre los otros reyes que habían reinado en Egipto en los tiempos posteriores. Ellos me aseguraron así que, en esta larga sucesión de años, el Sol se había levantado cuatro veces fuera de su lugar ordinario, dos veces desde donde se acuesta ahora; y que también se había puesto dos veces ahí donde nosotros ahora vemos el amanecer."

Es muy evidente, y la crítica es fácil, que desde el punto de vista matemático, Herodoto estaba enfadado con el simple cálculo de los datos referidos a tantas generaciones. Tres por siglo multiplicado por 41 nos da 1366 años y no los 1340 enunciados. De hecho era sobre el número de 11.340 años que todo el mundo se equivocó ampliamente. Excepto Maneton, todas las cronologías egipcias vaticinaban cerca del tercio de este número. Las más aventureras remontaban a 4.300 a.C. Se necesitó de las tumbas predinásticas para que los especialistas por fin abrieran los ojos.

Matemáticamente establecido por el cotejo de los textos, así como por obtención de la fecha exacta del punto de ruptura de equilibrio de nuestro globo, el 27 de julio de 9.792 antes de nuestra era cristiana, la cronología egipcia se desprende fácilmente en acuerdo casi perfecto con la contada por Herodoto. En cuanto a los cataclismos solares de los que habla el autor al final del extracto citado, es muy evidente que es la Tierra, que al bascular hizo creer a los supervivientes que el Sol caía.

Hoy los hombres han olvidado; pretenden que son los únicos maestros usando la imagen del Eterno para amoldarlo a su talla.

En el inicio, Dios insufló una parcela divina, el alma, a fin que Su imagen sea diferenciada de los animales y pueda elevarse en su paz para vivir en paz. La luminosa tal y como la denominaban los antiguos, era efectivamente la parcela receptáculo de las bonanzas de Su Creador. Pero hoy es un complejo egoísta movido por una rutina mental que evita la más mínima meditación. Sin embargo, debemos reconocer que los "maestros" pensadores contemporáneos, a finales de este milenio, ya sean sacerdotes, o filósofos, contestan los dogmas del cristianismo, necesarios sin embargo, ya que cada detalle del rito ha sito largamente reflexionado. Ahora las "iglesias-monumentos" no son más que un nombre prestado, cómodo para centenares de edificios donde la divinidad y el pobre Jesús están totalmente ausentes en el espíritu....

La era cristiana coincidió con la entrada retrógrada del Sol en la constelación de los peces, Piscis. El símbolo de unión de los primeros cristianos, era un pez, y todo un símbolo místico armónico gira con él desde el nacimiento de ese Hijo, de ese salvador, venido a recomprar los pecados del mundo.

El punto vernal de esta constelación de Piscis se producirá dentro de unos cuarenta años, y no para el fatídico año 2000 señalado por los iluminados. ¿Qué quedará después de la cristiandad? Después nuestro astro solar seguirá su marcha retrógrada para penetrar en la constelación de Acuario, cuyo nombre está predestinado y bien elegido ya que desde hace milenios indica el momento de una elección.

La presentación celeste en Dendera, indica que en Acuario acaba un Gran Año, y presenta un venerable anciano sosteniendo un jarrón en cada mano, dudando visiblemente cual verterá sobre la Tierra: es el que Vierte las Aguas... el Diluvio en potencia. Pero sólo en potencia ya que está en el momento de la elección, dependiendo del comportamiento de la Humanidad. ¿Será el apocalipsis, o bien la edad de oro?... Edad de Oro: el bien.

Al tiempo que acaba el ciclo de Piscis, el final de la era cristiana ya es previsible por la falta de sentido que desde hace años pondera en los maestros pensadores del cristianismo. Demasiadas libertades en la religión, también aportan otra forma de esclavitud, más perniciosa, y mucho más grave para el futuro.

Estamos bajo el golpe de una vara mágica de embrujamiento perverso. El alma se transforma dentro del creyente mismo en una razón inconsciente y despreocupada ya que los mismos sacerdotes dicen que la vía en curso es la correcta. Y la Razón, apoyada por pensamientos no razonables, ya no piensa... con razón. El Alma ya no es.

¿Quizás todo ello es provocado justamente para que la elección final entre el Bien y el Mal se vea con más claridad?

He leído y vuelto a leer, durante mi reposo forzado, Los Misterios de Jámblico, y otros textos griegos sacados de otros egipcios, pero en los Misterios, encontré este trozo que me encantó:

"Al igual que el piloto sin ser parte de la nave se mantiene al timón, del mismo modo el Sol mantiene el timón del mundo entero. De la misma manera que, desde lo alto de la popa, el piloto lo controla todo dando rápidamente el rumbo según su voluntad; de la misma forma, siendo Dios mucho más poderoso, desde arriba, en el seno de los primeros principios de la naturaleza, da forma indivisible a las primeras causas activas de los movimientos. Eso y muchas otras cosas más, están simbolizadas por la navegación de una barca".

Como en tiempo de Jámblico, unión perfecta entre el antiguo y lo moderno, Dios sigue siendo el Eterno Piloto. Y este misterio de la barca, encontrada por doquier en Egipto más o menos simbólicamente, no es uno, ni tampoco lo es la Esfinge, o el planisferio de Dendera. La barca solar alrededor de Abusir, enorme construcción de ladrillos, aún significa lo mismo entrando en el contexto total definiendo los beneficios de la Divinidad hacia sus rescatados de Aha-Men-Ptah. El capítulo sobre las "Mandijt", las barcas insumergibles, dará la explicación completa.

La ciencia hace avanzar demasiado de prisa la civilización humana para que ésta pueda tomar tiempo de mirar su pasado, y es un error ya que se podrían evitar muchas desgracias. El entorno terrestre no basta para crear nuevas condiciones de vida ni de supervivencia para ninguna especie sea la que sea al ritmo de destrucción actual de la naturaleza, ya que la armonía de todas las cosas equivale al equilibrio establecido después de miles de años y de millones de agregaciones, los últimos animales y vegetación, se necesitan mutuamente, los unos a los otros, para sus vidas.

En esto los servidores de Dios son culpables porque han aprendido acerca de la creación divina, y han dejado actuar en conocimiento de causa. Quizás porque los sacerdotes mismos dudan del fundamento de su fe, quizás porque no quieren iniciar una lucha contra una minoría que actúa por miedo a perturbar sus fieles cuando, de hecho, están precipitando al rebaño.

El libre albedrío del alma no es actualmente más que un engaño por el propio hecho de la gran influencia que toma una exigua minoría, gracias a una propaganda sabiamente orquestada por los modernos medios de difusión como prensa, radio y sobre todo la televisión. El lavado de cerebro, la ironía, los sarcasmos y las voces influyen cada vez más sobre el buen sentido común que, sin embargo, vive en la mayoría de la raza humana y que, no obstante, se ve rechazado por nosotros, impotente frente al temor de defenderse. Y el caos se concreta cada día más en una pendiente extremadamente resbaladiza que no podrá remontarse una vez iniciada. Al inicio: hubo Dios, y al final, habrá igualmente Dios.

Escuchemos de nuevo a Mentuhotep, en otro extracto de su papiro; será un punto de reflexión para seguir el libro:

"La suciedad reina en el país donde ya nadie lleva ropa blanca. En las corte de Justicia, la recopilación de las leyes se han tirado fuera de los muros, a los pies, en la plaza pública. Las oficinas son desvalijadas, los funcionarios asesinados, y sus documentos quemados. ¿Qué harán mis hijos, si otro Divino Salvador no viene a traer algo de frescor a esta tierra tan exaltada? ¿Pero quedará aún algo del rebaño?

CAPÍTULO II

LAS COMBINACIONES MATEMÁTICAS DIVINAS

> *El Universo sólo es tan resplandeciente de Divina poesía, únicamente porque es una Divina matemática. Una Divina Combinación de Números, anima sus movimientos.*
>
> Su Santidad Pío XI,
> *Extraído de su última homilía Pascual*

> *Quizás más tarde, si el pensamiento humano*
> *toca el fondo del misterio tirando de su cadena,*
> *el Número sin brillo que en el cielo habremos leído,*
> *mucho tiempo enterrado como valor nulo,*
> *debe surgir glorioso en la única fórmula*
> *de la que el problema entero saldrá resuelto.*
>
> Sully Prudhomme,
> *El Libre albedrío*

Las combinaciones matemáticas divinas representan las figuras geométricas y los cálculos matemáticos de los movimientos celestes: "de las luces errantes en relación a las luminosidades fijas". De estas combinaciones no estimadas, pero que dependen de una sola ley que forma el Universo, se realiza la armonía cósmica. Fue esta enseñanza Sagrada y Secreta de los Pontífices que ha sucedido a lo largo de los milenios en la Casa de Vida adjunta al templo de la Dama del Cielo en Dendera, donde se impartía de forma parsimoniosa únicamente a los Grandes Sacerdotes.

Esta antigua escuela cuyo origen remonta a la llegada misma de los primeros rescatados, está autentificada no sólo por los textos, sino por las sepulturas actualizadas bajo la colina de los pontífices, a menos de tres kilómetros del templo. Ahí descansan los Sabios entre los Sabios, los bienaventurados que tenían el conocimiento de Dios. Entre ellos, enseñaba un maestro de la II dinastía, otro bajo Khufu, el famoso Keops, el escriba real bajo este faraón indica que el templo fue construido por su maestro siguiendo los datos que fueron encontrados en los cimientos originales, escritos en rollos de cuero de gacela por los seguidores de Horus, es decir por los primogénitos mismos, mucho antes de que el primer rey de la primera dinastía subiese al trono.

Así, pues, por sus descendientes directos fue transmitida la ley divina, cuyas combinaciones matemáticas debían permitir a los humanos orientarse ellos mismos hacia la Justicia y la Bondad. Para comprender estos datos es necesario remontar mucho antes de esta segunda patria, unos 25.000 años antes.

Los antiguos pontífices enseñaban que la tierra antes de ser una tierra, era otra cosa: materia ya en espera de creatividad, estaba combinada de forma diferente, no volviéndose un receptáculo de Almas, más que ciclo tras ciclo, en virtud de esta ley divina actuando evolutivamente, sin cesar, sobre todas las cosas y todos los seres. Cuando un ciclo acababa al cabo de un cierto número de períodos, o de eras, siguiendo a un tiempo de reposo, el movimiento eterno volvía a nacer trayendo de nuevo la vida, pero en una proyección diferente en el espacio.

Lo que hace que la tierra, jamás es idéntica a ella misma, no más que lo que era la víspera o el segundo anterior. Al igual que todas las cosas y todos los seres viviendo en ella, ya que la tierra evoluciona con todo lo que vive en ella, y sobre ella, en el tiempo y el espacio, siguiendo el ritmo solar y el precesional, coincidiendo con el movimiento aparente de las doce constelaciones celestes. Estas combinaciones geométricas y matemática aportan día tras día, segundo tras segundo, nuevas combinaciones que no sólo preparan el instante siguiente, también los mañanas por venir, bellos o no.

Este estudio sin contestación ha sido desviado de su sentido original, primero por Platón, que volviendo de Egipto y hablando de estas combinaciones, introdujo la palabra astronomía. Aristóteles, luego optó más por llamar estos cálculos astrología. Menos mal que Hiparco, después Ptolomeo, restablecieron algo la verdad, enseñando a los helenos, sus conciudadanos, que los doctos egipcios enseñaban las ciencias del cielo a sus estudiantes en sus sesiones de matemáticas especiales. Además Ptolomeo, retomará una parte de esta apelación en el título de su principal tratado: Las Composiciones Matemáticas, pero de forma indiscutible, fue Pitágoras el gran informador después de su estancia iniciática de 17 años en Egipto.

La única meta de estas materias siempre era llegar al número más reducido posible, a su expresión más sencilla, de donde se iniciaban las coordenadas de la Ley, pero en lugar de hablar, de utilizar el Verbo para resolver los movimientos, usaron los números para describir y escribir estas combinaciones.

Así apareció la explicación numérica del inicio de la creación, del proceso del desarrollo de los mundos, y de la Humanidad sobre la tierra misma, demostrando el verdadero poder del creador sobre todas las cosas y todos los seres. Demostró también los movimientos propicios a las rupturas del equilibrio, que coincidían con los períodos de posible decadencia de la cegada humanidad.

Muchos milenios más tarde, en el Apocalipsis, San Juan rezaba: "el que tenga oídos que escuche" añadiendo más adelante "le daría una piedra llevando grabado un nuevo nombre". Esto parece desnudo de sentido común, pero ahí, escuchando con su alma, la palabra piedra retoma su etimología original que era: "calculi", es decir, demostrar a través de piedras, o cálculos con ayuda de los Números.

Puede resultar cansino volver siempre a la misma noción numérica, pero fue la que permitió a esta antigua civilización mantenerse diez mil años en la vía de la Sabiduría y vivir en Paz. Los archivos del templo de la Dama del Cielo, en Dendera, poseían verdaderos tratados, de los que nos han llegado algunos trozos, los centenares originales siguen aún enterrados en una sala subterránea cuya entrada aún no ha sido descubierta.

En listas de matemáticas muy largas, están descritas todas las combinaciones con los medios mentales para recordarlas, y donde los números despliegan todas sus propiedades de cálculo.

Un pequeño registro queda aún en algunos museos, que provienen de las copias de los antiguos papiros que eran los libros de matemáticas elementales con las respuestas a los problemas planteados, en uso para los alumnos de primaria. Los cuatro especímenes: un manuscrito en cuero, dos tabletas de madera y dos copias antiguas en papiro.

Estos dos últimos documentos son los famosos papiros matemáticos llamados de Rhind y de Moscú son vitales para la perfecta comprensión de la mentalidad, incluso de los profesores, al igual que de la maravillosa sutileza de los que realizaron los ejercicios.

El papiro de Moscú, mide 544 centímetros y ocho de alto, contiene 25 problemas. Lo interesante de este documento de nueve fragmentos traídos a la URSS por el egiptólogo ruso Goulénitschef, es que a pesar de datar de la XIX dinastía, tal y como hace prueba la firma del escriba, no es más que una copia de un papiro original que remonta a 16 siglos antes, y que había sido escrito por un Pontífice para el hijo de un faraón.

Lo que equivale a decir que ese niño de unos diez años de edad, literalmente hacia malabarismos con la matemática y los números; 3.500 años antes que Pitágoras, Tales e incluso Euclides empezaron a entrever los axiomas y los teoremas de los que se convertirían en promotores en Europa, y que ya eran de uso popular en esta época tan remota.

No hay en este papiro más que unas disciplinas matemáticas, he aquí un ejemplo: "Tipo de cálculo de un tronco piramidal":

"Si damos el tronco de una pirámide de 6 de altura, 4 para el lado inferior, y 2 para el lado superior: lo calcularás tomando el cuadrado del 4, que te da 16. Doblas el 4, que te da 8. Calculas después tomando el cuadrado del 2, que da 4. Sumas junto el 16 con el 8, luego con el 4, lo que da 28. Ahora calculas el 1/3 (el tercio) de ese 6, que da 2. Doblas 28, lo que te da 56. Ya está: has encontrado exactamente la respuesta que es 56."

Enunciado de esta forma, el cálculo parece un juego de niños de una sencillez sorprendente. Y los números demuestran que esa era la verdadera intención de los autores del texto. Pero recordad vuestro propio aprendizaje matemático... para un mismo problema, podemos utilizar, y aún estamos en el mismo punto, la fórmula cabalística moderna del volumen de un tronco piramidal con base cuadrada, que es: V = (a2 + b2 +ab) h/3.

Para este problema, ¿cual es la manera más inteligente de enseñar a un joven este tipo de cálculo? ¿La de hace cinco mil años, o bien la actual? Entendiendo por supuesto que las operaciones efectuadas son estrictamente las mismas en un caso como en el otro. Os dejo que elijáis.

Otro ejemplo más complicado, sacado del mismo papiro:

"Si damos un cesto con una apertura de 4 ½ debes decirme su superficie. Calculas 1/9 de 9, luego el canasto es medio huevo (½), y ello da evidentemente UNO. Calculas el resto, que da 8. Calculas 1/9 de 8. Lo que da15: 2/3 1/6 1/18. Calculas el resto después de haber restado estos 2/3 1/6 1/18 lo que te da 7 1/9. Por fin calculas 7 1/9 veces 4 ½, lo que da 32. Ya está, has encontrado exactamente la respuesta, que es 32."

La representación imaginada de la forma del canasto que es ovoide, es decir semejante a la mitad de un huevo, es además jeroglíficamente representada por media esfera: ⌒ Lo que recuerda al joven matemático de nuestra época que lo estudió, con esta fórmula más abstracta también:

$$S = \left[\left(2d - \frac{2d}{9}\right) - \left(\frac{1}{9}\right)\left(2d - \frac{2d}{9}\right)\right]d.$$

Otra vez, la mejor manera de enseñar no es la que está en curso actualmente.

El segundo papiro, el que se compró en Tebas en 1.858 por el egiptólogo Rhind estaba igualmente copiado de un manuscrito más antiguo. El escriba Ahmose explica al principio de su transcripción:

---

[15] Este tratado de cálculo ha adoptado fracciones con numeradores unitarios, ello para mejor desarrollar el cálculo mental. En lugar de escribir: ¾, el estudiante planteaba: ½ ¼

"He copiado este tratado de cálculo en el año 33, en el cuarto mes de la inundación, a partir del duodécimo día, de un manuscrito del tiempo del Rey Muy Grande, de Voz Justa: el Primogénito Nêmarê".

Remonta, pues, a una antigüedad aún más remota, al origen del Conocimiento donde el Saber estaba compilado en rollos de cuero. Reunía todos los problemas elementales referentes a los Números y la Medida, esta ciencia que iba a convertirse en el estudio de las Combinaciones Matemáticas Divinas. Sus profesores en Dendera, eran en el orden de los estudios: los Maestros del Cielo, los Maestros del Cálculo, los Maestros de la Mística y el Pontífice juzgaba al aspirante digno de superar el último peldaño. Cuando acababan el noviciado, se le dejaban en compañía del Maestro del Simbolismo Matemático, accediendo de esta forma al último nivel de la iniciación Sagrada, entrando para ello en la habitación secreta, reservada a esta elevación. Con el Pontífice An-Nu, grande en el conocimiento divino, el último grado era superado. Es en ese santuario donde el joven sacerdote aprendía el porqué de los inmensos volúmenes triangulares erigidos con el sudor de toda la población unida en la Fe, y que tenían un significado perfectamente claro y preciso, sus nombres se explicaban popularmente: eran las "7 Ben-Mer-Shoum", es decir: "El Amado hacia el que desciende la Luz", es decir: "Las Pirámides". Pues bien, este monumento simbólico primordial tomó el nombre de "pirámide" por gracia de los griegos, aunque nadie sabe ni por qué ni cómo, convirtiéndose incluso en un signo de explicación de los silos de granos en tiempo de José... [¡sic!].

A través de los cálculos de los "troncos" desarrollados, por no poder llamarlos "piramidales", y que están descritos de la forma que hemos visto en el papiro de Moscú, vemos que los jeroglíficos son formales sobre las definiciones:

La media diagonal es: SEQT
La perpendicular a la altura es: BEN
El ángulo y su arista que dan el coseno: SHOU
La relación de las líneas es: MER

El conjunto se transforma en: El Amado-hacia-quien-baja-la-Luz, o SEQT-BEN-MER-SHOUM, que en la lengua popular era sencillamente:

MER, o ¿pirámide? Mer = El Amado, ¡lo que es todo un programa! El capítulo dedicado a las pirámides desarrolla con precisión estos significados.

Todo se transforma en apariencia cuando una nueva civilización hace huir la anterior, los griegos no se preocuparon en absoluto del verdadero reto planteado por el enigma faraónico, se limitaron a intentar resolverlo siguiendo su propio punto de vista, más joven en varios milenios, y no con la rigurosa lógica que debería haber guiado sus pasos. De modo que inventaron una masa de dioses semejantes a los suyos, elucubrando a cual mejor sobre los significados que para nada comprendían. Así que mejor ni hablar de los modernos egiptólogos... Sin embargo, algunas veces, sabios de otras disciplinas dan alguna pista que no interesa para nada a sus colegas obnubilados por las representaciones animales de los grabados antiguos.

El célebre astrónomo Laplace, escribió:

"Seducido por las ilusiones de los sentidos y su propio amor propio, el hombre se ha visto mucho tiempo como el centro del movimiento de los astros, varios siglos de trabajo hicieron caer el velo que cubría los ojos del mundo. Entonces el hombre se vio sobre un planeta tan imperceptible en el sistema universal, reducido a un pequeño punto invisible en la inmensidad del espacio. Los resultados de este descubrimiento son muy propios para consolarlo por el lugar dado a la Tierra, demostrando su grandeza en la pequeñez de la base que sirvió para medir los cielos".

Fue esta primera percepción humana que, incontestablemente, condujo al Ancestro a traducir el movimiento de los astros en formulaciones matemáticas, en series de Números, después de haber padecido varias catástrofes que le habían dado ampliamente materia de reflexión. De ello resultó una ley, que a pesar de su complejidad aparente, demostraba completamente una organización tal que no podía ser más que Obra del Creador mismo. Su imagen: el hombre que sólo intervino en la tierra miles de millones de años más tarde.

Incluso si un súper-Einstein hubiese existido en cualquier "otro lugar", la formulación tan conocida del tipo E = MC2, hubiera sido más sencilla que la Ley. Y ya que hablamos de Einstein, tomemos su axioma que expresa claramente, a pesar de que aún no pueda ser demostrado, que el Cosmos no puede ser definido por tres dimensiones (anchura, altura, longitud) y que es conveniente y necesario introducir una cuarta.

Siguiendo este mismo principio, los ancestros matemáticos expresaban el hecho de que el Universo no podía ser únicamente definido por tres componentes (espacio, tiempo, materia) y que convenía lógicamente añadir un cuarto que animaría a los otros tres: la fuerza radiante creadora eterna de Dios, es decir: el Tiempo de Dios.

He aquí un ejemplo concreto muy sencillo: La luz brota del espacio a la velocidad de 300.000 kilómetros por segundo, como hemos estudiado. Los rayos solares alcanzan la tierra aproximadamente en ocho minutos. Lo que viene a decir que la luminosidad nos es percibida ocho minutos después de su emisión original.

Imaginemos, pues, y eso es totalmente lógico, que en el momento en el que esté leyendo estos renglones, alguien entra en la habitación de repente y dice:

"¡El Sol ha explotado!"... "No nos queda ni un minuto de vida".

Pues no se burle, sobre todo de la locura súbita del que habla... Ya que es posible que diga la Verdad... a pesar de que en ese momento se vea el astro del día brillar con sus miles de fuegos.

En efecto, el sol que vemos, no es más que la foto, la proyección pura y simple de la imagen solar que ha existido ocho minutos antes. Así que a pesar de estar viendo el sol, brillando resplandeciente ante nuestros ojos, ha podido explotar en los siete minutos anteriores, y no queda en realidad más que pocos segundos de alivio para ponernos en orden con Dios antes de que la propia tierra se volatilice.

Para nada es ciencia ficción, ya que ello se produce al menos una vez por siglo en otro sistema del Universo. Incluso las súper novas explotan a dos mil años luz: lo que significa que se volatilizaron hace dos mil años y que sólo ahora percibimos el impacto en nuestras retinas o en las películas ultra sensibles de las cámaras electrónicas.

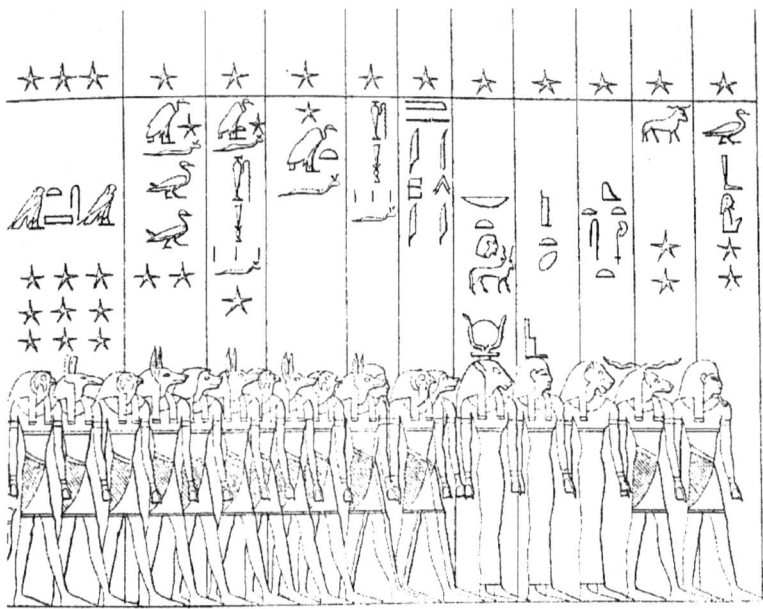

El cuarto Tiempo, es el de Dios, que es el vehículo de las Almas, las parcelas divinas, que regulan los tiempos terrestres.

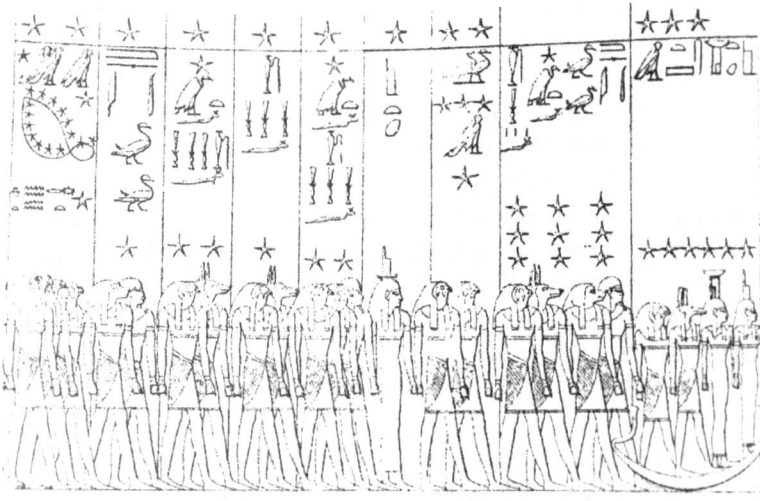

Aquí: Isis conduce a los rescatados del Gran Cataclismos hacia su segunda patria: Ath-Ka-Ptah.

Hay, pues, sin contestación alguna, un cuarto elemento, el de los antepasados: el Tiempo de Dios. Es el vehículo de la parcela divina: el alma, y puede guiarla a lo largo de su estancia terrestre.

Platón, en su Timeo comenta la frase grabada en la entrada del templo de Sais: "ser y haber sido" que resumen muy bien la noción del Cuarto Tiempo.

"Los días, las noches, los meses y los años no eran antes de que el cielo hubiera nacido; y fue organizando el cielo que Dios mismo procuró su nacimiento. Estas son unas partes del tiempo, y de sus expresiones: "haber sido, deber ser", designan el tipo de tiempo que se ha iniciado, y nosotros sin darnos cuenta las aplicamos la existencia eterna a la que no conviene".

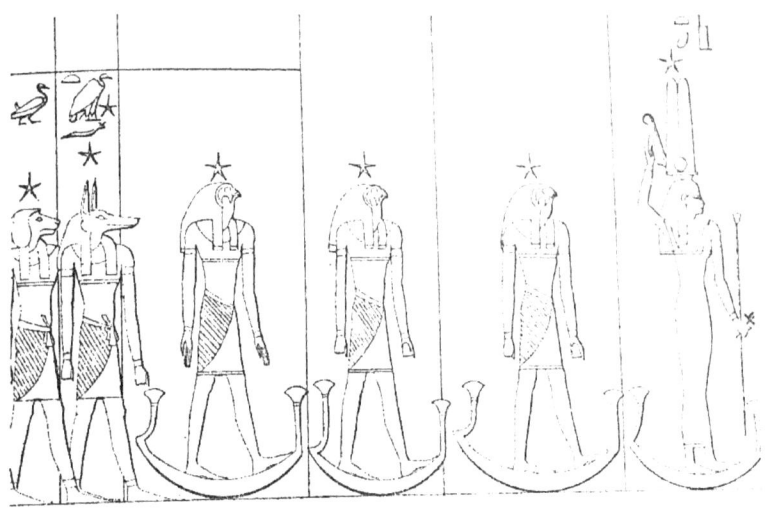

Isis trayendo a Osiris (triple ya que será el Padre de los rescatados. Todos los jeroglíficos triplicados significan el plural).

Dos certezas se derivan de la introducción de este cuarto tiempo:

– Cada cosa visible en el espacio, es necesariamente visible en el tiempo, pero no en el mismo Tiempo.

– Cada cosa perceptible en el espacio, no es visible en el mismo Tiempo, pero en un continuum-tiempo, paralelo.

No entraremos en este libro sobre el propósito de demostrar el "continuum" preconizado por tantos sabios, sino mostrar que la formidable Fuerza Radiante de la que hablan los ancestros, proviene de las constelaciones ecuatoriales celestes a centenares de años luz, y puede propulsar su energía hacia la Tierra, por el dicho "continuum".

Para simplificar, digamos que esta fuerza R., es una dimensión vectorial. Ya que provendrá del espacio siguiendo siempre la misma ley armónica direccional, sus reglas de cálculo serán extremadamente precisas.

Basándonos en el postulado de que toda acción produce una reacción sea cual fuere la energía desplegada. R. sería el producto de la interacción de elementos semejantes, pero invertidos: como el hombre y su imagen reflejada en un espejo. Es esta dualidad incansable entre el bien y el mal, el hombre y su doble, representados por los sabios escribas en rojo y en negro en sus jeroglíficos; los pontífices calcularon las combinaciones matemáticas divinas regulando las diferentes combinaciones de las radiaciones provenientes de los enormes soles de las doce constelaciones, con el fin de poder valorar en números absolutos los medios de debilitar el Mal y fortalecer el Bien.

De forma más práctica, veamos un ejemplo típico: cuando, hacemos nuestro cuarto de hora de gimnasia física matutina, los muelles fijados a la pared están tensos, es fácil calcular la fuerza con la que los músculos de las manos han tirado de las cuerdas y también es fácil calcular la fuerza con la que los muelles han ejercido tracción sobre las manos. Lo que nos lleva al enunciado del principio fundamental de la creación: toda cosa es complementaria de otra.

Al igual que desde ahora sabemos que una partícula de materia cualquiera, posee además una particular y similar antimateria; toda cosa posee su doble complementario o anti.

Referente a la fuerza R., se establece que la velocidad de propulsión de su movimiento puede ser definido como la translación efectuada por cualquier otra energía por una unidad de tiempo. Su desplazamiento es por este hecho un vector orientado en el mismo sentido. No debemos omitir, efectivamente, que la fuerza de frotación siendo nula en el vacío sideral a pesar de la gran velocidad aparente, la velocidad de R será una constante para cada una de sus rectas hasta que se vean perturbadas, o detenidas por un cuerpo cualquiera.

Lo que es el caso para la llegada de la envoltura carnal del recién nacido humano, tal como lo describen los Ancestros al inicio de las clases referentes al estudio de las combinaciones. En cuanto el cordón umbilical se corta, y por consiguiente el influjo materno no interviene ya para la confección de la envoltura carnal, un bordado primario, en este momento preciso, alcanza el córtex cervical. La fuerza R. sustituye a la madre; el cerebro receptor será impreso de forma indeleble por esta particular trama con un poder colosal, pero no visible para el humano impregnado desde su nacimiento, justamente a través de estas radiaciones. El bebé gritará por primera vez frente a esta intrusión, que será el primer reflejo de su llegada a la vida terrestre de una nueva alma, ya ubicada en su lugar.

Para los antiguos sabios, estas influencias formaban el hilo conductor divino personalizando cada alma, calculada con precisión ya que el bordado de base, o esquema ya estaba exactamente reproducido siguiendo las mismas coordenadas que las que imprimieron el córtex. El alma humana podía estar de esta forma en perpetúa conexión con el alma celeste creadora, si no rompe ella misma el acuerdo preestablecido desde el nacimiento.

Los sacerdotes de Aha-Men-Ptah delimitaron muy bien el problema, a la vez que cernieron con exactitud los poderes directos que acordaban las diversas soluciones combinatorias remontando muy atrás en el tiempo para establecer sólidamente sus observaciones.

Retrocedamos nosotros también en este espacio creado hasta el día en el que el cosmos entró otra vez en expansión. Se dice que la luz brotó de las tinieblas, separando el día de la noche, la materia de la nada, engendrando millones de planetas animados por su propio movimiento, siempre rotatorio y oscilatorio contrario, a la vez que giran alrededor de millones de Soles centros de sistemas a la vez dotados de movimientos circulares alrededor de millones de núcleos galácticos, formando las galaxias de miles de millones de estrellas cada una. Y a su vez ellas giran...

Detengamos aquí esta enumeración que seguiría aún doscientas páginas más, observemos más bien, la sorprendente coincidencia: la de todas las galaxias que pueblan nuestro universo conocido, están clasificadas por los astrónomos en cuatro categorías, todas las formaciones en espiral:

1. Las galaxias de forma espiral normales: son las que cuyos brazos salen de un núcleo central.

2. Las galaxias de forma espiral llamadas "borradas": son las que cuyos brazos salen de una barra diametral.

3. Las galaxias de forma espiral elipsoidales: son las que van desde la esfera casi total, hasta el tipo llamado "lenteja", como la nuestra, cuyo centro, el núcleo, está abultado y cuya Vía Láctea, tan bien observada por los Ancestros, ocupa un borde exterior.

4. Las galaxias de forma espiral irregulares: son las que han sido probablemente provocadas por unas explosiones de súper-novas, responsables por ello de nuevos mundos, que son actualmente objeto de muchas investigaciones a través de fuentes de radio.

Bien, el jeroglífico de la creación es una espiral saliendo de la onda:

Esta espiral significa hoy exactamente lo que era en realidad hace mucho milenios: el principio creador, la ley, para todas las cosas incluidos rocas y minerales (las piedras eran consideradas como benéficas o maléficas por los ancestros).

En la Biblia ya vemos a Moisés huyendo de Egipto llevándose el pectoral con las doce piedras de las radiaciones benéficas. Se consideraba que habían acumulado en ellas, a lo largo de los miles de milenios, la Fuerza R benefactora que le era particular. Y ¿Por qué no sería posible?

"Nunca se ha podido descubrir ningún fluido circulando entre las rocas: ¿Pero podemos concluir que no están organizadas? No lo creo, es más natural presuponer que su organización, que es tan sencilla como su composición, es quizás tan difícil de observar. Sabemos que existen piedras grasientas al tacto, que otras dejan escapar en la lumbre su gran cantidad de humedad, y otras aún se vuelven cóncavas al enfriarse, sin olvidar las que se cargan de electricidad cuando las calentamos; ¿No podríamos admitir que exista algún tipo de fluido sutil que pueda circular en ellas? ... Quizás incluso una fuerza invisible, brillante, arrastrada en ella, como el fluido magnético que corre a través del hierro".

Esta hermosa carta es del conservador de la biblioteca de Ginebra, Jean Sènebier, autor de este extracto, sacado de la introducción que escribió adjunta a su traducción de los opúsculos de La Physique animale et végétale, (La física animal y vegetal) del abad Spollanzani. Y necesitó una buena dosis de atrevimiento este conservador para escribir tales frases en la época en la que lo hizo. Ya que data de 1777.

Todo ello para hacer admitir a los escépticos, que además de los humanos, los animales, los vegetales, y los minerales no eran más que fluidos en su Origen brotando de esta Luz saliendo de las Tinieblas y que, matemáticamente, se expandió. Primero: uno que se convierte en dos, dos que se convierte en cuatro, luego ocho... los Hijos de la Ogdoade estaban dispuestos a crecer y a multiplicarse. Esto apareció a todos los investigadores apasionados por la mitología egipcia desde los descubrimientos de Nagada, al igual que por la aparición del planisferio de Dendera, demostrando la perennidad del sistema cíclico del Eterno Retorno, en un espacio evolutivo permanente.

Deberíamos decir como Leibniz, que: "El espacio es un orden de coexistencias, como el tiempo es un orden de sucesión", pero añadiendo: "Que la distancia no es más que un vacío por vacíos interpuestos, donde la duración temporal no es más que una ilusión". Ya que el tiempo, como Dios, si es una realidad casi tangible, permanece impalpable, no es una sustancia cualquiera que se pueda palpar, no aporta modificación a objetos o a las formas por si mismo, en cuanto a tiempo.

"Todo lo que es algo, existe", decía Balmés, antes de añadir: "¡Que me enseñen dónde está el tiempo!"

Ahí reside la dificultad. El tiempo no alcanza el continuum espacial en las matemáticas. Es dividido en instantes, ellos mismos a su vez divisibles hasta el infinito, pero que se suceden los unos a los otros, incapaces de fusionar en actos simultáneos, de confundirse en existencias conjuntas... El tiempo no es, pues, una realidad concreta. Para concebir un instante existente en el tiempo, debe ser actualizado, al igual que una clase, sin antes, ni después, y ser tomado tal cual. Ya que Dios es el único en poder ser los Cuatro Tiempos: ser y haber sido, tal y como lo recuerda la febril divisa Saítica.

Ningún criterio aparece imposible a los ancestros, que habían aprendido que nada se hacia de nada, todo era posible a Dios que engendraba sin cesar la creación. El espacio tiene como punto fijo la duración del día sideral, que es invariable[16]. La propia duración está simbolizada por la luz, este faro que guía todas las combinaciones matemáticas divinas. Y si aún cualquier ocurrencia parece cómoda de criticar, conviene recordar que algunas posibilidades aún nos parecían imposibles hace poco tiempo.

Ya hemos visto cómo Laplace había rectificado la falta de sentido de Newton, y sabemos que éste, anteriormente, se había ensañado con Descartes; con unos veinte años e interesándose ya en la física, declarado ferviente cartesiano, Newton no tachaba con menos rabia los escritos del autor francés, con unas continuas anotaciones que siempre empezaban por: "Error".

---

[16] Algunos astrónomos no están de acuerdo con este postulado, cuya verdad absoluta no puede ser rigurosamente demostrada. Pero sus protestas, a pesar de que se las crean válidas, establecen bien un Principio: que este postulado es necesario para demostrar la medida del tiempo.

Ya que gracias a la tercera ley puesta en uso por Kepler, y de la que Descartes no pudo haber tenido conocimiento, unos geómetras consiguieron destacar esta tendencia hasta concretarla ahí donde los cartesianos la habían dejado borrosa. Huyens, mejorando este concepto acerca de la gravedad, pronto deduciría la verdadera figura de la tierra, y determinaría su aplanamiento. Fue muy natural que Newton concibiera la idea de relacionar la tendencia de atracción de la luna hacia la tierra con la que es análoga en nuestro globo entre unos cuerpos pesados. Esta comparación no ofreció ninguna dificultad en 1666, y nadie se atrevería a recaer como Copérnico cincuenta años antes. Además, el objetivo de los "principios" está rigurosamente en la línea de los textos antiguos:

"Este admirable arreglo del Sol y de los planetas no puede ser obra más que de un Ser Todopoderoso e inteligente. Y si cada estrella fija es el centro de un sistema semejante al nuestro, es seguro que todo lo que lleva la huella de un mismo designio debe regirse a un sólo y mismo Ser: porque la luz que el Sol y las estrellas fijas se irradian mutuamente es de la misma naturaleza. Además, vemos que el que ha arreglado este universo, puso las estrellas fijas a una inmensa distancia unas de otras, temiendo que estos globos cayesen los unos de los otros por su fuerza de gravedad. Este ser infinito gobierna todo, no como Alma del mundo, sino como el Señor de todas las cosas".

Newton sigue algunos párrafos más adelante:

"Como cada partícula del espacio existe, y cada momento indivisible de una duración, dura por doquier, no podemos decir que El que hizo todas las cosas, y que es el dueño, no esta jamás en ningún lugar. Toda alma que siente en diferentes tiempos, por distintos sentidos, y por el movimiento de diversos órganos, siempre es una misma y única persona indivisible".

Lo mismo ocurre con nuestro sistema solar que está totalmente aislado en el espacio, a nuestra escala humana, para entendernos. Está rodeado a unos cien años luz por estas doce constelaciones, cuyos soles más pequeños son miles de veces más grandes que el nuestro. Lo que significa que si uno de ellos en lugar de estar situado a miles de millones de kilómetros de distancia, estuviese más cerca, nuestro centro del sistema solar se vería reducido a cenizas.

Por suerte, nuestros planetas sólo se ven sometidos a las únicas acciones gravitacionales mutuas de sus diversos componentes, y bajo el único calor de nuestro astro diurno. Pero las intensas radiaciones que provienen de las doce constelaciones del ecuador celeste, bombardean sin interrupción los planetas, atravesándolos de parte a parte. ¿Qué decir de nuestra envoltura carnal? Padece como parte principal, los efectos benéficos o maléficos, según las combinaciones y las defensas aportadas para evitar soportar algunas consecuencias.

Tan contento de oponerse a las teorías antiguas al igual que a las newtonianas, tanto astronómicas como divinas, y sin duda alguna por ser Divinas; Laplace, se jactaba de ser ateo, escribiendo:

"¡Dios es una bonita hipótesis que explica muchas cosas! Es decir que Dios es una Fuerza que la Ciencia no puede alcanzar y que explica todas las fuerzas sin la cuales la Ciencia no explicaría nada."

Esto hizo literalmente saltar de la silla al muy católico y muy erudito Barthélemy-Saint-Hilaire, que comentó poco tiempo después estas palabras en el prefacio de su traducción en el "Traité du Ciel" (Tratado del Cielo) de Aristóteles:

"¿Cómo puede ser que la astronomía llegue hasta este punto de desconocimiento de Dios? ¿No se trata de la más ciega y la más extraña de las contradicciones? ¿Vale la pena rechazar todos los sentidos para dar todo a la razón, para quitar en definitiva a la razón el único fundamento sobre el que se apoya, como el resto del Universo? Yo tengo una opinión totalmente contraria referente a la astronomía, y lleno de agradecimiento por las enseñanzas que nos proporciona, le doy gracias por habernos enseñado tanto acerca de las obras de Dios. Sin embargo, creo que sobre esta primera lección se puede añadir otra, no de menos valor. Ella enseña al hombre a conocerse mejor al tiempo que amplia el conocimiento sobre sus relaciones con todo lo que es infinito y eterno".

Estoy totalmente de acuerdo con Saint Hilaire, sin embargo, su adversario Laplace, autor del célebre libro "La Mécanique Céleste" (La Mecánica Celeste) obviando su ateismo, y muy considerado por los cinco volúmenes de su obra, florece en ese mismo sentido. Por ello, no debemos reprochárselo a su espíritu astronómico, del que tiene excluido cualquier alma celeste, ¿por qué? Porque permite demostrar científicamente que, a pesar del gran cataclismo y del giro de la tierra, la situación no se ha convertido en catástrofe general:

> "A decir verdad, el movimiento absoluto de las moléculas de un planeta debe estar dirigido en el sentido del movimiento de su centro de gravedad. Pero no se deduce por ello que el movimiento de rotación del planeta esté dirigido en el mismo sentido. Así, la Tierra podría girar de oriente a occidente, y sin embargo, el movimiento absoluto de cada una de sus moléculas estaría dirigido de occidente a oriente, cosa que se debe aplicar a los movimientos de revolución de los satélites, cuya dirección, en la hipótesis de la que se trata, no es necesariamente la misma que la del movimiento de proyección de los planetas."

El final de este extracto, como podemos imaginar es primordial. Puede haber otro Gran Cataclismo en los tiempos venideros otro giro, eje sobre eje de la Tierra, de modo a que el Sol vuelva a tomar su curso aparentemente en línea recta, es decir, que vuelva a aparecer de nuevo como si se levantase en Occidente, y los rescatados echarán raíces en algún lugar sobre un territorio que habrá escapado a los cambios.

Copérnico, en su obra condenada por la declaración del año 1616 por los teólogos del Santo Oficio, demostraba numéricamente lo que el tal Laplace haría suyo más adelante... He aquí el extracto:

> "Una larga y muy constante observación me ha enseñado que los fenómenos relativos a cada uno de los demás astros errantes de nuestro sistema solar, derivan de un cálculo por el que se relacionan con la Tierra dando que los movimientos de los astros, de las diferentes órbitas y del propio cielo acababan estando tan estrechamente interconectados que es imposible desplazar en cualquier lugar del cielo nada que no cree confusión en cada una de las demás partes, y del conjunto".

Este extracto del libro: "Sur la revolución des orbes célestes" (Acerca de la revolución de las órbitas celestes) hizo mucho ruido en el Santo Oficio. Es por lo que la Iglesia, adelantándose a los detractores y a los investigadores católicos que no sabían cómo expresar sus profundas convicciones de "otra" posible cronología histórica del Antiguo Testamento, preconizó a sus exégetas más moderación en cuanto a sus posturas referentes a las Santas Escrituras. En 1943, Su Santidad Pio XII puso en guardia a sus auditores en una encíclica acerca de ciertos capítulos del Antiguo Testamento:

"La Biblia no es el único libro, sino un conjunto que agrupa unas obras de estilo literario muy diferentes. Algunos exhortan, otros cuentan, e incluso los que cuentan, no son necesariamente históricos en el sentido moderno de la palabra".

Con este discurso significativo en enero de 1948, la comisión bíblica precisaba sin rodeos su posición sobre el problema del Génesis:

"El primer deber que incumbe al exégeta científico, consiste en primer lugar en el concienzudo estudio de los problemas literarios, científicos, históricos, culturales y religiosos, en relación con los capítulos del Génesis. Luego será necesario examinar en detalle los procesos literarios de los antiguos pueblos orientales, su psicología, su forma de expresarse y su noción misma de la verdad histórica. Será preciso, en una palabra, reunir sin ningún prejuicio, todo el material de las ciencias paleontológicas e históricas, epigráficas y literarias. Sólo así podremos tener la esperanza de aclarar la auténtica naturaleza de ciertos relatos de los primeros capítulos del Génesis. Mientras tanto, debemos practicar la paciencia, que es prudente y sabiduría de vida".

Lo que es nuestro caso, ya que podemos descodificar con más facilidad los textos antiguos de las combinaciones matemáticas que un gran número de sabios que las habían investigado anteriormente, porque en el pasado fueron condenados a pesar de su erudición. El hecho es que, automáticamente, el Hombre está en contra de su prójimo, en cuanto no lo comprende y que, por consiguiente, su entendimiento se ve superado.

CAPÍTULO III

LA CREACIÓN

> Al Inicio era Nu, en el que flotaba, mezclados
> los gérmenes de todas las cosas presentes en Ptah.
> Templo de la Dama del Cielo.
>
> Dendera

> Al inicio Dios creó el Cielo y la Tierra.
> Sin embargo, la tierra estaba desierta y vacía.
> Las tinieblas cubrían el abismo,
> y el espíritu de Dios planeaba sobre las aguas.
>
> Antiguo Testamento
> Génesis, I. 2

La Creación en fonética egipcia al inicio de las dinastías, se enunciaba NU, lo que se escribe, como ha sido indicado rápidamente en el capítulo anterior. Naturalmente los griegos mucho más tarde la convirtieron en diosa: NUT. Pero no fue más que una pálida imitación de la Dama del Cielo, Reina muy humana y buena, cuya admirable historia la convirtió en mucho más que una diosa. Incluso al paso de los milenios, los Pontífices de Dendera, la confundieron con su propia hija Iset, que los helenos pronunciaron: Isis.

Antes de explicarlo más detenidamente, profundicemos un poco más en la comprensión jeroglífica que animaba a los sacerdotes Hierogramatas tanto en sus pensamientos religiosos como en sus vidas en cada instante.

El primer alfabeto, más matizado, favorecía mejor la escritura popular. Sólo más tarde apareció una forma que asignaba a diversos grupos de caracteres un valor diferente a su sentido no debiendo ser perceptibles más que a los iniciados. Por ello, algunos signos añadidos aparecieron en varios espacios, numéricamente determinados, cambiando totalmente el significado.

Este idioma, espiritual y muy desarrollado, temía perderse para siempre después del hundimiento de Aha-Men-Ptah con todos sus archivos escritos, esta fue la primera preocupación del Pontífice superviviente cuando llegó a tierra firme en compañía de algunos novicios, incluyendo su propio hijo. Instauró para ellos una Casa de Vida Oral donde les fue inculcada, de memoria, una parcela del Conocimiento, incluso si eran incapaces de comprenderlo. Su única labor era preservarlo intacto y puro en la memoria, a su vez debía enseñar y retransmitir intacto el precioso extracto al primogénito, su propio hijo.

De esta forma, a lo largo de varias generaciones, se conservó la Tradición Original de los Textos Sagrados en los que estaban incluidos los de las Combinaciones Matemáticas. Poco a poco se restablecieron los procesos de transmisión escrita de los Antepasados: la jeroglífica. Se elaboraron todo tipo de grabados rupestres a lo largo del éxodo, a través de África, concretándose a lo largo de la continua línea que siguió el pueblo reformado, multiplicado, y ello a lo largo de centenares de kilómetros de amplitud. Así, desde el sur de Marruecos hasta Nubia, pasando por el sur de Argelia y el norte de Tchadien, la Tripolitania y Libia. Primero las herramientas, luego la escritura en sí sobre las pieles, reaparecieron, ahí donde los desiertos aún no lo eran, y donde los "oueds" aún eran unos ríos impetuosos rugiendo por los acantilados abruptos, tal y como hoy aún es fácil observar.

Es por lo que la llegada a Ath-Ka-Ptah se hizo con una demostración sorprendente de toda una civilización bien a punto, aunque muy remota, y cuyos jeroglíficos fueron el último eslabón restituido.

Desde Champollion, los egiptólogos del mundo entero visitan ambas orillas del Nilo para ver esos caracteres extraños que los derrotan y superan, y que han derivado del Conocimiento de las monarquías predinásticas, es decir, mucho antes del reinado de Menes, dando una idea falsa de la civilización que descubrían.

De esta forma se forjó una interpretación paralela de la antigua vida egipcia, a base de adoraciones de animales y cuentos abominables, cuando ésta no estaba fundada más que en el culto de un Dios-Único, pero que, habiendo creado el hombre a Su imagen, pedía vivir en pleno acuerdo armónico con Él. Todo lo demás no fue más que literatura popular, embellecida por espíritus y genios inferiores surgidos de los grandes sacerdotes con el objetivo de poder vigilar a sus fieles de forma constante con el fin de conservar el rebaño en su máxima pureza original.

Si los eruditos, que tradujeron, o mejor dicho, que interpretaron los textos antiguos, no resolvieron nada en cuanto a las diferentes ciencias "combinatorias", se debe esencialmente a cuatro razones:

1. Una falta de cierto estudio, es decir de competencias, en la teología Divina antigua, la razón de los dogmas imperativos y de los diferentes cultos que fueron incluidos. Es por lo que la metafísica expuesta sin escrúpulo alguno por innumerable autores, ofrece unas traducciones abstractas, incomprensibles. La única cosa concreta podría ser la idea que está por doquier, la del Sol elevado al rango de Divinidad... si no es falso eso también. Esta simbología fabulada era impensable por parte de una raza cuya inteligencia no puede ponerse en duda, y cuyas combinaciones matemáticas, basadas en ciclos precesionales de 25.920 años, demuestran ampliamente que conocían el mecanismo solar tan bien como nosotros, desprovistos de Divinidad, pero no de poder creador.

2. Por la ignorancia de los sabios traductores del origen fonético de las palabras que componían el Ritual de la Ciencia Sacerdotal, que formaba el patrimonio exclusivo de los An-Nu, los Pontífices que enseñaban a los futuros Grandes Sacerdotes.

3. Por la gran ignorancia de lo que estos An-Nu se transmitían a través de su lengua espiritual, únicamente entre ellos, personalizándola de alguna forma en el seno de los jeroglíficos como lengua "anaglífica" que remonta a la más remota antigüedad de Aha-Men-Ptah, comunicando a su Ritual: El Verbo, primera causa de sus poderes temporales al igual que espirituales.

4. Por la ignorancia, que doblemente deriva al no conocer el sentido escondido y sagrado del anaglifo jeroglífico, que utilizaba el vehículo de la "lengua vulgar" [sic ¡Plutarco!]. De este modo Pitágoras inició sus estudios en el Templo de Sais, aprendiendo jeroglífica popular, es decir

la lectura corriente de los caracteres antes de iniciar la consonancia punteada simbolizando la anaglífica. Y para pronunciarla correctamente, debía estar verdaderamente iniciado en fonetizarla correctamente con su especificidad propia, es decir... al contrario del sistema preconizado por los egiptólogos.

Por lo que es aberrante seguir queriendo traducir, o al menos interpretar, los jeroglíficos según el querido método de Champollion para sacralizarlo, siempre escondido, a través de la lengua copta moderna de principios de la era cristiana. De hecho, existe un idioma que vehicula igualmente el Número y la Medida al tiempo que la ley divina, ello molesta mucho a los egiptólogos sobre todo si son ateos. Para los demás parece que todo queda claro y que no hay necesidad alguna de explicar más lo inexplicable.

Sin embargo, el copto moderno sólo está hecho de convenciones de las escrituras, mientras que la jeroglífica antigua no era más que simbolismo. Los griegos fueron los primeros en dar triste ejemplo de las interpretaciones simplificadas muy aproximadas a los textos muy antiguos ya para ellos ofreciendo relatos de más o menos mal gusto, que no eran más que puras invenciones sacadas de los textos primitivos... El libro de Pierre Benoît, sin duda es miles de veces más verídico que el de Isis y Osiris de Plutarco que sin embargo sirve de referencia desde hace más de dos mil años a los investigadores egipcios. Y nadie pone en duda ese montón de textos abracadabra, ya que todos están convencidos de que no puede ser más que así, teniendo en cuenta el insuperable muro de protección aportado para esconder el contexto original.

Lo más insensato de estos chanchullos fue que al menos, un erudito intentó hacer observar que, sin embargo, el Cangrejo estaba oficialmente bien situado ya que estaba grabado en el planisferio zodiacal de Dendera, en el lugar reservado a dicha constelación. Pero los "sabios defensores de la tradición basada en varias obras de Plutarco", contestaron que ello no tenía nada incompatible con la contradicción, ya que este zodíaco era de esencia griega, y ya era conocido por el autor.

Falta innegablemente a estos pacientes buscadores, muy eruditos y honrados, impregnarse directamente del Espíritu Antiguo, y no por intermedio de los griegos. Así comprenderían, con la antigua alma egipcia, la verdadera naturaleza de la fe que animaba a estos geniales constructores de monumentos para la gloria de su Dios, cuando ellos mismos vivían en casas de ladrillos, es decir, destructibles, ya que la eternidad sólo pertenece al Eterno. El hombre, simple imagen mortal, representaría al creador con un rostro humano por respeto que tenía hacia la divinidad, pero le erigía una Morada a su tamaño, y situaba un animal simbólico: el toro, después el carnero, a fin de mantener la armonía con el cielo, uniendo la criatura al todopoderoso. Tal era la idea general del pensamiento antiguo que determinaba la acción y la reacción que se derivaba armoniosamente desde el origen y la creación.

Esta penetración ideológica, que será efectuada paso a paso para facilitar su total comprensión, será de alguna forma el oxígeno que viene de una época lejana y que devolverá Vida a los espíritus en descanso, devolviéndonos muchas presencias sabias, tanto espiritual como matemáticamente. Conviene pues, desde ahora, identificarse con ellas, pensando como ellas, es decir, utilizando un estilo idéntico de asociaciones de ideas.

La estéril guerra que enfrenta varios conceptos diferentes de la egiptología frena el trabajo de muchos sabios en esta materia desde hace más de un siglo, y no cabría en esta obra, cuyo único objetivo es permitir a todos aportar su propia piedra al edificio, modificándolo, para darle una estructura inquebrantable: la suya, de hace 7.000 años.

Porque ahí reside el aspecto cómico y muy ingenuo de nuestros contemporáneos, todos los autores griegos antiguos, reconocen no sólo haber dado interpretaciones muy personales a los escritos egipcios, que no sabían leer, sino que existía igualmente una escritura simbólica incomprensible para ellos.

Diodoro de Sicilia habla de los "discursos sagrados oídos, pero que eran palabras sin continuación". Jamblico que: "no comprendió completamente nada de la lengua del orden de los Sacerdotes". Plutarco, él, dijo de forma más suave que "la lengua de los Sacerdotes le sigue siendo obtusa". Porfirio hace lo mismo, pero hablando de la "lengua hereditaria" de los Sacerdotes, lo que es más interesante, demostrando bien que existían dos. Tácito escribía que "el idioma de los Sacerdotes era irresoluble". Ocurrió lo mismo para Lucio Lucano, Orígenes, Filón,

Synesius, y otros centenares que vanamente intentaron resolver el enigma. Sin hablar de Clemente de Alejandría que tenía todos los datos, que hubiera podido, pero que probablemente no quiso dar el modo de empleo de forma clara.

El problema de la comprensión de la lengua sagrada era claramente planteado, incluso en el idioma llamado vulgar, la mayor fuente de errores provenía de la incertidumbre total en cuanto a la naturaleza y a la cantidad de los símbolos jeroglíficos. Un egiptólogo conocido hizo de un cierto dibujo, una corona, mientras otro lo convirtió en un párpado. Pero el clásico caso, a menudo citado, es el de las diferencias que existen entre el diccionario de Champollion y el de Birch, inglés de renombre: en un signo típico: el primero vio un paralelogramo dentado (¿?), cuando el segundo indica que se trata de hecho, de un juego de ajedrez... ¡Este juego debía hacer furor en la élite de hace seis mil años!

¿Cómo, en tales condiciones, no tener la tentación, a su vez, de dar también a dar nuevos significados a los símbolos que la comprensión espiritual antigua hace tan evidente? Ya que como Clemente de Alejandría escribió en sus Stromata, (texto citado en el epígrafe en el prefacio de esta obra) que la jeroglífica siempre conservó en todo tiempo sus tres significados simbólicos, a saber:

- El valor de una cosa, en una locución popular.
- El valor de una idea, en una frase concreta.
- El valor de una razón, en un texto Sagrado.

Además, los diferentes Pontífices que se sucedieron en Ath-Ka-Ptah, incluyeron un valor oculto, escondido con el fin de proteger en caso de invasiones el Conocimiento que les permitiría cambiar la faz del mundo y de ponerlo en desacuerdo con Dios. El uso "normalizado" sólo se perpetuaba en las Casas de Vida adjuntas a algunos templos únicamente donde se formaban los futuros grandes sacerdotes.

Pero una misma pronunciación podía escribirse simbólicamente con tres jeroglíficos diferentes, lo que permitía matices mucho más graduados que los nuestros, casi hasta el infinito.

La Creación por ejemplo, fonetizada: NOU, se escribía pues con "N": línea quebrada 〰 y "OU": símbolo de la espiral, ℮.

Pero las "otras" variantes son innumerables, ya que para los tres símbolos de cada uno, existen tres interpretaciones diferentes, es decir:

N = La onda en reposo: 〰

1. Onda cosa: el agua inerte.
2. Onda idea: el agua primordial (que contiene Vida en potencia).
3. Onda razón: el agua que contiene el Origen de todas las cosas.

N = Una vasija (o recipiente vacio):

1. Vasija cosa: recipiente vacio.
2. Vasija idea: una envoltura carnal vacia.
3. Vasija razón: recipiente de un contenido sin alma.

N = Un germen:

1. Germen cosa: un grano de alimento.
2. Germen idea: el origen de la tierra.
3. Germen razón: el Origen creador del Universo.

El significado oculto de las tres N es: lo Increado, es el germen Divino que contiene en él mismo todas las creaciones del Universo.

Para OU, las tres versiones antiguas son:

OU = Una espiral: ℮

1. Espiral cosa: imagen de una multitud.
2. Espiral idea: una idea de grandeza.
3. Espiral razón: la fuerza cósmica en lo Increado.

OU = Una piel vacía:

1. piel cosa: envoltura sin alma.
2. piel idea: sin conocimiento.
3. piel razón: espacio vacío.

OU = Un pollito:

1. pollito cosa: recipiente del recién nacido.
2. pollito idea: recipiente de una vida en potencia.
3. pollito razón: recipiente de un alma en potencia.

El significado oculto de OU es: el Alma que activa lo Increado. Es el complemento del germen Divino que permite acceder al conocimiento.

Esta breve indicación sobre el idioma jeroglífico tal como se aprendía en la Casa de Vida del templo de la Dama del Cielo, en Dendera, hace seis mil años, da una excelente vista de la sutileza, al igual que de la inteligencia de los sabios de la primera Hora.

La fonética de NOU tendrá pues un centenar de diferentes interpretaciones, según se sitúe en el contexto, dependiendo de la razón o de la idea que se desea dar a una frase, sin olvidar la ocultación creadora.

En el interior del muro occidental del gran templo de Dendera, que tiene una amplitud de más de dos metros, hay una escalera que conduce a la terraza unos veinte metros más arriba, donde se situaban los observatorios de las combinaciones matemáticas. Sobre el muro interior oriental se inscribió en hueco y en relieve la historia de la Creación:

"En el inicio, NOU, era la envoltura celeste contenedora de PTAH". Dios Grande en Números, en el que flotaban confundidos los gérmenes de todas las cosas y de todos los seres presentes en Ptah, que descansa antes de volver a iniciar la Creación siguiendo los ciclos eternos."

Observemos que si la Creación se lee: ℮〰〰

El diluvio es: 〰️〰️〰️   El creador es: ℮ 〰️〰️

El caos es: ℮   Lo increado es: 〰️〰️ ℮

De esta forma aparece una trama extremadamente precisa y comprensible para quien la sigue por supuesto, los ciclos iniciáticos. El origen mismo de los jeroglíficos aparece, pues, tomado prestado de la historia original del pueblo primogénito, el de Aha-Men-Ptah.

De este Nu, derivó el nombre de la última reina del país hundido, ya que ella dio a luz al que pronto entraría en la Gloria: Ousir, u Osiris en griego. En recuerdo de la Reina, y no diosa, cuyos hijos asumieron la gran carga de conducir a todos los supervivientes divididos, sin embargo, en dos clanes, que sólo el cataclismo había conseguido unir, hacia su nuevo destino común: Ath-Ka-Ptah, la segunda patria. Nut se convirtió en la Dama del Cielo, la Protectora de los vivos, mientras que Osiris se convertía en el Protector de los Muertos, teniendo en cuenta el modo milagroso que tuvo de resucitar después de su asesinato que había sido perpetrado por su propio medio hermano.

Es lo que ha determinado el simbolismo primitivo del ojo: "él da la Vida", este significado es presente aún en la actualidad y a lo largo de siglos y siglos, debe ser tomado al pie de la letra, con toda su expresiva belleza.

Existen numerosos fragmentos de papiros matemáticos hallados por aquí y por allá, que ofrecen todas las operaciones fraccionales posibles, frente a las que un día u otro, podría enfrentarse un habitante de esta segunda patria, compulsándolos con interés, y por azar topar con la clave que abre las puertas matemáticas de cálculo de los días de la creación divina. Y ello ha sido justamente posible, añadiendo los cálculos debidos a otro azar: el revelado por el conocimiento del simbolismo del ojo: oudjet.

Aristóteles, intuitivamente, frente al flujo armónico que se desprendía de todas las construcciones que alcanzan a ver los visitantes de Egipto, exclamó saliendo del templo de Dendera: "La continuidad del Tiempo y del Espacio son aquí correlativos". Las matemáticas inspiraban a este eminente filósofo con pensamientos bastante abstractos, que a él mismo dejaban perplejo.

Einstein fue más riguroso y más pragmático en sus afirmaciones, declarando mucho más tarde y sin haber visitado Egipto:

"El espíritu no podría soportar la idea que haya dos estructuras de espacio independientes la una de la otra; una de gravitación métrica, la otra electromagnética. La convicción se impone de que estos dos tipos de campo deben incluir una correspondencia a una estructura única del espacio".

Los dignos maestros del Número y de la Medida habían integrado en sus escritos cosmogónicos la clave de esta estructura unitaria gracias justamente a los números, y por este tratado de fracciones, donde estaban bien protegidos de las miradas indiscretas.

Para penetrar más en el proceso de los pensamientos de los Grandes-de-la-Ciencia-Verdadera, conviene retomar su razonamiento que a la vez que se dirigía ocultamente en jeroglíficos a los iniciados y a los novicios para inculcarles la simbología del conocimiento, también deseaban incluir un giro de frase que podría sin embargo hacerlo comprensivo a la totalidad de las generaciones futuras para quienes esta lengua se hubiera convertido en hermética. ¿Pre-ciencia, o consciencia? Ambos, seguramente, en el deseo de transmitir sus decepciones para advertir de sus vivencias, las que no debían repetirse por segunda vez. Y este simbolismo, para ser comprensible, no debería ser dictado más que por la ley divina y sus combinaciones matemáticas.

Por lógica, la clave de la comprensión no podía ser simbolizada en aquel tiempo más que de forma numérica. Era la única forma de poder ser comprendida por las futuras generaciones. El cálculo es y será siempre el mismo proceso de comprensión numérico en todos los eslabones de las disciplinas científicas que se sucederían tanto sobre la tierra como en cualquier otro "lugar". Porque los pontífices, como nuestros sabios actuales, pensaban también que los otros sistemas interestelares podían poseer un planeta, con otra imagen divina con el mismo desarrollo que el nuestro por la parcela divina que es el alma, en el futuro podría venir a la tierra e intentar comprenderlos...

Además, es este mismo proceso de Clave simbólica numérica el que fue utilizado en diciembre 1974 por los sabios americanos de la NASA para intentar eventualmente hacerse comprender por un pueblo de "otro Universo". Utilizaron un cohete Atlas, bautizado "Pionner X", para fotografiar el planeta Júpiter y lanzarlo después a lo lejos, fuera de nuestro sistema, para perderse en el infinito, en el espacio... ¿perderse? Quién sabe, una civilización semejante a la nuestra, en otro lugar... Las posibilidades son tan débiles que no hay una sobre cien millones en el cálculo de las probabilidades. Pero quién sabe... así el cohete lleva una placa en aluminio dorado de 150 x 230 mm, en la que están grabados los símbolos de su origen terrestre, así como la trayectoria que realiza.

Es el principio mismo de los jeroglíficos figurativos antiguos el que ha sido empleado a este efecto. La lectura será cómoda para cualquier ser dotado de inteligencia que comprenda algo de astronomía y cálculo, dicho de otro modo: las combinaciones matemáticas Celestes.

A la izquierda del grabado, un tipo de explosión representa las posiciones de catorce Pulsars[17] en relación con nuestro sol, figuradas por unas líneas concurrentes, evidentemente de dimensiones diferentes, pero a escala. Por encima, esquemáticamente reproducidos, figuran los dos estados de elementos más abundantes en todo el universo, así fácilmente perceptibles en otro lugar: se trata del átomo de hidrógeno neutro, el paso de uno a otro, se acompaña de una emisión muy característica sobre la longitud de onda de 21 cm. En la extremidad de cada una de las líneas que representan las trayectorias de los Pulsar, pequeños trazos dan las frecuentes emisiones en relación de cada uno, justamente en la banda de los 21 cm.

La frecuencia de emisiones de los pulsares disminuyen con el tiempo, los seres inteligentes que intercepten Pionner X, determinarían el tiempo pasado desde el lanzamiento del mismo. En cuanto a la escala del tamaño del hombre y de la mujer, está dada por el aparato mismo, estilizado en segundo plano y muy caracterizado en su forma. El último motivo dibujado abajo de la placa representa el sistema solar mismo y los

---

[17] *Pulsating stars,* cuyo diámetro es del orden de una decena de kilómetros, pero cuya masa es de millones de toneladas por centímetro cuadrado. Es por ello que emiten fuentes de radio regulares y fácilmente identificables.

planetas que se mueven, incluyendo la tierra, de donde salió la trayectoria del cohete.

Así este simbolismo numérico se explica de la forma más sencilla del mundo, sea el que sea el bagaje intelectual y el idioma de la persona susceptible de encontrar un día, o en millones de años, esa placa de aluminio dorado. Los Pontífices hicieron lo mismo grabando sus textos: introdujeron un código de transmisión numérico para conseguir la clave y el conocimiento, dignos de los que desean vivir en armonía y en comunión con Ptah: El Dios-Grande-en-Uno. El Eterno Todopoderoso.

Las tumbas puestas al día desde un siglo y más exactamente desde 1.920, tanto en el Valle de los reyes, frente a Luxor, como en Saqqara y en Dendera, son edificantes sobe este tema. La mayoría de ellas tienen los muros y el techo cubiertos de textos, que demuestran ampliamente el temor del Alma dejando su envoltura carnal a no unirse en Amenta con las de sus primogénitos. Así, a lo largo de la vida terrestre, el cuerpo y el alma hacían todo lo posible para vivir en acuerdo con los mandamientos divinos, incluso si no se comprendía ya muy bien el motivo del rito, el resultado final estaba clarísimo.

Así las traducciones, por imperfectas que sean en la materia, no hacen más que ilustrar este tema inmemorial. He aquí, por ejemplo, la efectuada por Lefébure, del texto grabado en la tumba de Pétosiris:

"Oh Vivos, si leéis mis palabras, si os detenéis a escucharlas, sacaréis provecho. Bondadosa es la senda del que es fiel a Dios; es bendito el que dirige su corazón hacia ella. Os diré lo que me ocurrió; haré que estéis informados de las voluntades de Dios: haré que penetréis en el Conocimiento de su espíritu.
Si he llegado hasta aquí, a la ciudad de la Eternidad, es porque he hecho bien mi trabajo en la tierra, y mi corazón se ha complacido en la senda de Dios desde mi infancia hasta este día bendito en el que me reúno con mis Primogénitos. Toda la noche, el espíritu de Dios estaba en mi Alma, y apuntando el alba, hacía lo que Él amaba. He practicado la Justicia, y he odiado la injusticia, no me he relacionado con los que ignoraban el Espíritu de Dios.
Todo ello lo he realizado pensando que llegaría a Dios después de mi muerte, y porque sabía que vendría el día del Señor de la

Justicia en el momento de la pesada de las Almas, en el momento del Juicio.
¡Oh Vivos! Haré que estéis instruidos de las voluntades Divinas. Os guiaré hacia la vía de la Vida Eterna, la buena vía del que obedece a Dios, ya que si vuestra felicidad es grande en la tierra, más firme será aún en Amenta."

Este extracto del bello texto inscrito en los muros de la tumba de Petrosiris, y compuesto por él mismo antes de su muerte a este efecto, sobrentiende una vida espiritual que ningún teólogo moderno se atrevería a negar, a pesar de que remonte a mucho antes del inicio de la era cristiana. Y tal como lo dijo este sabio, casi todos los monumentos funerarios intentan instruir a los vivos de la voluntad divina. No sólo por los mandamientos estrictos instituidos desde el gran gataclismo, sino mostrando su necesitad terrestre simbolizándolos de forma tangible. Es por lo que la Creación entró en la Espiraloide fraccional que por su misma esencia representa la multitud divisible hasta el infinito, pero cuya suma no puede ser superior a UNO.

Por ello, el Tratado de las fracciones reúne los elementos constitutivos de la Creación con una sutileza que deja boquiabierto. Ya que las coincidencias son aquí en cantidad innumerable.

Por fin, los maestros de la Medida y del Número enseñaban, y con razón, que las fracciones de un todo tenían como primera meta conseguir que sus estudiantes concibieran en su pensamiento la noción creadora en todas las cosas, ya que todo jeroglífico pensado, y proyectado a continuación de otro, se encastraba en una palabra en el lugar justo que era el suyo, luego en una frase que tomaba un sentido preciso, para conseguir un texto hasta una conclusión: una unidad de un todo, formando una ínfima parcela del conocimiento.

CAPÍTULO IV

EL SIMBOLISMO ORIGINAL DE LA CREACIÓN

Dios es el objeto inmortal, incomprensible, y universal: el ojo que no se cierra jamás, la luz que penetra todas las cosas.

Epicteto
Al emperador Adriano

Además de ello, un número considerable de formas geométricas está admitido entre los elementos de la Escritura Sagrada. Las líneas rectas, curvas o quebradas, los ángulos, los triángulos, los cuadriláteros, los paralelogramos, los círculos, las esferas y los polinomios, entre otros, están con frecuencia reproducidos, al igual que las figuras más sencillas.

Champollion
Précis du système hiéroglyphique

Todo dejaba preveer, en el concepto mismo de la edificación numérica simbólica de la Creación, en los primeros tiempos del impulso de la nueva alma hacia Dios, que la parcela Divina que había hecho Hombre una envoltura carnal, no podría elevarse hacia el Conocimiento más que controlando sus propios conocimientos adquiridos por la observación.

Uno habiendo creado la multitud, se convino en primer lugar reconstituir los elementos de esta unidad fraccionable hasta el infinito. Pero ¿en qué orden encontrarlos? Y sobre todo, habiendo perdido todo contacto tangible con esta primera civilización inteligente. ¿Cómo elegir entre los 28 procedimientos de cálculo fraccional enunciados en el papiro correspondiendo cada uno específicamente a una determinada materia?

Algunas categorías muy completas estaban complicadas como por placer, tal como las referentes a la pesada de los metales preciosos: oro, dinero, electrum... etc. El estudio no era pues, en nada facilitado, para el investigador que tenía un punto de referencia. Se debía pasar revista a los sistemas fraccionales referentes a las masas, los volúmenes, los líquidos, las potencias, e incluso a las distancias abstractas, cada una dotada de una escala fraccionable diferente de las demás.

Ocurre lo mismo con la medida de los granos, ésta estaba simbólicamente unida a una noción de duración en el tiempo. Esta abstracción parece sorprendente, y el hecho que se deba "fraccionar" un peso unitario por poco que sea, en seis partes, merece un estudio más detenido.

El grano es el germen, la creación en potencia, y las seis fracciones pueden representar los 6 días de la creación en el tiempo, no queda más que estudiar seriamente el cálculo realizado para conseguir la clave. Los 6 jeroglíficos fraccionales de esta matemática sutil son:

$$\frac{1}{2} = \bigcirc \qquad \frac{1}{4} = \triangleleft \qquad \frac{1}{8} = \triangleright$$

$$\frac{1}{16} = \frown \qquad \frac{1}{32} = \smile \qquad \frac{1}{64} = \sqcap$$

Con mi formación en lógica informática, la base 16, hexadecimal, aparece evocada con claridad, e inmediatamente el total de esta serie es... incompleto, en efecto:

$$\frac{1}{2} + \frac{1}{4} + \frac{1}{8} + \frac{1}{16} + \frac{1}{32} + \frac{1}{64} = \frac{63}{64}$$

Falta incontestablemente 1/64 en esta serie, que, en el contexto en el que fue establecida, parecía ilógico, ya que es un conjunto fraccional establecido para un sistema numérico que aparentemente no parece servir para nada, pero, sin embargo, aparece en el idioma anaglífico como principal: La UNIDAD, donde el ciclo Divino entero debía existir. Unidad = Creación: la asociación de ideas era evidente, pero le faltaba el séptimo jeroglífico, que numéricamente debía permitir calcular el tiempo del Hombre, y que, simbólicamente, sería el séptimo día: el Tiempo de reposo del Señor.

Sin embargo, estos seis dibujos recordaban algo importante y ya establecido, que se debía encontrar y completar para comprender, al fin, el sentido global unido a estas representaciones gráficas.

Es entonces cuando la admirable historia de Iset, a la hora del Gran Cataclismo que había hundido su tierra, reapareció con el significado del ojo Sagrado, Oudjet, y que simboliza la resurrección: una nueva Creación. Los seis símbolos fraccionales son en efecto las seis líneas del oudjet: el ojo de Iset que a través de sus lágrimas derramadas, resucitó a su esposo: Osiris.

El significado oculto de este oudjet, es la creatividad, y no siempre tenía el séptimo símbolo. No fue más que por casualidad, comprobando los diferentes componentes de la cronología analítica del templo de la Dama del Cielo de Dendera, cuando la solución, a la vez simbólica y numérica, saltó a los ojos, es literalmente el caso.

Este edificio religioso, varias veces reconstruido, pero edificado sobre los primeros cimientos predinásticos, en primer lugar fue dedicado a Nut, luego a su hija Iset, con la que se acabó confundiendo. Por este motivo, la Dama del Cielo tiene aquí una doble cualidad. No debemos añadirle una tercera como se hace a menudo erróneamente, ya que justamente, el nombre de Hathor, significa Corazón de Horus, es decir, la madre de Horus: Iset, bajo su verdadero nombre.

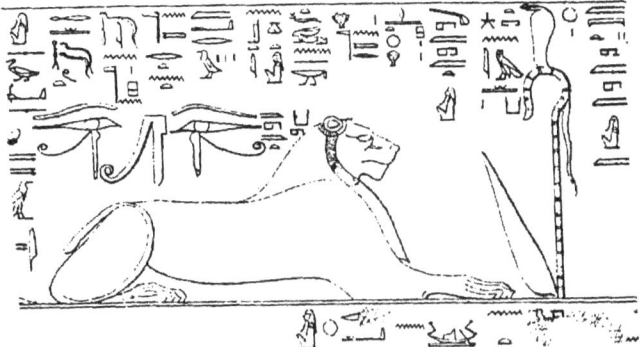

El león mira a derechas mientras que todo los demás rostros jeroglíficos miran a izquierdas. El Ojo, "Oudjet", el Ojo Sagrado está representado en sus dos posiciones: la antigua, a izquierdas, y la nueva Creación hacia derechas.

En este templo, en una sala trasera muy en la sombra, el techo está enteramente grabado por un ojo: el de Iset, que llora y reanima el cuerpo de su marido por sus lágrimas, bajo su impulso emitido por este reflejo de la parcela divina que es el alma, poseedora de los procesos de creación de la vista y de creación de la vida.

Las lágrimas están simbolizadas bajo su forma triangular, cuyo simbolismo cíclico ya explicado no se le escapará a nadie, y ellas figuran en número de 16, a las que se adjuntaban dos ramas angulares de una decimoséptima con su terminación en el suelo.

El ojo de la nueva Creación conduce la barca Mandjit hacia su nuevo destino, vigilado en el cielo por Osiris, hijo de Dios.

La base hexadecimal aparece aún distintamente en esta representación, y más claro aún para un iniciado en las ciencias matemáticas antiguas, ya que toda una página filosófica de las Combinaciones Matemáticas Divinas retomada además al completo por Pitágoras, en los "Números de Oro", explicando el "Tiempo del Hombre", por el número oculto de 16: el Número Fénix 0588235294117647.

Efectivamente, lo acaban de leer correctamente, se trata de un Número que se reinicia sin fin, girando sin cesar sobre él mismo: una Rueda Fénix de base 16.

El tiempo del hombre se divide en 16 ciclos, el decimoséptimo indica el final de un tiempo, y no de los tiempos. Fuera de las consideraciones filosóficas de cada una de las eras determinadas por este número de 16 cifras, multiplicado 16 veces por él mismo, da siempre un resultado que tiene la misma disposición de los 16 números, véase:

0588235294117647 	× 2 = 1176470588235294

× 3 = 1764705882352941

× 4 = 2352941176470588

× 7 = 4117647058823529

× 13 = 7647058823529411

× 16 = 9411764705882352

Y el final de un ciclo que viene del decimoséptimo tiempo da:

0588235294117647 X 17 = 9999999999999999

El Ojo de Iset, reconstituido en totalidad, en su simbolismo "Oudjet", toma así su pleno significado y completo de creatividad: la Creación.

Las lágrimas son aquí las representaciones del fluido vital en plena concepción creadora. Debemos ver en ello el conjunto del ritmo trinitario fecundando la humanidad, al igual que siguiendo la misma Ley, el sol fecunda físicamente la tierra. El astro solar sube en el cielo para conseguir su cénit a medio día, luego vuelve a bajar hacia occidente, donde la noche lo alcanza cuando desaparece en el horizonte.

La noche está simbolizada por la línea horizontal que une el ángulo formado por el día, representando así muy bien el Mundo Subterráneo: Amenta, el doble, el Ka de Aha-Men-Ptah hundido y convertido en el Reino del Más Allá de la Vida, injustamente traducido por El Reino de los Muertos.

Las lágrimas de Iset son humanas, los rayos solares son los transmisores celestes; y las almas cósmicas siguen el mismo ciclo triangular, con un ritmo semejante, que hace revivir eternamente en este Reino a las que han podido navegar en el gran río de la Douat, es decir las que han sido decretadas puras y sin pecados, a la hora de la pesada de las Almas.

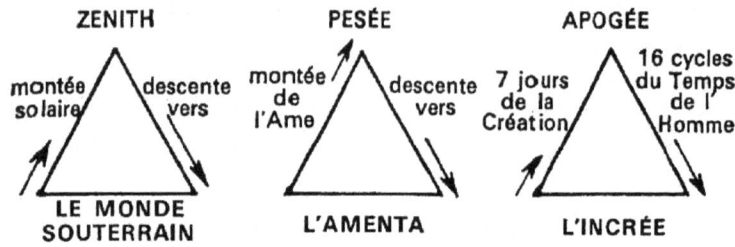

La Triangulación Divina, o: de lo Increado a lo Creado.

Estos tres ciclos triples ritmados por la corriente misma del gran río, tienen tres nombres: El Nilo, que es terrestre; la Vía Láctea, que es celeste; y la Douat[18], que es cósmica; aumentadas a un cuarto Tiempo, el que sólo pertenece a Dios, son estrictamente idénticos en su formulación numérica y geométrica, pero en tiempos, o días, de duración fraccionada matemática creciente, que serán explicadas más adelante. Mantengámonos ahora en el de la creación.

Partiendo de lo increado, el apogeo del tiempo divino se alcanza en el séptimo día cuando el Creador descansa de su obra. Es a lo largo de ese Día que se estableció el "Tiempo del Hombre", es decir que a partir de ese instante en que la parcela Divina alcanzó al homínido ya formado, forjando el alma que le permitiría convertirse en Hombre, imagen del Eterno, que tiene su libre albedrío y la libre elección de crearse su propio futuro.

Cada uno de los dieciséis ciclos humanos se descompone pues en tres triangulaciones celestes que son los grandes años precesionales, y que ocupan una duración de 25.920 años X 3 = 77.760 años, es decir que la duración de los dieciséis ciclos humanos de esta tríada es de 77.760 X 16 = 1.244.160 años.

Con el fin de tener el tiempo completo de este séptimo día de la creación conviene añadir la parte del 17º ciclo simbolizado por el triángulo no terminado que toca el suelo, que será explicado en su momento, y que

---

[18] Douat: lugar de paso del sol a lo largo de la noche, mientras que viaja de oeste a este.

es el Tiempo Histórico de la Humanidad, de alguna forma: 38.505 años. Son los años del Tiempo de su auge, ¡de la inteligencia!

El Tiempo del 7º día es pues de:
1.244.160 + 38.505 = 1.282.665 años
Es decir un $\frac{1}{64}$ del Tiempo Total de la Creación.

Los diferentes cálculos son pues fáciles en cuanto a las seis otras jornadas, y los descuentos son simples:

Tiempo del 6º Día: $\frac{1}{64}$ del Tiempo Total
Tiempo del 5º Día: $\frac{1}{32}$ del Tiempo Total, o bien $\frac{2}{64}$
Tiempo del 4º Día: $\frac{1}{16}$ del Tiempo Total, o bien $\frac{4}{64}$
Tiempo del 3º Día: $\frac{1}{8}$ del Tiempo Total, o bien $\frac{8}{64}$
Tiempo del 2º Día: $\frac{1}{4}$ del Tiempo Total, o bien $\frac{16}{64}$
Tiempo del 1º Día: $\frac{1}{2}$ del Tiempo Total, o bien $\frac{32}{64}$

La Espiral jeroglífica de la creación en SEIS DÍAS, se representa así:

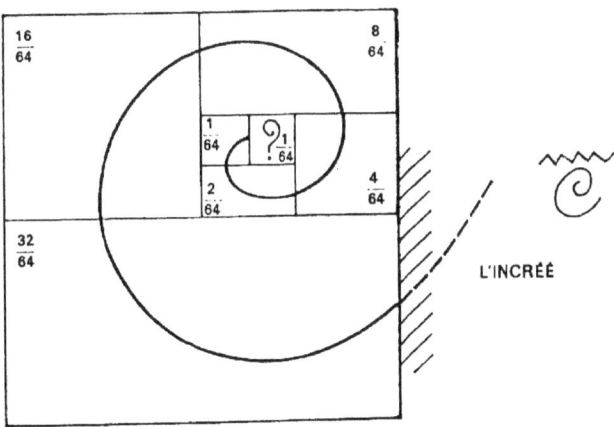

En este cuadrado de base de MER, la Amada o la Pirámide, se inscribe el espiraloide de la Creación, saliendo de lo Increado, dando en esta mitad de Tiempo, el cálculo del medio perímetro y de la media superficie así como el de la ubicación de la entrada exacta de la "Mer" que es la contracción jeroglífica de "Seqt-Ben-Mer-Shoum", "El Amado hacia quién baja la Luz", convertido en Pirámide... Y su simbolismo es la Unidad: El Todo. Ya que de Dios viene toda la multitud: UNO sacado de la Nada como el Hombre, para crear la multitud, es decir $\frac{64}{64}$.

Con el fin de enunciar sin más demora la matemática de la Ley de la Creación, una anticipación de algunas páginas precederá las pruebas que serán aportadas y que presentan de forma lógica, para que los hilos de la madeja se desenreden con normalidad.

Los Cuatro Tiempos, de los que ya hemos hablado: el Pasado, el Presente, el Futuro y el "Otro", se encastran y se enmarañan con los de la Creatividad, que son: el Tiempo Humano, el Tiempo Terrestre, el Tiempo Solar y el "Otro". Cada uno ha sido objeto de una creación en seis días, siguiendo la misma ley:

1. El Tiempo Divino, o el "Otro" es el de la expansión del Cosmos y el de la regularización de sus movimientos, hasta los más ínfimos sistemas solares incluyendo minúsculos planetas tal como nuestra Tierra; pero este Tiempo es incalculable con nuestra matemática, los miles de siglos se añadirían a los miles de millones de años.

2. El Tiempo Solar, es el de la expansión del sistema planetario que es el nuestro, y el de la regularización de los movimientos de la Tierra en el seno de este Espacio, así como la estabilización de todas las partículas y moléculas formando de esta forma la Materia, lo que permitió la implantación de los primeros elementos de una vida vegetal y animal.

3. El Tiempo Terrestre, es el de la expansión lenta, pero continua, de la Vida en materia vegetal y en primeros invertebrados, antes de transformarse en animales.

4. El Tiempo Humano, es en el que las Almas impregnan los cerebros de las envolturas carnales humanas, las únicas llevando esta parcela Divina y habiendo elegido por ello elevarse en sus dos piernas y utilizar sus dos manos para vivir de forma inteligente: trabajar, comer y escribir.

EL GRAN CATACLISMO

El origen de la creación cósmica, formando un reinicio de este gran ciclo y que equivale a un tiempo divino, representa una pulsación de: 168.121.466.880 años.

– De este Origen, hasta la creación de la tierra, es decir a partir del momento de la implantación en el espacio de nuestro globo planetario fue definitiva, pasaron $\frac{63}{64}$ partes de la duración del tiempo divino. Lo que equivale a decir que la duración del 7º Día representa $\frac{1}{64}$; es el tiempo dado a la Tierra para asegurar su supervivencia en otro ciclo de: 5.243.795.840 años.

– De este Origen de la tierra, hasta la aparición de los mamíferos cuadrúpedos, es decir a partir del momento de la implantación en el entorno terrestre a ellos predestinado, a los que han superado la continua evolución de las especies, y es susceptible de sobrevivir aún hoy, incluso bajo una forma imperfecta en ese tiempo. Transcurrieron $\frac{63}{64}$ partes de la duración del tiempo solar. Lo que viene a decir que la duración del 7º Día, que representa 1/64, y que es el tiempo dedicado a los animales más robustos para asegurar su supervivencia en otro ciclo, es de 82.090.560 años.

- Desde el Origen de los mamíferos cuadrúpedos, hasta la aparición del Hombre bípedo, es decir desde el momento de la aparición de la parcela divina, el alma, donde la humanidad alcanzada por la gracia elevó su cuerpo hacia el Cielo y empezó a usarlo, aunque de forma imperfecta, la inteligencia que le fue otorgada en mejorar su condición humana, pasaron 63/64 de la duración del tiempo terrestre. Lo que equivale a decir que la duración del 7º Día que representa $\frac{1}{64}$, y que es el tiempo dedicado a la Humanidad naciente para asegurar su multiplicación y su supervivencia en otro ciclo es de: 1.282.665 años.

– Desde el Origen del Hombre bípedo hasta su realización como Hombre inteligente, es decir a partir del momento en el que el Alma hace de la envoltura carnal una imagen divina, y permite al hombre ser el verdadero dueño de todo el entorno terrestre, que le era predestinado, tanto mineral, vegetal, como animal, transcurrieron $\frac{63}{64}$ de la duración del tiempo humano, que no está definido en lo absoluto ya que el hombre tiene el libre albedrío de su destino dentro del libre árbitro de sus estados de ánimo, y el último $\frac{1}{64}$ siendo matemáticamente de casi $\frac{17}{16}$, es decir que el 7º Día, el tiempo del hombre, dependerá para su duración del equilibrio que asegurará en Bien. Lo que es cierto, es que los $\frac{16}{16}$ dan: 1.244.160 años, como se vio anteriormente, y que el resto, es decir la parte del 17º decimosexto, es de 38.505 años. Pero es el "Otro" tiempo, el de Dios.

Esta fecha es fundamental, ya que concuerda con los anales y las cronologías que nos han llegado de Herodoto, y sobre todo del historiador sacerdote Manetón que hablaba del inicio de los tiempos 36.000 años antes: y como ellos vivieron hace más de 2.000 años, la cuenta se puede hacer.

Es por lo que en el siguiente capítulo la historia de la humanidad se iniciará en esta fecha en Aha-Men-Ptah. Pero antes descompongamos con claridad este proceso de las combinaciones matemáticas divinas, partiendo desde el origen del origen.

"¡Que se haga la Luz!"...Y la luz se hizo, en ese instante TODO se reinició, y de lo Increado, Dios hizo brotar la luz. Viendo que era buena, la separó de las Tinieblas. El impulso fue dado. Uno se convirtió en dos; dos en cuatro, luego en ocho... y el proceso siguió engendrando de esta forma el Espacio y el Tiempo, así como la Materia primera de los múltiples cuerpos celestes, y ello, durante la mitad de este Tiempo cíclico, es decir ½ representado por el jeroglífico fraccional $\bigcirc$ que da $\frac{32}{64}$, es decir los 168.121.466.880 años, la misma duración siendo el Tiempo de Vida del Cosmos restante.

Fue el primer Día Cósmico del Universo.

Los más lejanos "Quasars" ubicados, en ebullición titánica, bajo presiones fenomenales de esta multitud de gigantescos complejos en su punto crítico de estallar, algunas supernovas explotaron para formar las más lejanas galaxias, imprimiendo desde ese momento los movimientos giratorios de diferentes formas espiraloides, a lo largo del cuarto del Tiempo de este ciclo, es decir ¼, representado por el jeroglífico fraccional: ◁ que da $\frac{16}{64}$, o la mitad del tiempo restante, es decir 84.060.733.440

años, siendo el mismo tiempo cósmico restante, el Tiempo de Vida del Cosmos de este ciclo.

Fue el segundo Día Cósmico del Universo.

Las súper galaxias centrales siempre se desarrollaron liberando brazos espiraloides alrededor de núcleos centrales, cuyos movimientos centrífugos uniformizados engendraron por aquí y allí la explosión de las novas, estos enormes astros aún en constante fusión se convirtieron, por su parte, en los soles gigantes de grupos estelares de muy alta magnitud, como la enorme bola de fuego llamada Regulus, de Leo, que se estabilizó a unos cuantos cientos de años luz de nosotros para convertirse en el centro de un importante sistema cuyo poder energético e irradiante es tan poderoso que es inconcebible al espíritu humano. Digamos simplemente que si esta estrella hubiese sido propulsada un poco más cerca de nuestro Sol, nuestra Tierra, como todos los demás planetas hubieran sido instantáneamente reducidos a cenizas impalpables, y no existiríamos. El proceso puso a cada astro en el lugar que le fue asignado durante esta octava parte del Tiempo de este ciclo, es decir $\frac{1}{8}$, representado por el jeroglífico fraccional: ◁ que da $\frac{8}{64}$, o la mitad del tiempo cósmico restante, es decir 42.030.366.720 años, siendo la misma duración el Tiempo de Vida del Cosmos restante.

Fue el tercer Día Cósmico del Universo.

Otros enormes bloques en fusión, en su lanzamiento, giraron hasta una distancia respetuosa de los astros gigantes, del orden de varios centenares de años luz aproximadamente, formando unos grupos estelares importantes. En el seno de nuestra Vía Láctea se han insertado una docena de estas formaciones. Las constelaciones que de esta forma fueron primero propulsadas por sus Soles, como Regulus de Leo del que ya hemos hablado, alrededor de un gigantesco espacio aún vacío. Desde ese instante, las irradiaciones se iniciaron en este volumen esférico donde aún nada existía, pero en cuyo centro se encontrarían todos. Fue la realización que acababa este decimosexto espacio de Tiempo de este ciclo, es decir $\frac{1}{16}$, representado por el jeroglífico ⌒ que da $\frac{4}{64}$, o la mitad del tiempo restante, es decir: 21.015.183.360 años, siendo la misma duración restante el Tiempo de Vida del Cosmos.

Fue el cuarto Día Cósmico del Universo.

Los sistemas solares más pequeños se crearon entonces por mil millones en el seno de estas enormes masas. Primero fueron los Soles, bolas en constante fusión efervescente se estabilizaron así, como el nuestro, manteniéndose en ese emplazamiento por esta Fuerza R que centralizaba las doce radiaciones provenientes de los Soles de las constelaciones. Rodeada de esta forma por una fotosfera, y al no recibir aportación alguna de materia o de energía exterior fue esta Fuerza que conservó no sólo su poder de regeneración, sino que la renovó desde entonces, siguiendo las leyes de la física bien determinadas. Este proceso en cadena ubicaba unas masas cada vez más y más pequeñas, (nuestro Sol tiene un diámetro 14.000 veces más pequeño que Régulus) que necesitaban un Tiempo de Creación, mucho más corto, por lo que fue suficiente la trigésimo segunda parte del Tiempo de este ciclo para este trabajo, es decir, $\frac{1}{32}$, representado por el jeroglífico fraccional:

~~, que da $\frac{2}{64}$, o la mitad del Tiempo cósmico restante, es decir: 10.507.591.680 años, quedando la misma duración para el Tiempo restante de Vida del Cosmos.

Fue el quinto Día de la Creación Cósmica.

Para el último día de la creación cósmica, ya no quedaba más que ultimar la formación del entorno del universo, es decir aportar algunos lugares apropiados las posibilidades necesarias para crear la vida a través de las condiciones ideales desarrollarían.

En ese día, los soles ubicados la "víspera", padecieron los contragolpes de las fuertes presiones nucleares que los agitaban. Algunos explotaron creando unas condiciones apocalípticas en algunos rincones del Cosmos, mientras que otros expectoraron sencillamente, proyectando en el espacio, donde ya ejercían una fuerte atracción, bolas más o menos voluminosas cuya materia aún estaba en fusión.

EL GRAN CATACLISMO

Las masas las más pequeñas se detuvieron suficientemente cerca del astro madre, y empezaron a girar rápidamente sobre ellas mismas, manteniendo la gravitación permanente alrededor el astro solar, como Mercurio y Marte. Los trozos más grandes siguieron "cayendo" a distancias más alejadas de varios centenares de millones de kilómetros, como Júpiter, Saturno, Neptuno, Urano... para orbitar y girar en el mismo sentido y en el mismo plano que los otros. Lo que demuestra perfectamente la continuidad de la misma Ley.

Una sola de estas bolas, ni demasiado pequeña ni demasiado grande, se estabilizó ni demasiado cerca ni demasiado lejos, de modo a estar idealmente ni demasiado caliente ni fría, y ser apta, en el tiempo, al ritmo de los ciclos y de la Ley de la Creación, para engendrar la Vida.

Ello es primordial para quien busque comprender este fenómeno. Desde miles de años hay una continuidad en la creación para aportar las condiciones óptimas de la procreación. Y sólo puede ser el efecto de una o varias "casualidades", ya que habrían sido necesarias miles y miles de "coincidencias" para que esta Ley continua no fuese la obra de Dios, cada creación trae una parcela nueva al entorno con el fin de que la vida aparezca llegado el momento y lugar previsto. Ninguna humanidad existía, y aún los hombres actuales están en la incapacidad de ordenar tales obras. ¿Quién o qué hubiera podido encargarse? Ya que el ateo no desea admitir la intervención divina... ¿Quién sería el responsable?

El problema sigue siendo el mismo, manteniendo toda la proporción, para un coche que ruede en una pista a gran velocidad delante del vuestro. El primer cruce importante se efectúa, un segundo y luego un tercero sin incidentes; a partir del sexto, el cálculo de las probabilidades es formal: si después del sexto cruce no sufre ningún accidente, es que hay un conductor en el vehículo que está delante del vuestro. Es una certeza absoluta, incluso si está escondido a la vista.

En lo referente a la creación: ¿Por qué no querer admitir lo que es una certeza idéntica? Hay un conductor, un piloto, un guía, incluso si él está escondido a nuestros ojos que no son más que el reflejo de los de su imagen. Demos ya su nombre a la tierra, que llega al fin a su lugar de ubicación, y el sol habiéndose enfriado un poco ha provocado la extinción de su fotosfera, asegurando a la vez una regularización de los movimientos de todos los planetas del sistema solar.

La aceleración del proceso de la Creación finaliza la escala Cósmica, y pasa el testigo a la escala de Tiempo y de duración Solar. Es pues una 1/64 del tiempo de este ciclo cósmico que acaba de terminar, cerrando los 63/64 del tiempo Total, y dejando el último 1/64 para la vida en tiempo del astro solar. Ya han pasado pues 5.253.795.840 años para asegurar la puesta en marcha de nuestro globo terrestre, y le queda el mismo tiempo de vida a lo largo de este ciclo.

Fue pues el sexto Día Cósmico del Universo.

De forma los Anales egipcios lo precisaron refiriéndose en sus textos antiguos:

"Mut es desde ahora el contenedor de todas las "ut" del Cosmos, al igual que Nut iba a convertirse en el contenedor de todas las "ut" de la Tierra."

Esto fue el gran trabajo de los sabios de las Dobles Casas de Vida del antiguo Aha-Men-Ptah, erigir las cartas del cielo, de las cuales algunos fragmentos de nuevo fueron copiados basados en las figuras de los rollos encontrados en Dendera en la tumba de Seti primero, en particular en el Ramesseum, y que fijaban unas configuraciones importantes marcadas por unas fecha determinadas en las que unos graves acontecimientos se habían producido, explicando de esta manera que unas fuerzas diferentes a las simples fuerzas humanas combinaban los movimientos de los astros y sus combinaciones matemáticas con los acontecimientos terrestres.

Disponiendo el creador aún de 5.253.795.840 años para organizar la tierra y hacer vivir ahí a la imagen tal como ÉL la hubiese engendrado en su última obra, el tiempo será solar y por "coincidencia", será el sol el vehículo radiante de la fuerza creadora que hará eclosionar en primer lugar los mundos vegetales y animales.

CAPÍTULO V

LA NUMÉRICA SIMBÓLICA TERRESTRE.

Único Señor,
que alcanza cada día las extremidades de los países,
y mira los que circulan;
que sube en el cielo bajo su forma solar
para poder hacer nacer los meses, las estaciones,
el calor, y cuando quiere
cada día en su amanecer:
¡Todo el país canta su alabanza!

Himno al Sol
Estela del Antiguo Imperio

Al Señor pertenece la tierra con lo que contiene,
el mundo con los que lo habitan;
porque es Él quién lo fundó sobre sus mares,
y asentó sobre sus ríos.

Antiguo Testamento
Salmos 24

Hace pues más de cinco mil millones de años, la tierra aún era una masa parcialmente licuada, parcialmente en fusión, y las diversas capas de metal empezaban a disponerse interiormente según su orden de densidad. Encima de la corteza externa que se formaba, una vasta y muy densa atmósfera, contenía en suspensión todo el vapor desprendido por los diferentes gases, que era totalmente irrespirable.

La corteza terrestre, aplastándose conforme a su lento enfriamiento, se agrietaba. Por sus aperturas, esas fisuras gigantes, bajo la presión interna inmensa, la materia en fusión se escapaba por todas partes. De este modo el calor desprendido aportó una temperatura de superficie elevada, a pesar de que los rayos solares aún no llegasen a penetrar a través de la espesa capa de nubes. Lo que no impedía a las lluvias diluvianas caer sin parar sobre las aguas y las tierras empapadas. Y ello, sobre toda la tierra, ya que los polos, el hielo y la nieve aún eran desconocidos en medio de la tacaña luz difusa y húmeda que reinaba aquí abajo.

Luego en el momento propicio previsto: un cono de luz atravesó la bóveda de nubes alcanzando con sus rayos benefactores, una tierra elevada...

"Al Inicio, Dios creó el cielo y la tierra. Sin embargo la tierra estaba desierta y vacía, las tinieblas cubrían el abismo y el espíritu de Dios planeaba sobre las aguas. Dios dijo: "Que la luz sea", y la luz fue." Dios vio que la luz era buena, y Dios separó la luz de las tinieblas. Dios llamó la luz. día, y las a tinieblas: noche".

Esto llevó la mitad del tiempo total solar, es decir $\frac{1}{2}$, o las $\frac{32}{64}$ de: 5.253.795.840 años. Quedaba pues tanto tiempo de Vida en este ciclo por llegar en la Tierra.

Fue el primer Día de la creación en la tierra.

Cerca del Templo de Ath-Mer, El "Primogénito Amado", la capital de Aha-Men-Ptah, se elevaba la colina de los sicomoros; y cerca del Templo del Sol de la ciudad de Heliópolis, en Ath-Ka-Ptah, se elevaba la colina de arena.

Ambas tenían el mismo significado original: "La Colina Primordial". Era la representación tanto física como simbólica, de la primera tierra alcanzada por la luz solar, creando de esta forma el suelo firme, alrededor de la que la tierra se solidificó al ritmo de los días y de las noches.

Geológicamente las capas de nubes muy densas en el ecuador, prácticamente en ebullición, se condensaron en vapor y cayeron en las regiones ya menos tórridas formando vastas extensiones de aguas que hicieron endurecer un poco más la corteza terrestre sobre las que se estancaban, excepto en los lugares más elevados: las montañas de aquellos primeros tiempos.

Poco a poco el Sol agrandó su campo de visión a través de la ventana abierta en medio de las nubes, verdadero ojo por el que se infiltraron los rayos benefactores, permitiendo secar los montículos que rodeaban las montañas y el nacimiento de los primeros organismos unicelulares, que adoptan el ritmo terráqueo de vida, hecho de alternancia de día solar y de noche estelar.

"Dios dijo: "Que haya un firmamento en medio de las aguas, y que separe las aguas de las aguas"; y así fue. Dios hizo el firmamento, que separó las aguas que están bajo el firmamento de las aguas que están encima del firmamento; y Dios llamó al firmamento: cielo"

Esto llevó la mitad del Tiempo Solar restante, es decir el $\frac{1}{4}$ del Tiempo Solar, o los $\frac{16}{64}$, es decir: 1.313.448.960 años. Quedaba aún tanto Tiempo de Vida en este ciclo por venir en la Tierra.

Fue el segundo Día de la creación terrestre.

La atmósfera tomó progresivamente sus proporciones actuales, las reacciones provenientes del magma central aún en plena fusión, se hicieron cruelmente sentir cuando enormes presiones soportadas por la delgada corteza terrestre brotaron por las grietas empujadas por los sobresaltos internos deformando continuamente las tierras. El enfriamiento más rápido del fondo de los mares, provocó igualmente unos excesos de vapor bajo la corteza submarina, que, por reacciones químicas de su masa interna aún muy fluida y gaseosa trastocaron literalmente la cartografía que hubiera podido hacerse en esa época. Las elevaciones verticales progresivas, por palieres sucesivos, y con ataques violentos gigantescos hicieron emerger de las aguas, unos continentes enteros, coronados por cadenas montañosas gigantes a todo lo largo de las zonas fracturadas. Unas nieves eternas aparecieron entonces en estos neveros. Otras regiones se secaron completamente; entre estos dos extremos, regiones húmedas, pero templadas favorecían la aparición de toda una gama de vegetales inmensos, con las formas que aún tienen hoy, de lo más alucinante: las algas acuáticas de formas sinuosas, estiradas; las esponjas enormes; los bancos de corales tentaculares... Este mismo agua desarrollará la vida de los primeros seres microscópicos: las amibas, que se convirtieron en braciopodos, los pelecipodos y otras especies raras de este reino sub-lacustre[19].

En el crepúsculo de este día, los fenómenos volcánicos redoblaron su violencia, empujados por la inyección del agua en las capas ígneas del magma, entrando con fuerza por las líneas de fractura, y propulsándose cada vez más hacia dicho magma transformándose en vapor bajo presión. Mientras que ciertas regiones alcanzadas estaban trastocadas, otras permanecieron tranquilas favoreciendo un suelo ser cada vez más fértil, donde aparecieron verdura y arboricultura ambiental, frutas y legumbres.

Por fin, en las orillas de los mares calientes, sobre las playas de arena fina, como en "Erfoud", en los confines del Sahara marroquí actual que era un mar en aquel tiempo, nacieron los nautilos, comúnmente llamados: amonitas aún invertebradas, pero cuya forma es una espiral perfecta, símbolo de la multitud.

Y si la creación de ese día no habla de animales, es que es aún muy difícil de asimilar a estos invertebrados fosilizados, hace unos 600 millones de años por la desaparición en pocos instantes del mar que ocupaba el emplazamiento del Sahara marroquí. Por miles de millones, en ese momento estas amonitas se fosilizaron, formando hoy un mármol azul o marrón dependiendo de los lugares, en el seno del cual las espirales han guardado su forma perfecta.

> "Dios dijo: "Que las aguas que están bajo el firmamento se amasen en una sola masa y que aparezca lo seco"; y así fue. Dios llamó a lo seco: tierra, y a la masa de las aguas: mar, y Dios vio que ello era bueno."
> "Dios dijo: "Que la tierra produzca verdura, plantas llevando semillas y árboles frutales conteniendo su semilla"; y así fue. La tierra produjo verdura, hierbas con semillas, según su especie;

---

[19] Lacustre deriva del idioma latín para lacus ("lago"). Lacustre, en ecología, es el ambiente de un lago. Lacustre, en sedimentología, es el medio sedimentario propio de los lagos.

EL GRAN CATACLISMO

árboles dando según su especie frutas conteniendo su semilla, y Dios vio que ello era bueno".

Una observación curiosa referente a las cadenas de montañas, las tierras que emergieron de las aguas. En la extrema punta de Camerún, justo en el ecuador, existía una montaña aislada, cuya cima superaba los 10.000 metros, según los escritos de los antiguos navegadores y también según los dichos de los viejos de Camerún: los Sabios. Ella se llamaba "Carro de los Dioses", y era considerada como la "Tierra Original". Fue Hénon que, asistiendo al cataclismo que la hundió de la mitad de su altura, escribió las diferentes peripecias en su "Viaje africano".

Habiendo tenido personalmente la oportunidad de efectuar su ascenso hasta la cima, que aún está a 4.150 m por encima del nivel del mar, dominando el lugar, no me faltó meditar. El lugar es dantesco a primera vista, a pesar de que esta cima sea aún la de "los Dioses": "el Fako", en dialecto, sigue siendo un volcán, de donde se escapaban fumarolas cuando la visité en 1.947. El anciano autóctono que me recomendó esta peregrinación y que había aceptado acompañarme, sabía por intuición el enorme bien que sacaría de ello. Acampamos cuatro noches, en la cueva por donde la lava había salido unos cincuenta años antes, arrasando la antigua capital del Camerún británico de la época. Muchas cosas se comprenden con más facilidad estando en el lugar mismo.

Fue ahí donde aprendí el significado de los "Mer" egipcios: estas pirámides semejantes a la montaña primordial: "El Amado-hacia-quien-baja-la-Luz".

La mitad del Tiempo restante pasó, es decir un $\frac{1}{8}$: 656.724.480 años. Y no quedó más que un Tiempo similar de Vida para la duración del ciclo completo en la Tierra.

Fue el tercer Día de la creación terrestre.

Este enfriamiento general se aceleró, siguiendo en ello la progresión al cuadrado de la Ley de la Creación. Trayendo al fin la estabilidad en las dimensiones de los ritmos planetarios en el sistema solar; emisión normal y continua de los rayos estelares, al igual que de la constitución de la atmósfera; en fin, rotación equilibrada de la Tierra en relación al Sol, a la Luna al igual que hacia los otros planetas. Únicos sobresaltos por aquí y por ahí, por la voluntad de los cambios debidos a la precesión de los equinoccios que hace su aparición en ese día, tal como los vertebrados...

"Y Dios dijo: "Que haya luces en el firmamento en el cielo para separar el día de la noche; que sirvan de signos para las estaciones, los días y los años; que las luces en el firmamento del cielo alumbren la Tierra" y así fue. Dios hizo dos luces mayores: el gran astro como poder del día, y el pequeño astro como poder de la noche; y las estrellas. Dios las situó en el firmamento del cielo para brillar sobre la tierra, para indicar el día y la noche; para separar la luz de las tinieblas, y Dios vio que ello era bueno."

La pregunta la más importante resuelta por los sabios de las "Dobles Casas de Vida", en Aha-Men-Ptah, es la de este cuatro día, donde aparecieron los días, y los años, es decir: las "Combinaciones Matemáticas": los Números, con la Ley Divina que dejan suponer a través de la introducción de la noción de los DOS luminarias, pero que los implican automáticamente por las combinaciones que desencadenan, y sobre los cuales el texto no deja duda alguna: "para que sirvan como signos".

Ello tomó la mitad del Tiempo Solar restante, es decir $\frac{1}{16}$ del Tiempo Solar, o $\frac{4}{64}$, es decir: 328.362.240 años. Queda pues aún el mismo Tiempo de Vida por desarrollar en este ciclo sobre la Tierra.

Ese día fue el Cuarto día de la creación terrestre.

El entorno estaba desde ahora perfectamente dispuesto para recibir a los vertebrados: los que vuelos, los que nadan, los que andan y corren más o menos pesadamente sobre sus patas. La progresión evolutiva, desde ahora, menos larga en el Tiempo, sigue siendo sin embargo constante y conforme a la Ley, sobre todo en la Naturaleza Terrestre, donde aparecen y desaparecen las razas que no se adaptaron a las condiciones de vida y no eran susceptibles de sobrevivir. Pero este día, fue el del gigantismo. El del los enormes pájaros, como los pterodáctilos,

los mamíferos en proporciones a penas imaginable para nuestro concepto contemporáneo, como los brontosaurios de unos veinte metros de largo, los de cuatro patas macizas, que soportaban unas treinta toneladas, ahora con cola flexible de cinco metro que lo barría todo, unos ichtyosaurios cuyas aletas natatorias tan prominentes les permitían desplazarse en el agua a unas velocidades espantosas, a pesar de su peso de diez a quince toneladas.

"Dios dijo: "Que las aguas se llenen de una multitud de seres vivos y que los pájaros vuelen por encima de la tierra bajo este firmamento del cielo", y así fue. Dios creó los monstruos marinos y todos los seres vivos que reptan y se arremolinan en las aguas según su especie, y todo el género alado según su especie, y Dios vio que eso era bueno. Dios los bendijo y les dijo: "Sed fecundos, multiplicaos y llenad el agua de los mares: y que los pájaros se multipliquen en la Tierra".

Este crecimiento Express tomó la mitad del Tiempo Solar restante, es decir $\frac{1}{32}$, o $\frac{2}{64}$ del Tiempo total, de: 164.181.120 años. Aún quedaba el mismo Tiempo de Vida por estar en este ciclo en la Tierra.

Fue el quinto Día de la creación terrestre.

Al alba del nuevo día de la creatividad que apunta, convenía dar el impulso a las radiaciones que alcanzaban por fin el planeta, y que venían de los lejanos soles de las doce constelaciones que rodean el sistema solar, a fin de que el Poder Divino engendrara otras razas animales que dispondrían de unas mejores condiciones en perpetúa evolución de Vida. Los rayos de esta Fuerza aportaron mamíferos, pájaros y enormes peces que luchaban en combates titánicos. Razas enteras fueron aniquiladas, permitiendo, en contrapartida, a otras evolucionar mejor. De este modo aparecieron engendradas unas razas vivas mejor adaptadas, que se mantenían salvajes, o sea, susceptibles de ser domesticadas, con un alma embrionaria, en este día.

"Dios dijo: "Que la tierra produzca unos seres vivos según su especie, bestias, reptiles, animales salvajes, cada uno según su clase", y así fue. Dios hizo las bestias salvajes según su especie, y Dios vio que eso era bueno."

El texto bíblico referente al sexto día no se detiene aquí, extendiéndose sobre el Tiempo del Hombre, y los Anales Antiguos demuestran que forma parte del Tiempo mismo de Dios, consagrado al descanso y a su propia imagen, que no necesita creación alguna complementaria. El Creador la engendra una vez que todo el entorno fue creado, es decir después del sexto día.

Como ya se ha comentado que el texto del Génesis había sido algo interpretado y puesto al gusto del día, para la época, y que se "había recurrido a procedimientos literarios de los antiguos pueblos orientales, con su psicología, su forma de expresarse, y su noción misma de la verdad histórica". Los recopiladores del Génesis, bajo Esdras, se enfrentaban por supuesto a una mayor dificultad, imposible de vencer para los mortales de ese siglo, al no estar avisados de las ciencias matemáticas y de sus combinaciones.

La Creación del sexto Día se escribió como lo hemos visto con la ayuda del jeroglífico: ⏺ que representa el Verbo Creador en el seno de la creación misma: el ojo, "oudjet" (Dios dijo.... y lo hizo). Lo importante es saber que este sexto símbolo es impronunciable, y no debe ser pronunciado bajo ningún pretexto; representa el Verbo Creador, además como se escribe "qd", efectivamente no se puede pronunciar.

Desde el punto de vista puramente oculto, el simbolismo aparece muy claramente por el enunciado mismo: "qd", o "lo que está arriba es semejante a lo que está abajo", lo que equivale a decir "todo viene de Dios".

Este sexto símbolo también se encuentra en el "Gran Principio" creador, que significa: el Influjo que moldea al Alma.

Es el doble del corazón carnal que se convierte en el verdadero corazón impalpable de nuestra envoltura hecha de carne bruta, y aún no fertilizada anteriormente, pero que lo será gracias a Dios, lo que nos da en jeroglífico: "Ath-Ka-Ptah".

Ath-Ka-Ptah, es el nombre dado por Menes, Rey de la primera dinastía, al primer Templo consagrado al Dios-Todo-Poderoso, en conjuración, por el hundimiento del "Primer Corazón": el "Primogénito", con el fin de que el "Segundo Corazón" sea eternamente el de los Descendientes de Dios. Es fácil darse cuenta de todo el simbolismo unido a este sexto jeroglífico impronunciable, más allá de su único significado.

Lo que además aparece por esta interpretación de la creatividad, es que Dios, al final del sexto Día, ya había realizado su elección definitiva acerca de la categoría animal, susceptible de ver fertilizar en ella la parcela Divina que se convertirá en Alma, y dispuesta a ser Su imagen perfecta. Y ello no podía ser con el último nacido del crepúsculo de este día: el mamut, con sus tres metros de altura y sus crines de cincuenta centímetros de largo que le servían de pelo para un pequeño cerebro.

Pero esta progresión en la evolución de las diferentes especies animales había tomado la mitad del Tiempo Solar restante, es decir 1/64 del Tiempo, es decir, 82.090.560 años. Quedaba un Tiempo similar de Vida por llegar en este ciclo sobre la Tierra, donde el Tiempo Humano iba a substituir los Precedentes.

Fue el sexto Día de la creación en la tierra.

Hagamos ahora tal como preconizó la comisión bíblica en 1948 y apliquemos la segunda parte del texto del Génesis siempre relativo al sexto Día, tercer apartado de la Creación Universal, el que trajo el Tiempo del Hombre. Utilizamos como para el apartado anterior, la duración del séptimo Día y de su Tiempo complementario para establecer el terce, como quedan 82.090.560 años.

El primer Día de este Tiempo durará: 41.045.280 años.
El segundo Día de la Creación durará: 20.522.640 años.
El tercer Día de la Creación durará: 10.261.320 años.
El cuarto Día de la Creación durará: 5.130.660 años.
El quinto Día de la Creación durará: 2.565.330 años.
El sexto Día de la Creación durará: 1.282.665 años.

Este tercer ciclo de tiempo, cada uno podrá intentar modelarlo; como Ptah, que a menudo fue representado como un alfarero modelador de formas para todos los animales, salvajes o no, que precedieron al Hombre. Recordemos:

"Dios dijo: "Hagamos al Hombre a nuestra propia imagen, como nuestro semejante, y que domine sobre los peces del mar, los pájaros del cielo, las bestias, todos los animales salvajes, y todos los reptiles que reptan sobre la tierra".

Digamos pues que a finales del sexto Día en el tercer apartado, quedaban aún 1.282.665 años de este Gran Ciclo Divino, que representa UNA pulsación de 168.121.466.880 años. Duración ínfima para la Humanidad en relación a la Eternidad... Pero es la que está dedicada al Hombre. Fue a partir de esta fecha, superando el millón de años, que los humanoides se transformaron, y que "Dios hiciese el Hombre a Su imagen". El cerebro engendrado por parcela Divina iba a madurar a lo largo de los milenios. El Tiempo Humano se inició ese día, y los textos además lo precisan:

"De tal forma fueron acabados el cielo y la tierra, con todo su ejército. Dios concluyó el séptimo Día la obra que había hecho".

Siendo este "Día" destinado al tiempo humano, el sistema fraccional tal como había sido aplicado por los seis símbolos del ojo creador, ya no conviene, (tal como se ha visto en el capítulo anterior). Aquí son las simbólicas lágrimas triangulares las que van a permitir los cálculos (imagen p. 59). Además la prueba matemática de la imposibilidad de usar cualquier otra formulación es dada de forma sencilla.

Si, desde el primer número del primer capítulo trinitario de la creación, ha sido continuadamente posible dividir el tiempo en dos en cada operación, ello es imposible a partir del último número relativo al tiempo humano: 1.282.665 años, que acaba por un número impar.

Este Día será pues dividido siguiendo la forma hexadecimal cíclica definida más arriba. Y el hombre que acaba de recibir los elementos que constituirán más adelante su alma, hará de su cuerpo lo que decida hacer a lo largo del millón de años por venir. Ya que la humanidad, en su conjunto, será la finalización y la conclusión de este fin de ciclo divino.

Las Combinaciones Matemáticas Divinas regularizando esta última franja de tiempo, serán evidentemente calculadas siguiendo el ritmo armónico trinitario de los Grandes Años precesionales, es decir: 25.920 años X 3 = 77.760 años.

Los dieciséis ciclos transcurridos desde el inicio de esta séptima jornada, tal como han sido escritos en los archivos de los Cuatro Tiempos del templo de Dendera, representan una evolución humana ultra rápida en su tiempo cósmico, pero relativamente lenta en su tiempo humano de 77.760 X 16 = 1.244.160 años.

Al final de lo cual el Hombre habrá llegado a la comprensión de lo que es, y de lo que debe ser en relación a Dios, a quién le debe todo, empezando por él mismo. En esta evolución progresiva pasará del bípedo bestial al hombre de las cavernas, luego al inicio de la civilización, lo que ocurrió hace: 1.282.665 - 1.244.160 = 38.505 años.

Esta fecha es muy precisa y concuerda con la del historiador sacerdote egipcio Manetón para el inicio de la Historia de los Ancestros de los habitantes de Egipto; y coincide admirablemente con la que está en los Anales de Aha-Men-Ptah para el inicio de los tiempo históricos de este país, que será objeto del siguiente capítulo.

Mantendremos, pues, para el pasado, el concepto mismo del cálculo de las fechas dadas por las Combinaciones Matemáticas. El lector deberá buscar por él mismo acerca del futuro, las posibles concordancias en cuanto a la terminación del ciclo, ya que el hombre siempre tendrá su libre albedrío y tendrá hasta el último instante la facultad de elegir entre la Edad de Oro y el Apocalipsis.

CAPÍTULO VI

AHA-MEN-PTAH: PRIMER CORAZÓN DE DIOS

> *No veo nada que físicamente, se oponga a que haya existido antaño entre Europa y America, una muy amplia extensión de tierra, de la que las Canarias y las Azores son aún los restos subsistentes.*
> Mentelle, *Geografía antigua*, palabra: Atlántica

> *¡Oh región hermosa! que por vuestro gran comercio por mar, habéis colmado de bienes a tantas naciones diferentes!*
> *Que por la multitud de vuestras riquezas, y por la abundancia de vuestros pueblos, habéis enriquecido los reyes de la Tierra.*
> *¡El mar ahora os ha roto!*
> *Vuestras riquezas están en el fondo de las aguas, y toda esa multitud*
> *de pueblos que estaban entre vosotros,*
> *ha caído y perecido por vuestra pérdida.*
> *Os habéis convertido en un tema de sorpresa y de extrañeza para todos los habitantes de las islas.*
> *¡Y los Reyes demudaron su rostro con espanto por ¡este Cataclismo!*
> Antiguo Testamento
> Ezequiel: XXVII, 33 a 35

No trataremos en el marco de esta obra demostrar algunas analogías, algunas coincidencias, entre otros cataclismos, como el nombrado por Ezequiel, y que hacía referencia al hundimiento de Tiro, en Fenicia, y el "Gran Cataclismo" que literalmente borró de la Tierra el continente de los primeros Tiempos Históricos: Aha-Men-Ptah.

Es bueno realizar algunas citaciones, como la del epígrafe, y meditar sobre ello. Manetón, en su cronología, inscribe después de Dios, el Creador, a los medio-dioses, luego a los Héroes, los Manes, antes de llegar a los Maestros; estos descendientes del Primogénito, Hijo de Dios, que ya no tenían más que el Alma uniéndolos a Dios.

Después de los semidioses: la Ogdoade, o los OCHO, fue cuando la humanidad de este país se desarrolló, hace aproximadamente 38.000 años de ello. A lo largo de un gran número de milenios la humanidad creció y se multiplicó durante un buen millar de generaciones, en acuerdo armónico perfecto con el cielo y Dios, para el mejor de los mundos de la época.

Pero los sabios de este país, que acumulaban el saber a través del conocimiento de los sacerdotes, ya conocían los posibles caprichos del globo entero, ampliamente demostrados por las combinaciones matemáticas.

La tierra misma, a lo largo del enfriamiento superficial extremo que la azotó, moldeó de forma diferente el interior sobrecalentado. Fenómenos sísmicos y telúricos titánicos habían trastocado bastante la corteza sólida sobre la que estaban construidos los templos. Para que se comprenda el porqué de los sobresaltos instantáneos que agitaban el núcleo central, aún en fusión, y cuyas ondas de choque bajo la presión de los gases que querían liberarse, provocaba los sobresaltos explosivos, desintegradores de elementos atómicos aún contenidos por doquier en su interior.

Los recuerdos dejados por los antepasados de estos primeros civilizados que existieron hace 38.000 años, estaban llenos de cataclismos apenas imaginables para sus pensamientos humanizados. Cadenas enormes de montañas surgieron, ahí donde anteriormente sólo había apacibles llanuras, o incluso un mar tranquilo. Otros lugares escupieron fuego y vomitaron grandes bloques de piedras que se hundieron en la propia tierra, que acababa por tragárselos por completo.

Estos espasmos se producían cada vez con menos frecuencia, y estas convulsiones se calmaron, pareciéndoles a los doctos observadores, según los relatos de los vivos más ancianos; que los movimientos que activaban el planeta en el espacio, se hacían cíclicos, llegando regularmente en el tiempo, al ritmo de la evolución del sistema solar y estelar regido por una única ley.

Detengámonos un momento sobre estas nociones antes de seguir adelante con el objetivo de explicarlas en nuestro concepto moderno de geología. Pero lo que hay de cierto, es que estos ancestros detentaban la formulación y los cálculos exactos, de lo que nosotros llamamos: precesión de los equinoccios.

En su movimiento de traslación alrededor del sol en un año, la tierra mantiene la misma posición aparente en relación con las estrellas; es decir que el eje del globo terrestre apunta a una hora fija siempre hacia la misma región del cielo, lo que significa que, de hecho, su eje de rotación conserva su paralelismo en el espacio, a pesar de su inclinación de 23,5° sobre una perpendicular imaginaria al plano de la órbita terrestre anual. Pero esto, también no es verdad más que en apariencia, y los ancestros de Aha-Men-Ptah lo sabían.

En efecto, si el plano de nuestra órbita se mantiene idéntico, el eje se desplaza muy lentamente, algo más de cincuenta segundos de arco por año: lo que es llamado el movimiento de la "precesión de los equinoccios". Este actúa notablemente sobre el hinchamiento ecuatorial de la tierra. Este tipo de abultamiento, de cinturón, padece una atracción más fuerte que la de los polos, frenándola de esta forma muy levemente, y perturbando sin embargo el movimiento de rotación.

El movimiento de retroceso ínfimo que resulta de ello, hace retroceder el eje terrestre, imprimiéndole de alguna forma un retroceso en el espacio, muy amplio, a lo largo de una circunferencia que tiene como centro la estrella polar, y que sería recorrido en 25.920 años, ya que 50 segundos de arco dan 360° al cabo de estos 25.920 años.

Para el tiempo, ningún problema es particularmente insoluble para recuperar el retraso. Desde que el calendario fue puesto en uso por el Rey Atotis, el segundo faraón de la primera dinastía, es decir 4.200 años[20] antes del inicio de la era cristiana, cada cuatro años se añade un día para

---

[20] La cronología usada por Albert Slosman, y explicada por el autor en su obra, difiere en algo más de mil años de la más comúnmente aceptada en nuestro siglo XXI.

no tener retraso sobre el tiempo exacto. Y los ancestros habían tomado esta decisión, no en relación al movimiento del Sol, sino por las combinaciones provocadas por el desplazamiento de la estrella Sirio, la Sothis griega, o Sep'ti en fonetización jeroglífica.

Y en el espacio, ¿qué ocurrió...? Ya que la tierra retrocede, y sigue aún retrocediendo en el espacio en el que está, indisolublemente ligada al tiempo. ¿Y...? En esta circunstancia, no hay nada que hacer excepto apuntar las combinaciones y sus efectos. La aritmética y sus cálculos no sirven en ningún caso. Únicamente un supergigante del tipo Atlas podría ser capaz de mantener el eje de la tierra en su mismo lugar, pero no hay ninguno susceptible de ello, ni de lejos. Así que... los cincuenta segundos de retroceso de arco, sobre la circunferencia espacial, siguen siendo irrecuperables.

En la bella teoría matemática, le haría falta 25.920 años a la tierra para volver a estar en su punto inicial de partida en el espacio, recorriendo de esta forma la circunferencia completa en un tiempo regular que Platón ya denominaba "Gran Año", al que daba una duración de 26.000 años, lo que no estaba tan mal para un griego que había pasado cinco años en Egipto. Además en la decepción de ver a su pueblo superado en todos los terrenos, estimó que el número de 25.920 propuesto por los sacerdotes egipcios, pudiese ser el resultado de un cálculo erróneo...

Sin embargo, si las combinaciones y sus resultados eran exactos, y eran válidos sólo en teoría, ya que un factor, de los más importantes perturba estas bellas estimaciones e incluso, siembra divergencia, confusión, es lo menos que podemos decir hasta que observaciones más precisas permitan delimitar las causas, no los efectos.

Se trata del famoso "Magma", nuestro núcleo central, aunque algo más frío ciertamente que en el origen, aún no está solidificado. Esta masa indeterminada, imprecisa, tanto en forma como en consistencia, posee un peso menor, pero no menos determinante en la evolución retrógrada precesional de la única corteza terrestre externa, su peso interior aproximadamente nos daría unos quince mil millones de toneladas.

Todo ello, sin embargo, aún nos es desconocido, en lo más profundo ciertos agentes, en particular los que llamamos los "termodinámicos" crean unos movimientos y unos estados de la materia magmática que en la práctica aún no pueden ser verificados desde la superficie, sobre todo en lo referente a la presión ejercida, y a su temperatura. En cuanto a la duración de estas evoluciones brutales, sólo disponemos de breves reflejos del orden de pocos segundos, de la fuerza ejercida sobre la capa externa por la masa en ruptura de gravedad.

Aún más importante y que además, debe tenerse en cuenta es otro dato desconocido de relevancia: la continua contracción del magma, desde el origen, al enfriarse, disminuye de volumen interno, insensiblemente por supuesto, pero a diario desde hace unos cuantos miles de millones de años. ¿Y qué ocurre en el interior de las zonas hundidas creadas por ello?

Si debo creer los colegas matemáticos, está demostrado que este vacío aleatorio no puede existir[21]... ¿Entonces? ¿Cómo es imposible admitir que la corteza del globo se mantiene por ella misma, sin apoyo? Bien, debemos pensar que hay una zona "tampón" compuesta al menos de ¡presión gaseosa!

Es esta perpetua construcción en evolución agrieta la corteza terrestre cuando la masa incandescente, en ruptura con el equilibrio interno, se apoya sobre y provoca terremotos, erupciones volcánicas, o al contrario cuando las rupturas se producen en el fondo de los océanos, engulle la tierra y provoca tsunamis y diluvios.

Este peso del magma no se puede ni pensar, ni pesar, es un factor preponderante para determinar la longitud real de un ciclo, que muy difícilmente podría llegar a su finalización de 25.920 años. En efecto, durante miles de años, la retrogradación precesional, con su balanceo incesante en retroceso constante, lentamente... muy lentamente hará que una gigantesca masa interna, refleje este ritmo externamente; y situará en un momento dado preciso, el magma informe e inestable, en posición de desequilibrio.

---

[21] El pórfido es la roca que presenta más resistencia, ella se aplasta bajo presión de 240 kg/cm2. Y para no verse sometida a movimientos esta roca debería tener una resistencia 265 veces superior.

Semejante a un equilibrista que se mantiene de pie magníficamente con buen aplomo... hasta que en un momento, una inestabilidad le haga perder el equilibrio, y puede caer. Ocurre lo mismo para nuestro globo, con esta enorme diferencia de que la atracción general le impedirá "caer" en el vacío en el momento de la pérdida del equilibrio que únicamente provocará un giro sobre el eje terrestre casi instantáneo, en un lugar X, ahí donde precisamente, la quincena de miles de millones[22] de toneladas empujará de golpe sobre la débil corteza, tal un gigantesco carnero.

El crujido que resultará, creará una falla mucho más imponente ya que el giro sobre el eje, provocado por la masa magmática habrá sido más súbito... podría resultar que un pico metálico de varios kilómetros de altura desde el interior atraviese la corteza. Cuando el retroceso es de 90°, por ejemplo; es decir al cabo de 6.480 años: 25.920 años/4; tendrá lugar un seísmo, o un diluvio, más importante que los que se producen en cualquier momento a la hora de los rozamientos entre las masas internas y la corteza terrestre exterior, que no tienen el mismo retroceso precesional, debido a la no uniformidad de la gravedad que rige su particular retroceso, y ello se producirá a lo largo de una línea de ruptura localizable siguiendo las "combinaciones" planetarias y la inclinación de la eclíptica de nuestra Tierra.

Cuando el retroceso alcanza los 180°, es decir después de 12.960 años, se producirá la oscilación de nuestro globo, "eje sobre eje", teniendo como principal efecto la sumersión de un continente, o una serie de seísmos que aportarán elevaciones de la tierra realmente apocalípticas bajo todos los puntos de vista.

Así tuvo lugar el "Gran Cataclismo", del que hablan los textos antiguos con más o menos grandilocuencia y sobre todo, con gran temor. Unas zonas templadas se convirtieron entonces en glaciares, mientras que otras, que eran polares, tomaron ubicaciones climatológicas tropicales. Estos cambios son además confirmados por todos los geólogos especialistas en la materia.

---

[22] Matemáticas: expresión francesa: Un "milliard": (1 000 000 000). "(une quinzaine) de milliards de milliards" representa un trillón, es decir, 10 potencia 18; (1 000 000 000 000 000 000).

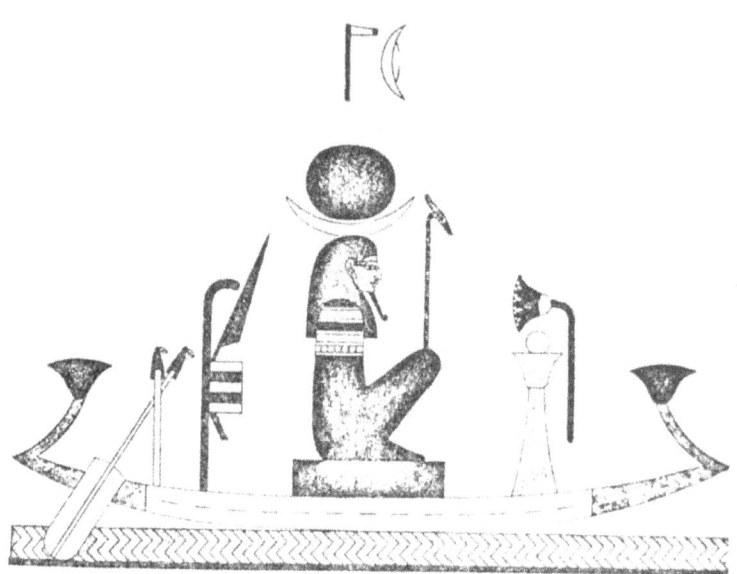

Desde que Osiris alcanzó Amenta y ha vuelto a tomar su lugar a la derecha de Dios, el Sol se levanta en el oriente y recorre su navegación celeste marcha atrás.

Por este motivo, al ser las alteraciones cíclicas y rítmicas en pulsaciones de 12.000 años aproximadamente, la precesión de los equinoccios no parece estar en situación de efectuar su retroceso a todo lo largo de la circunferencia entera: a mitad de su marcha retrógrada, la tierra oscilará, y "girará" en el sentido contrario, lo que hará aparentar que el sol se situó al opuesto de su navegación habitual y que había seguido a lo largo de los 12.000 años anteriores: el astro diurno, que se elevaba en el "Este" lo haría desde ahora en el "Oeste", o bien tal como ocurrió a lo largo del último "Gran Cataclismo", de occidente, se levantará desde ahora en oriente, ¡recorriendo su senda hacia atrás!

Estos cambios radicales marcaron por dos veces el período humano de estos cuatrocientos siglos históricos. Uno ocurrió 24.000 años y otro, 12.000 años antes de nuestra época aproximadamente, de los que hablaremos sin más tardar en este capítulo. En la lógica cronológica que seguirá, las fechas están inscritas con una exactitud matemática teñidas del rigor informático y tendrán como referencia las diferentes fuentes antiguas.

El cataclismo anterior tuvo lugar el 11 de febrero de 21.312 antes del inicio de nuestra era cristiana, es decir, hace exactamente 23.287 años, estando hoy en 1.975, basándonos en esta fecha precisa en la Historia de Aha-Men-Ptah, ya que los 15.000 años que precedieron vieron a las poblaciones vivir en paz en estos lugares benditos, donde la evolución era, sin embargo, lenta, excepto entre los sabios que se preocupaban de definir la vida y sus movimientos, y comprender porque el hombre, al nacer, ya dominaba a animales mucho más poderosos que él.

En esta época, el continente de Aha-Men-Ptah era mucho más templado en su extremo norte, que lo son hoy las mismas regiones, como Groenlandia. Densos bosques cubrían esta parte del territorio donde el hielo aún no había aparecido, y donde la nieve sólo era tímida. Más hacia el sur, una lujuriosa vegetación crecía todo el año, ahí, no sólo habitaban pueblos no sólo apacibles de seres humanos en los claros acomodados, sino que también por un tipo de grandes monos totalmente extinguidos, que por su tamaño indican ser semejantes a los gorilas actuales, pero con los rasgos faciales aplastados, la nariz corta y ancha. También coexistían enormes mamuts vegetarianos y apacibles; rinocerontes de cuatro metros y con cuatro dedos: los "acerotheriums", que arrasaban con todo; los felinos, leones y tigres se entregaban en luchas mortales para mantener o apoderarse de un territorio reservado; también quedaban algunos viejos especímenes de un caduco gigantismo en vía de desaparición total.

Al fin todo el sur del inmenso continente, tenía montañas, ciertamente, pero también llanos, la naturaleza había expuesto sus más preciados tesoros: fértiles campos que no necesitaban mucho trabajo para hacer las delicias de una humanidad tranquila, estas vastas extensiones eran propicias al asentamiento de la población y a la meditación de una raza que sólo pedía elevarse hacia su creador, recibiendo a cambio el beneficio de una abundancia sin igual. En el horizonte, las cadenas de montañas no tenían nada de temible, y los conos piramidales de algunos volcanes se habían apagado desde hacía tanto tiempo que la memoria de los hombres había perdido su recuerdo.

Los vivos sólo veían ahí pendientes cubiertas de árboles siempre verdes, algunos cargados de frutas carnosas y jugosas que durante el año eran la felicidad de todos. En esos lugares se habían edificado verdaderas ciudades, utilizando troncos de los árboles apenas desbastados, el barro seco se solidificaba entre las grietas y fisuras de la madera, y ramas secas en gran espesor aseguraban la impermeabilidad del techo.

Cuando ocurrió el cataclismo en el año 21.312 a.c., las sacudidas sísmicas provocaron un importante hundimiento, de la mayor parte de lo que corresponde ahora al mar del Norte, tallando innumerables brechas hasta la actual Islandia, al igual que hasta Canadá, donde se hundió una importante parte del territorio formando la bahía de "Hudson", muy recortada. Ocurrió lo mismo para el estado de la punta norte de Aha-Men-Ptah, que se hundió por completo. Un período de grandes heladas se instaló en toda esta parte del mundo, acumulando los hielos en un casquete polar uniforme. La actual Siberia era por entonces una región bastante templada, vio arder sus bosques y toda su vegetación, aniquilar los mastodontes que no habían podido huir a tiempo, y cubrirse todo con hielo.

Todo ello no ocurrió, sin embargo, como resultado de un único cataclismo total, el eje de la tierra no giró. No hubo ruptura del equilibrio, sino un simple "resbalón" rápido del globo, en el mismo plano del eje, y que lo adelantó 72°, en apariencia para el observador terráqueo. Justo antes de que empezaran las primeras sacudidas, el Sol aparecía precesionalmente en el vigésimo grado de la constelación de Sagitario; cuando los elementos se tranquilizaron, es decir media hora más tarde, el astro del día se situó a... ¡finales de la constelación de Acuario!

Es muy evidente que la estrella que nos permite ver claro este hecho, no se mueve del lugar donde está; es únicamente la rotación de la Tierra la que se ve perturbada por esta precesión, y por lo que las tierras se ven sometidas a tales presiones por encima y por debajo de la corteza.

En esta fecha, empieza realmente la historia de Aha-Men-Ptah, que usa la cronología, muy lógicamente desde este acontecimiento, y que la memoria humana ha ratificado como tal para marcar los anales de un inicio característico.

Los eruditos de estos primeros tiempos, en efecto, comprendían cada vez más los movimientos y las combinaciones celestes, así como los fenómenos benéficos y maléficos que resultaban de ello. Desde el día en el que un método gráfico figurativo fue instituido, observaron atentamente y apuntaron meticulosamente la marcha de los planetas, del Sol, de la Luna, al igual que sus figuraciones y configuraciones; las referentes a las formas más geométricas de las doce constelaciones de la eclíptica ecuatorial celeste, y también las más lejanas de Orión y de Sirio, con sus particularidades tan singulares. Las repercusiones de las Combinaciones en la Tierra se derivaron de ello, tanto en lo que concernía la conducta de los hombres, como para la evolución de la naturaleza.

Hace, pues, 21.312 años antes que se inicie la era cristiana, Aha-Men-Ptah, a pesar de la ablación de su territorio del gran norte hundido, formaba aún un cuadrilátero grande como treinta veces Europa. Sin contar la actual Groenlandia que habiéndose helado, y convertido en una isla por la desaparición del territorio, ya no tenía habitantes.

Las víctimas habían sido poco numerosas, sin embargo, los habitantes habían sido evacuados hacia el Sur, a excepción del jefe incontestado de esta región y otros fieles que prefirieron perecer con lo que había sido su razón de vivir. Pero su esposa y los cuatro hijos del jefe del Estado, habían sido llevados a una provincia vecina, donde el jefe era un primo de la familia.

La vida pues se había reagrupado más al sur, donde los pueblos se volvieron a rehacerse rápidamente, primero con cabañas de troncos de árboles, sustituidas poco a poco por unas de ladrillo crudo mucho más confortables resistiendo mejor la embestida animal que la nueva transformación había llevado a una zona más hospitalaria. De repente, los osos pululaeon, así como los ciervos y los elefantes, sin olvidar los lobos y sus aullidos que rompían las noches. Otro cuadrúpedo hizo su aparición, se convirtió rápidamente en la más noble conquista humana: el caballo, que da la idea de "domesticar" otras razas incluyendo los renos, los alces, los glotones y los bueyes almizcleros.

En ese tiempo, para la cacería, los sílex de impulsión desaparecieron dando lugar a los arcos y a las flechas, que rápidamente fueron provistas de puntas metálicas afiladas sobre el silex. Y el hierro se había encontrado a ras de suelo, de tono marrón en grandes placas con formas abultadas desarrolló una gran investigación sobre los materiales. Por ello, las hematites de superficie fueron el verdadero el hierro, proviniendo de una mina que cubría varios kilómetros de terreno en el extremo sur, hasta el borde del mar.

El descubrimiento de otros tipos de minerales, y sobre todo su uso racional después de algunas pruebas, cambió totalmente la fisionomía de la vida de los habitantes de este país. Una nueva era se inició con el uso de herramientas para tallar las piedras y ensamblarlas, como tenían costumbre de hacerlo con los ladrillos. Entonces las viviendas, aún hechas de forma rudimentaria, a pesar de ser en piedras no pulidas se convirtieron rápidamente en muy habitables, y motivaron la construcción de edificios religiosos monumentales con el fin de que Dios se complaciera y viniera, él mismo a albergarse, al menos en espíritu.

Este preludio a una unificación "filosófica-teológica", llevó a los Sabios a investigar de forma más apasionada la "primera verdad"... pero también acerca de las primeras discordias violentas de la Humanidad. Mientras que el Monarca, bien asentado en el trono, quería ser considerado como el incontestable sucesor "engendrado por Dios" para conducir al pueblo, los Sacerdotes implicaban la benevolencia primordial del Creador, habiendo "engendrado a todos los hombres".

Cincuenta siglos se desarrollaron así, de forma apacible, entre la población misma, sobre todo en la que vivía en el campo; para ella, las intenciones de la Divinidad eran evidentes: Toda Su generosidad estaba extendida bajo sus pasos, sólo debían agacharse para cosechar y disfrutar. Cada uno cogía según sus necesidades, sin preocuparse si otro cogía más que él. Cuando los viajeros llegaban, captados por los "se dice" referentes a este país de celebración, apagaban su sed en cualquier nacimiento fresco, sin ningún complejo, ayudados al contrario por los autóctonos que les ofrecían cántaros.

A lo largo de estos largos siglos, esta dulce nación ignoró el odio, la guerra, la venganza, y más sencillamente cualquier desprecio. Expresaban su alegría lo más a menudo posible por fiestas populares donde los bailes y los cantos se exteriorizaban lo mejor posible, que a menudo seguían al "almacenamiento" de enormes montañas de frutas, de verduras que las frecuentes cosechas les permitían apilar, y donde cada uno venía a coger a su gusto sin ser envidiado, ni tener que rendir cuentas.

Fue en este momento, hacia el año 16.000 antes de la era cristiana, cuando un cataclismo menor sacudió de nuevo esta parte del mundo, esta vez sin grandes efectos sobre el continente mismo, a pesar de que, por otra parte, trastocó la geología. El Sahara hizo su aparición y, sobre todo, hubo un tsunami, que salió del mar Caspio, abriendo el mar Negro y cavó el Bósforo, inundando varias islas del Mediterráneo. Este empuje fue igualmente el que dibujó el actual estrecho de Gibraltar, que era mucho más ancho de lo es hoy.

Y fue en ese momento cuando nació "Aha": "el Primogénito", que dio su nombre al continente.

Una Reina viuda e inconsolable por la muerte de su esposo el día de su boda, justo en el momento de este cataclismo, cuando éste iba a ayudar a personas atrapadas. La reina se encerró en su habitación para no salir jamás. Seis meses después reapareció transfigurada diciendo que había sido tocada por la gracia Divina, y que un hijo nacería en nueve meses,... lo cual ocurrió. Rápidamente, el niño, prenombrado "Aha-Men-Geb", o el "Primogénito Maestro de la Tierra", apareció tener una inteligencia sobrehumana. Fue él quien enseñó a los hombres a utilizar su inteligencia para parecerse a la imagen que Dios había modelado para este uso, y enseñó a los Sacerdotes, dirigentes de estas Almas, a servirse de la "Ley Divina" de la Creación para perfeccionar la creatividad, y ser sus verdaderos Guías.

Aha-Men-Geb se casó con una joven mortal: la princesa "Nut", descendiente del famoso jefe que se había dejado morir en su territorio del Gran Norte cinco milenios antes, pero que había enviado a su mujer y sus cuatro hijos a casa de un primo suyo. Nut fue una esposa admirable, que tuvo dos hijos, y dos hijas. El Primogénito tomó la sucesión, fue entronizado como "Primogénito directo descendiente de Dios", siguiendo un ritual que se convirtió en inmutable, incluso más adelante en el Egipto faraónico: "Te conviertes en el Maestro del Trono de Geb, y se lo darás a tu Primogénito, como herencia directa de Ptah".

De esta forma nació "Aha-Men-Ptah": El "Corazón Primogénito de Dios", cuyo nombre Platón tanto enturbió con fabulaciones e irrealidades: la "Atlántida". No se lo tendremos en cuenta, ya que tuvo la suerte de fomentar la imaginación de las masas. Posidonio expresó perfectamente la opinión de los eruditos de su tiempo:

"Bien debemos creer que el relato de la Atlántida de Platón no es una ficción, y que hay más de un punto lo que acoge antes de rechazarlo".

De hecho es lo que se ha hecho aquí, al menos para el inicio del relato de "Timeo", donde Solón entra en escena en el prefacio. La Atlántida se perdió como entidad... en cuanto al resto, desgraciadamente se helenizaron demasiados datos geográficos y mitológicos de base para conseguir restablecer una realidad partiendo de este texto. El océano Atlántico, por ejemplo, que es de origen platónico, sustituyó al mar occidental, que anteriormente era el suyo, desde el "Gran Cataclismo". Y en tiempos anteriores el nombre aún era más significativo, ya que era: "Mar Oriental". ¡Toda una declaración, que demuestra sobradamente el cambio [solar] que tuvo lugar en aquel momento!

A pesar de todas las vicisitudes políticas, la prosperidad reinaba en Aha-Men-Ptah. Los cereales y los cultivos florecían; los metales, como el cobre, el plomo eran extraídos a cielo abierto; el estaño y el antimonio[23] en galerías a ras de tierra; el hierro, la plata y el oro, explotados racionalmente a mayor profundidad. Piedras "delicadas" ya eran buscadas por las mujeres, y artísticamente talladas después de haber sido recogidas en el hueco de valles estrechos fácilmente accesibles. En cuanto a las piedras llamadas "preciosas", no lo eran por su valor financiero, sino por su "poder benéfico", al contener los influjos, radiaciones que provenían, para cada una de estas doce piedras, de uno de los doce soles de las constelaciones zodiacales, que únicamente ellas podían captar, sus emanaciones o sus respiraciones.

La mayoría de las piedras provenían de vetas oblicuas a la vertical de algunos suelos característicos y áridos, y sobre los que pastaban

---

[23] El antimonio es un elemento químico que forma parte del grupo de los metaloides de número atómico 51 situado en el grupo 15 de la tabla periódica de los elementos.

tranquilos rebaños de borregos, uros y bisontes. Para terminar, había algunos minerales raros, muy cotizados por sus propiedades simbólicas como el "oricalco"[24], con reflejos verdes tornasolados, iridiscentes, en cuyo centro enrojecía el "Brasero Ardiente", el símbolo de "Ath-Mer", donde se renovaba la eterna juventud del corazón.

Numerosos bosques proveían todo tipo de maderas necesarias a la vida en sociedad. Carpinteros, ebanistas y otros artistas usaban la madera dura tanto como esencias raras, transformándolas en muebles delicados y en galeras o embarcaciones de todas las categorías. Únicamente el sicomoro, de tipo "arce"[25] estaba formalmente prohibido, tanto en la tala como el uso particular, excepto para un ritual de bendiciones muy estricto.

El sicomoro era el árbol Sagrado: el "An-Auhi", al que únicamente un sacerdote, siempre puro, podía acercarse y podía además, "quitarle la vida" después de un ritual muy complejo con el fin de extraer su corazón en toda su longitud y moldear los dieciséis "Tan-Auhi", esta palabra por contracción se convirtió en "Tau", o "las Cruces de Vida", llamadas igualmente "ansadas[26] (provista con una asa)". Era de conocimiento público que los poseedores de estos "amuletos" que personificaban la Vida no eran más que propiedad de personas de "Voz Justa" dotadas de los ¡buenos actos de Dios Todo Poderoso!

Un territorio especial, delimitado por la oblicuidad y el grado de los rayos solares que lo alcanzaban, era consagrado al crecimiento del sicomoro. Este recinto Sagrado se llamaba el "Nahi", y solamente el maestro en ejercicio, además de los sacerdotes más puros podían

---

[24] Orichalcum, Oricalco u Orihalcon es el término que designa un metal legendario mencionado en antiguos escritos griegos, siendo los más significativos los escritos de Platón sobre la Atlántida. Según estos escritos este metal sería el segundo metal más valioso y minó por muchas partes de la Atlántida.

[25] "Acer" es un género de la familia de las sapindáceas, conocidos generalmente como arces, con unas 160 especies aceptadas de las casi 700 descritas.

[26] El anj es un jeroglífico egipcio que significa "vida", un símbolo muy utilizado en la iconografía de esta cultura. También se denomina cruz ansada, crux ansata en latín, la "llave de la vida" o la "cruz egipcia".

acceder al lugar para dialogar tranquilamente en un "cara a cara" con su Padre.

Aha-Men-Ptah era, pues, un remanso de paz único en el mundo de hace doce mil años, antes que Jesús naciese. Los animales salvajes vivían, crecían y morían después de haberse multiplicado, la noción de matanza sólo por placer era totalmente ausente y únicamente la defensa, al igual que el hambre, autorizaba al hombre a quitar la vida en el fondo del bosque. Los pastos abundaban, los lagos eran transparentes, y los bosques acogían a los últimos mamuts comiendo brotes jóvenes de vegetales. Así, este país se parecía extrañamente a este "Edén bíblico", ¡si es que no lo era en si! En el centro había una cadena de montañas dignas de ese nombre, ya que los principales picos superaban los cuatro mil metros. Entre ellos, algunos volcanes felizmente extinguidos desde finales de la era terciaria, y cuyas últimas fumarolas no eran más que recuerdos lejanos.

De estas pendientes brotaron fuentes que verdeaban la inmensa llanura en la que únicamente entraba un brazo de mar que la delimitaba por el sur, deteniéndose a unos seiscientos kilómetros más lejos. En cuanto al agua clara, que corría en cascada con múltiples arroyos, fue canalizada hacia la capital Ath-Mer, así como hacia las demás ciudades importantes de los Estados Principescos. Las tres fuentes mineralizadas, al igual que las de aguas caliente, eran captadas en el lugar, transformándolo en piscinas o fuentes, donde dependiendo de su acción más o menos sulfurosa, o, más o menos radioactiva, era utilizada para el mayor bien de los enfermos del país que venían a realizar las curas en las Termas y sanar sus males regenerando tejidos celulares deficientes ¡sin imposición financiera!, siendo todo gratuito a disposición de todos los que ahí llegaban.

Aha-Men-Ptah gozaba pues de una administración que parecía perfecta en el seno de un modo de vida que parecía ideal, pero si ello había sido una realidad desde el origen hasta hacía algunos siglos, la evolución llevó a una revolución cultural de los valores cambiando la cara del país. La paz no fue más que una apariencia de lo más ficticio en este doceavo milenio antes de nuestra era. La envidia y los celos surgieron por doquier. Y el maestro tenía que supervisar mucho más cuidadosamente la gestión de las Provincias administradas por sus primos lejanos: Los ocho Príncipes, se habían manchado con numerosas irregularidades debido a que los Estados formando el país, intentaban canda uno ampliar su autonomía interna a medida que el tiempo pasaba, tomando terreno en proporción al Poder central. Cada Provincia dispuso desde entonces, hacia la capital, de un Consejo de doce notables que administraban los bienes de este territorio, y de una Corte de Justicia Regional que juzgaba los delitos, llamados menores, para no bloquear la Alta Corte de Ath-Mer, esto es al menos la versión oficial de los Príncipes.

La realidad, sin embargo, pronto se transformó en algo muy diferente. Ya que los acontecimientos se precipitaron singularmente. El "Consejero Privado del Maestro" que asistía a los debates de los Consejos Regionales para informar al Monarca, tuvo que detener provisionalmente sus desplazamientos a las Provincias frentes a los temores "sin nombre" de las que era objeto en sus viajes. Sin embargo, la población generalmente bastante indolente, al tenerlo todo cubierto, para nada se preocupaba de las disensiones intestinales que oponían el Maestro a sus vasallos, y pensaba que, descendiendo de Dios, sería suficientemente mayor para poder restablecer la situación si se veía perturbada. Lo que no era el caso para el ritmo cotidiano de la vida de cada día, para el común de los mortales. E incluso, la población tenía tendencia a reírse de buen grado por esta oposición, sin darse cuenta que sería la primera en sufrir en caso de un ajuste de cuentas eventual.

Fue a lo largo de este turbio período, cuando el Poder perdió cada día su autoridad y su capacidad, y fue además cuando los sabios de las "Torres de Matemáticas", donde se estudiaban las "Combinaciones Matemáticas", dieron una noticia terrible: la fecha exacta de un "Gran Cataclismo" que debía ocurrir, y que sería susceptible de destrozar completamente el continente de Aha-Men-Ptah. A pesar del secreto de este descubrimiento, anunciado únicamente en el Palacio Real, la noticia dio la vuelta a la capital como un reguero de pólvora, provocando un pánico irrazonable durante unas horas, que se transformó en un gran estallido de risa cuando el "Maestro", haciendo ajustes precisos, anunció que este cataclismo se produciría en 2.000 años.

Volviendo la tranquilidad, la inconsciencia y el egoísmo hicieron dudar de la veracidad matemática del acontecimiento. Pasaron los siglos permitiendo la posibilidad de negar el cataclismo. El propio Estado padeció los contragolpes... Tres estados habían hecho secesión proclamando su independencia frente a la incapacidad del Poder por gestionar correctamente los intereses de todos, prefiriendo calcular el fin eventual del país y su abandono. Acabó el último milenio antes del final de Aha-Men-Ptah, era el año 10.000 a.c., no le quedaban más que 208 años de supervivencia al continente, y el An-Nu, el gran pontífice lo sabía llegando en este día frente al gran consejo.

CAPÍTULO VII

UNA SESIÓN EN EL GRAN CONSEJO

Interroga las generaciones pasadas.
Escucha la sabiduría de sus padres;
Porque somos del ayer y no sabemos nada.
Nuestros días pasan como una sombra sobre la Tierra:
Pero ellos te van a hablar e instruir.
Sacarán estas lecciones de su corazón.

Antiguo Testamento
Job, VIII, 8-10

Los hombres son creados a la imagen de Dios.
Todos poseen la facultad de comprender
el que aporta todas las respuestas.
No es sólo el letrado el que es Su imagen.

Papiro de Ani
Máxima 62

Son numerosos los textos que dan cuenta de este tipo de reuniones, especialmente cuando hay una renovación del Gran Consejo. El An-Nu, el único Pontífice del Colegio de los Grandes Sacerdotes, no podía ser cambiado ya que era Pontífice de por vida por el hecho del Conocimiento que poseía en totalidad y que sólo legaba a su sucesor cuando había tomado la decisión después de una profunda reflexión en meditación solitaria. Había merecido este primer lugar en la cúspide de la perfección[27] y este reconocimiento no era objeto

---

[27] Una bibliografía completa anexa a final del volumen, pero los principales papiros que informan de este tipo de reuniones se encuentran relatados, en las recopilaciones de Brugsh, Maspero y Pierret: *Hieroglyphische Inschriften*, de Bergmann; *Les Inscripción hiéroglyphiques*, de Piehl y De Rougé; *Les Annales du livre des quatre Temps* del templo de Dendera, etc.

de ninguna oposición incluso entre los más altos personajes de Aha-Men-Ptah.

Únicamente el Maestro en ejercicio, hubiera podido elevar la voz, pero el que presidía los destinos del país en este preciso momento, tenía una actitud morosa y tímida frente a la amplitud del desastre que se anunciaba, tergiversando sin cesar con su conciencia en cuanto a la conducta a mantener en esta circunstancia. Su nueva administración central ya no contaba más que con cuarenta y cinco "Venerados" en lugar de los 72 acostumbrados en función, por la ausencia de los miembros de los tres Estados en abierta rebelión, marcando su secesión. Con el fin de no desagradar, por ser fastidioso, con citaciones originales cuyas frases grandilocuentes son con frecuencia repetidas, esta memorable sesión del Gran Consejo será relatada con forma de un diálogo contemporáneo, y es totalmente exacta en su fondo, aunque no en su forma.

El "Maestro" llegó al mismo tiempo que el "Pontífice", la apertura de la sesión se inició en el momento previsto. Después de unas fórmulas de bienvenida a los nuevos miembros y despedirse de los que se habían reunido con sus ancestros, el Descendiente del Primogénito, con tono monótono, cedió su lugar al Pontífice. Sin más demora, éste que vibraba de una intensa emoción se dirigió a los Venerables reunidos:

– "Mis sabios hermanos, la fórmula ritual de bendición que debería hacer: "Que la Paz de Dios sea con vosotros, al igual que esté en vuestros trabajos a lo largo de esta Asamblea", es evidentemente insuficiente esta año. Sería incluso hipócrita, dado los terribles acontecimientos que pondrán fin, no a nuestros trabajos, sino a los de nuestros nietos, ya no es hora de cortesías, sino de advertencias... Debéis organizar sin demora el éxodo de todo nuestro pueblo hacia otras tierras, ya que ello necesitará un esfuerzo a largo plazo por parte de todos."

Los primeros murmullos y cotilleos rápidamente habían dado lugar a protestas, luego a un griterío. Los menores, pertenecientes a los nuevos miembros, aún no tenían la costumbre de este tipo de rivalidad. Y en uno de los bancos a izquierdas, un Venerable, que tan sólo acababa de alcanzar el número de años necesarios para conseguir un asiento, se levantó de golpe agitando alrededor de él su sobrepelliz púrpura.

Llegando al centro del hemiciclo, observó que el silencio se había establecido sin dificultad, habiendo captado su auditorio, tomó una larga inspiración. Ya se veía cubierto de gloria, miró lentamente a sus colegas, al igual que lo había visto practicar a sus ancestros que le precedieron, todos finos estrategas. Luego se puso cara al An-Nu, y con tono condescendiente dijo:

– "Venerado Pontífice, Nuestro profundo y sincero respeto hacia ti, todos nosotros aquí reunidos hoy para deliberar acerca de las graves cuestiones, que no se ven cuestionadas por mi interpelación. Tu legendaria Sabiduría más allá de nuestros límites terrenales, y tu Conocimiento en todas las materias, ponen a tu sola inteligencia en un plano superior, mucho más elevado, que todas las contenidas en todos los cerebros reunidos aquí. Exceptuando, evidentemente, la de nuestro venerado Maestro, que ¡aún está por encima!"

Esta última parte enfática de la frase, había sido añadida de forma rápida, habiéndose dado cuenta el mentor con horror, ligeramente tarde, que el "descendiente de Dios" también estaba presente. Algunas sonrisas y risas resonaron pero muy pronto se callaron, ya que el que interpeló prosiguió:

– "En verdad es la primera reunión a la que asisto, y pido perdón a esta docta Asamblea por mis lapsus; pero sé que ahora hablo por todos, no solo aquí, sino por los que esperan fuera y sobre todo los jóvenes que se sienten concernidos, te hago esta pregunta: ¿Cómo estás seguro de la llegada de ese cataclismo, y de su fecha...?"

Otro murmuro recorrió los bancos de mármol rosa, mientras que cada uno aprovechaba para moverse y buscar una postura más cómoda para escuchar la respuesta del An-Nu. Éste acarició pensativo su larga barba blanca, soñando que al fin al cabo se había equivocado al venir a profetizar, y que esta lucha que deseaba realizar para preservar la raza de sus antepasados, y de los suyos, no servía en definitiva para nada. Los hombres que dudaban de Dios en este momento, dudaban incluso de ellos mismos. El viejo Pontífice suspiró, esperando, en contra de toda probabilidad, de que los humanos, en el último minuto, intentaran la gran aventura de dejar sus hogares antes de que fuese demasiado tarde, y escapar de la destrucción final.

Sólo, de pie, firme en su túnica de lino blanco inmaculado, frente a las cuatro filas de bancos de los miembros, levantó una mano descarnada donde los huesos se transparentaban bajo la piel, hacia esa Cruz-de-Vida que se situaba por encima de su cabeza, símbolo gigante de la Vida Armónica Universal, esculpida del mismo corazón de un sicomoro muy viejo, cuyos dos brazos medían, de una extremidad a otra, un metro sesenta.

Después del corto silencio que siguió este gesto, la voz del Pontífice resonó mucho más firme y vibrante:

– "Tú, Remenhep, al que he mantenido en mis dos manos juntas a la hora de la ceremonia de iniciación para obligarte a beber el Agua de Vida que rechazabas enérgicamente... ¡Ya gritabas entonces!"

Una risa sana rompió la atmósfera dramática del lugar, sacudiendo las cabezas de los Venerables, creando varias ondas blanquecinas que sirvieron de fuerza ejecutiva benefactora. El An-Nu prosiguió:

– "Un alma, enviada por este Dios del que todos parecéis haber olvidado su existencia, apenas tomaba posesión de tu envoltura carnal de recién nacido humano, y... ¡Ya te rebelabas contra el ritual Divino! Sin embargo, todas las bendiciones terrestres han sido reunidas en ti; eres rico, estimado y respetado de todos. Eres justo de voz y bueno hacia quién esté en cualquier aprieto. Por ello, hoy tienes asiento en el Gran Consejo, en compañía de los más Sabios entre los Sabios. Entre los Primogénitos de Dios que han hecho y modelado este país siguiendo la Ley Divina. Primogénito tras Primogénito. ¿Entonces porqué haces eco incondicional de la vergonzosa duda que mora en los que, dudando del Poder de nuestro Creador, ponen en tela de juicio los Principios mismos que han hecho la grandeza de Aha-Men-Ptah?"

Un murmuro nada desaprobador recorrió la gran sala llegando hasta el joven interlocutor que hizo ademán de levantarse y replicar, pero el Pontífice, que aún tenía una mano levantada hacia el Tau, levantó la otra imperativamente, haciendo comprender a todos que no había acabado de hablar y que no quería interrupciones:

– "Es verdad que tu pelo gris está lejos de alcanzar la blancura del mío. Tú representas la juventud para todos los primogénitos aquí presentes, y hay varios puntos en los no eres menos maduro de espíritu que ellos... ya que han olvidado lo tú que has omitido aprender, y es: "¡nuestra herencia directa de Dios!", conocer el extraordinario valor vivificador que sólo aparece a los ojos de todos los demás, como no ser más que "símbolos místicos"; como este Tau, encima de mi cabeza y de las vuestras. ¿Sigue representando la Justicia y la Paz planeando en Aha-Men-Ptah? Nadie se opondrá si formalmente respondo: -No- a esta pregunta. Y si la situación general es tan crítica, es porque ya nadie busca comprender el significado profundo de los elementos constitutivos de la fundación misma de nuestra patria."

"Este Tau, en ausencia de una oración a Dios, debería inspiraros y daros la fuerza necesaria para entrenar de nuevo vuestros corazones en la vía de la comprensión y de la Verdad. La mentira y la impostura que rompen en olas cada vez más cerca en todo el continente alcanzan nuestro venerado Gran Consejo. La capital está derruida, y no pasará mucho tiempo antes de que el país mismo se hunda antes del "Gran Cataclismo", y esté sólo barrerá ruinas. Y los extranjeros que naveguen a lo lejos en unas naves construidas según nuestros planos, dirán riendo: "En el fondo de este amplio mar había un pueblo de una profunda sabiduría, que regía el Universo, rico y fértil bajo un cielo siempre puro y sereno... Y sin embargo, no queda nada, ni huella"... Vosotros venerados Sacerdotes de este Gran Consejo, ¿Queréis oír estas siniestras palabras, cuando estéis en el reino que nos acogerá a todos en el más allá de la Vida terrestre?... No lo creo, os conozco muy bien, por ello os recomiendo volver a leer, tal como lo he hecho yo mismo, los anales que se encuentran en nuestros archivos de las Casas de Vida, a los que tenéis acceso en cualquier momento deseado, y no lo olvidéis, que tenéis altas responsabilidades; de paso aprenderíais a resolver problemas que os conciernen."

– "¿Eso quiere decir, ¡Oh Venerado!, qué podríamos comprender los textos Sagrados? Me parecía que era imposible para los no iniciados...

– "Aquí no se trata de textos religiosos, sino de textos relativos a los mismos cálculos de las "Combinaciones Celestes Matemáticas", cuyos usos prácticos actuales merecen ser aprendidos de memoria por todos los que puedan hacerlo. Y todos comprenderíais que en esta circunstancia no se hizo ninguna utilización arbitraria con el fin de definir el "Gran Cataclismo" y su estimada fecha. Cada movimiento de los astros y de los planetas engendra toda una serie de movimientos armónicos entre ellos, que tienen un significado de lo más preciso, deseado por Dios que definió la Ley. Es este acuerdo entre el Cielo y la Tierra, entre Dios y el Hombre que ya está en vía de ruptura y que, llegado el momento, se romperá."

Otro Venerable se enderezó, y dijo apoyando sus dos manos con fuerza sobre el bastón nudoso:

–"¿Quieres hacernos comprender, Pontífice, que ese Gran Cataclismo, del que oímos hablar desde lustros, es un castigo enviado por Dios, deseado por Él para aniquilarnos y demostrar así que nosotros los humanos no somos nada en relación a su súper Poder? En tal caso, ¿A quién dará la prueba ya que no existirá nadie?"

–"Traduces de forma bastante espiritual, sabio Perhitsou, la alternativa Divina de una muy buena causa en el Origen, pero que el Hombre, desde siglos, se ingenia en destrozar. El hecho que permanece cierto, sin embargo, es que toda nuestra ciencia acerca de Dios y de su Universo, no puede preveer, y aún menos impedir, que se produzca el "Gran Cataclismo". Lo que ciertamente sabemos es que las Combinaciones Matemáticas Divinas influyen en todos los organismos vivos de la tierra a causa de las Configuraciones Celestes que estas figuras representan. Y tanto la observación como la experiencia, demuestran que las tramas geométricas formadas son exactos reflejos de los influjos Divinos radiados a las parcelas , que son nuestras almas, engendradas por el Creador. Sus directrices son infalibles a quién quiera inspirarse cuando son benéficas. Nuestras pobres envolturas carnales, no viven más que por los pensamientos sutiles que emanan de ellas, son los órganos generadores que actúan sobre las sensaciones que sentimos y que deberíamos ser capaces de dominar cuando se transforman en pasiones bestiales. Ya que lo que ocurre actualmente en las almas no tiene nada de humano por esta negación del Poder Divino. Es por lo que os grito: "nuestra Amada Patria se ha convertido en una tierra sin corazón, y será barrida por los movimientos celestes en furor", si no se hace nada para tranquilizar a Dios."

Se hizo un embarazoso silencio tras esta diatriba amenazante, que reinó algunos segundos, tiempo suficiente para que el Sabio Perhitsou preguntara con tono bajo pero distinto:

– "¿Qué debemos hacer para calmar a Dios, Oh Venerable?"

La respuesta brotó al instante:

–"En primer lugar calmar los propios espíritus humanos, devolviéndoles la fe en sus dirigentes y "Su Maestro", así Dios volverá al lugar que acaba de perder. Ya que el lazo de Paz, que tan fuertemente unía Dios a Su imagen terrestre y que parecía tan sólida hace aún cuatro o cinco siglos, se ha tensado con el paso del tiempo, y tanto se tensa hoy, que pronto se romperá. El alma ya no es el receptor común, sino un simple contenedor, una vasija que absorbe todas las herejías elucubradas únicamente por las envolturas carnales humanas. El espíritu del Creador ya no las habita."
–"Admitimos voluntariamente tus críticas, ¡Oh, Pontífice! Y somos conscientes de nuestras debilidades. Así danos tú mismo los detalles referentes a este cataclismo ya que los conoces mejor que nosotros los pudiésemos aprender de los archivos."
–" Los cálculos de mis predecesores, los Sabios Pontífices, al igual que de los Sabios de nuestra "Doble Casa de Vida" de Septa-Rerep, que acabo de consultar, ambos aprendieron las combinaciones en su contexto, generación tras generación, con el fin de comprobar si sus primogénitos no se habían equivocado en cualquier parte de las sumas, todos,... todos, son formales. Una espantosa catástrofe, un desastre mucho peor que el grabado por

nuestros Ancestros, que arrasó en su momento todo el norte de nuestro país al igual que muchas otras partes del mundo; un "Gran Cataclismo" se producirá y alcanzará principalmente nuestra tierra, ¡esta tierra primordial! Primogénita de Dios. He vuelto a hacer, otra vez los cálculos que avalan los de los sabios: las combinaciones maléficas de ese "Gran Año" son tales que nuestro país será literalmente hundido bajo las aguas, en su totalidad. Nada permanecerá y si no intervenís de inmediato, mis venerados hijos de Dios y también Miembros de este Gran Consejo, no quedará nadie para contar la historia de nuestro admirable país, ya que será el Reino de los Muertos."

Fuertes murmullos y protestas acogieron esta larga diatriba. Pero la mayoría de los Venerables permanecieron callados, estupefactos sobre sus bancos, ya conocían la Sabiduría del An-Nu y su poca inclinación a la ostentación y la vanidad de la grandilocuencia; quedaron impactados por el tono vehemente y persuasivo, inhabitual del Gran Pontífice. Era imprescindible un plan a largo plazo, y su puesta en marcha debería realizarse en los plazos más cortos. Era el objetivo de las meditaciones de los "Silenciosos". Uno de los Miembros de mayor edad, en el silencio restablecido, formuló la ansiedad general:

– "Nadie aquí pone en duda, la menor de tus palabras, nuestro Sabio Guía Espiritual, y sobre todo su alcance. Es evidente por otra parte que si todos nosotros aceptamos el "Gran Cataclismo" por venir como una certeza, el "Éxodo" que deberá tener lugar debe prepararse desde ahora con toda la tranquilidad de esta Asamblea, de modo que todo pueda estar preparado llegado el momento. Necesitaremos construir decenas de miles de embarcaciones. Sin hablar de los alimentos para millones de personas, y todas las demás cosas vitales por llevar, incluyendo los libros de nuestros conocimientos, las herramientas y todo el proceso humanitario que favorecería el renacimiento de nuestra vida en otro lugar. Es evidentemente que este plan a largo plazo superará el marco de nuestra generación e incluso también de la siguiente. Sin embargo, es un problema vital ahora mismo, por ello no sólo será importante que nosotros mismos estemos convencidos de este "Gran Cataclismo", sino también persuadir el resto del pueblo. ¿Cómo piensas demostrar la realidad de los hechos futuros, sin ni siquiera hablar una fecha? Es una duda que quema los labios de cada Miembro de esta venerada Asamblea."

El An-Nu sacudió dudosamente la cabeza, ya que sus previsiones se hacían cada vez más reales, y si se perdía en las explicaciones matemáticas que ninguno de ellos era capaz de comprender, no sacaría nada referente a esta reunión; debía ser más astuto:

–"Siempre has sido entre los miembros el más activo y más razonable de los Miembros de este Gran Consejo, Khaankton, y tu experiencia en la materia será de lo más preciado. Intentaré contestaros a todos a la vez, después de ello me retiraré y no volveré a tomar la palabra en público, mi avanzada edad me dirige hacia otro lugar al final de mi estancia terrestre, y mi hijo Primogénito, ya Gran Sacerdote de Ath-Mer, se convertirá en el Pontífice de Aha-Men-Ptah en poco tiempo."

Sin tener en cuenta los murmullos de simpatía del auditorio, o los de hipocresía, el An-Nu prosiguió:

–"A todos os hago una triple llamada: a vuestra inteligencia, ya que es detentora de la Sabiduría que crea los diversos estados mentales que os animan; a vuestra intuición que va más allá de vuestro proceso de pensamiento racional, es la clarividencia que une vuestra Sabiduría a vuestra Inteligencia; por último también y sobre todo llamo a vuestra Alma, esa parcela Divina que sola, hasta el fin de los Tiempos une vuestra envoltura carnal con Dios, ya que ella es el bordado de todas las sensaciones humanas y sobre la que se apoyan vuestros actos físicos y emocionales. De ella, de vuestra Alma, brota el bien o el mal según decidís pensar de tal o cual modo sobre el destino de todo nuestro pueblo, que se verá totalmente trastocado en un sentido u otro y que durante tanto tiempo ha vivido en la paz y la felicidad. En efecto, desde que la envidia, la discordia, la calumnia y la perfidia se han instalado en varios lugares de nuestra Patria, desde que nuestros sacerdotes se han visto obligados a abandonar sus templos, bajo pena de renunciar a la única Fe. Desde que la crueldad, la impostura y la venganza han hecho su aparición en estos lugares ya malditos, el temor se ha instalado en todas partes. Ningún orden temporal puede ya restablecer la Justicia y la Paz que nos dieron nuestra fama y nuestra tranquilidad a lo largo de doscientos siglos. Dios y Su Hijo, nuestro Maestro Bienaventurado no son escuchado en varias Provincias, lo sabéis igual que yo. Sus órdenes, al igual que sus oraciones no son respetadas, y la duda penetra a través de la calumnia y la adulación hasta dentro de nuestros muros. Vosotros, Oh Venerados... ¿Qué hacéis?... Dudáis y pedís pruebas. ¡Las Pruebas! Debéis tener la certeza de antemano de que vuestras entrañas serán rotas por rocas que caerán de las montañas, debéis comprender el horrible espectáculo de vuestra ruina y la obligación de saber que si no tomáis una decisión hoy, cuando llegue el momento sólo os faltará quitaros la vida por no tener posibilidad alguna de salvación y ¡no deseéis prolongar la agonía!"

Varios miembros se levantaron gesticulando vivamente. Tal sermón jamás se había oído en este hemiciclo. Las protestas se elevaron por doquier. El Maestro, viendo que la palabra del An-Nu estaba puesta en duda, se levantó alzando una mano, y de pronto el silencio se hizo, cada uno volvió a su asiento:

—"Queridos y venerados Miembros de esta Asamblea: No tenía en absoluto la intención de retomar la palabra, pero es importante, como tan bien lo ha explicado nuestro An-Nu, a quién rindo homenaje por su lealtad y su extrema franqueza, deseándole una larga vida a nuestro servicio. Desde hace siglos una perversión hipócrita se ha introducido subrepticiamente en nuestras costumbres al igual que en nuestras instituciones. Un día, ella descubrió nuestro afortunado país, al que Dios había dotado de todos los buenos dones de la naturaleza, invadió algunos territorios, camuflándose bajo miles formas diversas y extendiendo el influjo envenenado de las primeras calumnias. Este país bendito de Dios, padece en su conjunto el sutil contagio pernicioso de desear otra cosa que lo que toda la eternidad había hecho su felicidad. De esta nimiedad, las primeras semillas no tardaron en brotar y gangrenar a la población tan querida en nuestros corazones. Los hijos querían con menos ternura a sus padres, el esposo a su esposa, el amor general al bien común frente al propio fue mucho más despreciado; la concordia disminuía cada vez más en nuestra sociedad, cada uno empezó a excusarse frente a su vecino por los trabajos que no deseaba ya realizar, cuando antes ayudaba voluntariamente, lo que era pretexto de los cantos y de las fiestas, costumbres hoy proscritas. Las obligaciones mutuas desaparecen; las ayudas de amistad, igualmente, incluso las ayudas familiares. Y las palabras claves son: ¿Por qué haría este trabajo penoso, del que no sacaré nada?... Y este concepto erróneo engendró lo que jamás se había producido en nosotros en veinte milenios: el odio al prójimo. Tres Provincias, unas tras otras juzgaron que vivirían más libremente sin la tutela Divina; actualmente están en el más absoluto caos, sin fe ni ley, haciendo un uso muy particular de lo que es "tuyo y mío", encarcelándose de hecho en una relación que un cuchillo letal ensangrentado no puede cortar. La corrupción de la Ley sólo ha traído la confusión y el desorden. A los murmullos y los gemidos llegan hasta nuestra capital, brotando de los insensatos que ya no quieren escuchar la voz de Dios ni la de su representación: la naturaleza, que nos permite a todos vivir según nuestra necesidad. Gritan y lloran con una indignación ficticia en contra de nuestros consejos, y nuestras decisiones. ¡Insensatos! Se convierten en los artesanos de sus propios males y su de fin. Y veo el dedo de Dios, en la cercanía del este Gran Cataclismo. Llegará en el momento propicio si es que nuestra humanidad no se encarga ella misma de provocarlo ¡si no ocurriera!"

    Este largo discurso mantuvo en suspenso de nuevo a la Asamblea. El Maestro retomó aliento después de este flujo interrumpido de palabras que se habían escapado de su boca, demasiado tiempo cerrada. Los Venerables aprovecharon para comentar entre ellos su opinión acerca del escabroso tema del pueblo que pierde su entendimiento con Dios. El Maestro levantó la mano y el An-Nu, que se disponía a retomar la palabra, se cayó, porque la "Voz" era justa:

    – "Comprendo vuestros murmullos, pero no podéis ignorar por qué ya no reina la paz, en ningún lugar de este país, y por qué Dios desea poner buen orden a su modo, ya que el nuestro no es correcto, porque la paz ya no reina en los corazones, ni en los vuestros incluso, queridos y venerados Miembros de esta Asamblea, tan cerca aún del estado de felicidad en el que estábamos, no veo al igual que nuestro An-Nu tan Sabio, el medio de restablecer el Orden, la Paz, y la Felicidad en todos los lugares, aparece tan seguro como que ya nadie quiere ni siquiera pensar, ni intentar hacer lo necesario para volver a ¡ese tiempo feliz!"

Estas pocas palabras amargas llenas de sentido común, penetraron en los corazones, pero no tuvieron tiempo para ser profundizadas, ya que el pontífice habiéndose levantado siguió con el mismo tono:

  – "Cuán feliz sería nuestra humanidad, Oh, Maestro de Aha-Men-Ptah, si comprendiese lo que está a punto de perder por no comprender tus palabras. Si lo falso, convertido en habitual hoy en día, tiene tanto poder sobre el alma, parcela Divina: ¿Qué podremos hacer llegado el momento para intentar contrarrestar las Combinaciones Celestes Matemáticas que actuarán a la vez sobre los espíritus y sobre la Tierra?"

Algunos miembros habiendo retomado sus espíritus se conmovieron bajo la pregunta, y fue una noble figura de barba aún negra, que tomó la palabra:

  – "Para contestar a esta pregunta Oh, Venerado Pontífice, convendría conocer oficialmente, es decir, por tu propia voz, la fecha prevista para el inicio de este cataclismo, y saber también qué certeza hay de que alcance nuestra tierra. Debo reconocerte que desde hace tiempo oigo hablar de ello..."
  – "Todos estamos ahí, Khaontou; pero como uno de los más activos de los Miembros de este Consejo, y cómo comprenderás: la Ley Divina que regula la armonía celeste y que ha sido revelada a nuestro Ancestro Aha, ritma el movimiento de la Tierra en la Matemática del Tiempo, tanto como en la del Espacio. Por ello, para los Ancianos Maestros del Número ha sido fácil determinar exactamente la fecha, así como el lugar del cataclismo y tendrá lugar con su máxima intensidad el 27 de julio 9.792, es decir, dentro de doscientos ocho años. El Tiempo en el que todas las almas deberán rendir cuenta, está cerca."

Esta última frase fue pronunciada con voz potente, ya que el ruido se había elevado en el enunciado de la fecha, tan cercana. Y el pontífice retomó con el tono más alto que pudo, con prisa por acabar este sermón que bien sabía no iba a cambiar nada.

—"¡Y ello es inevitable! Ya que si nuestras ancestrales tradiciones preveían que Dios, en su infinita bondad, podría restablecer el equilibrio de la Tierra sin que se produzca el "Gran Cataclismo" siempre que los humanos volviesen a la antigua comprensión de la "Felicidad y de la Paz", pero nada queda de ello hoy. Así que debéis tener prisa, Miembros del Consejo, en tomar todas las decisiones útiles para poder salvaguardar dentro de dos siglos los que podrán partir en éxodo y fundar una segunda Patria con la ayuda de Dios y recobrar la Fe. Los signos precursores de la impiedad están aumentando y se reúnen ya más allá del horizonte de nuestro cielo, donde el Sol enrojece cada vez más al amanecer en occidente. En verdad, os digo solemnemente para terminar: El Occidente enrojece tanto que habrá tomado el color de nuestra sangre, y no será más que el Reino de los Muertos, el sinónimo de Aha-Men-Ptah."

El An-Nu, sin demora se inclinó frente al Monarca, luego frente a los Miembros de la docta Asamblea y bajo la impresión de su última profecía tan oscura, salió con paso lento y majestuoso.

CAPÍTULO VIII

GEB, EL ÚLTIMO MAESTRO.

*La Tierra espera en el terror algo espantoso,
una atrocidad que no se puede contar a nuestros hijos,
porque estos silbidos agudos son insoportables.
Parece que el mar corre al fondo del abismo,
revuelto con el rayo y el huracán,
buscando huesos aún vivos.
Y allí, en Ath-Mer, un baño púrpura arremolinado
cubre de sangre el Círculo de Oro
del Templo-Dios que ya no era más que idolatría.*

Chibet d'Ahou
Anales del Escriba d'Ahou

Sólo quedaban 72 años y 64 días, antes del momento en el que Aha-Men-Ptah será invadida por las aguas, pero la mayoría de sus habitantes seguían viviendo en la inconsciencia y en la despreocupación de este acontecimiento que los destrozaría.

En ese día del 13 de mayo de 9.864 a.c., la gran masa de gente se había reunido alrededor del patio del Templo-Dios, curiosa por asistir a la presentación del Primogénito del Maestro en ejercicio, el Monarca de "Voz Justa, Ahou", que nació hacia unos días. El An-Nu debía darle el nombre "Men-Geb" en el momento de la bendición, atrayendo de esta forma la atención divina sobre el hecho que él debería perpetuar la raza. Este nombre sería llevado por el que debía ser el último "Descendiente del Primogénito", y quizás de este modo atraería sobre su cabeza la indulgencia del Creador, del que sin duda iba a tener gran necesidad. Esto es lo que soñaba con tristeza, Ahou, que llegó al atrio con andar lento y majestuoso, seguido un paso atrás por el Pontífice, este el alba aún tan oscuro de este nuevo día. Detrás, seguía el Colegio de los Sacerdotes por filas de ocho, precedía la Reina Petsout, que no había querido dejar a ninguna seguidora el cuidado de llevar su bebé, con su porte altivo era la admiración del pueblo.

Los Anales describen con todo detalle la Tradición Ancestral de esta ceremonia. El proceso ritual observaba la aparición de los primeros rayos solares sobre el "Círculo de Oro" para iniciar el Oficio. Era el primer signo benéfico, evidente, que aseguraba una larga vida en la Justicia, la Paz, y la Bondad a quien la recibía. La circunferencia del círculo estaba incrustada de oro puro macizo, que hacía aún más inmaculado el mármol blanco que cubría la explanada, si es que ello era posible, estaba dispuesto de tal forma que cada mañana, los primeros rayos del astro diurno se reflejaban directamente sobre una única parte del mismo y por el fenómeno de la rotación de la tierra sus posiciones variaban un poco cada día con respecto a la víspera, siempre sobre el círculo, así días tras otro a lo largo de un año, los rayos alcanzaban los doce bloques monolitos de granito negro recubiertos de una materia cristalina muy específica. Cada uno simbolizando a cada una de las doce constelaciones que rodeaban el ecuador celeste a lo largo de la Vía Láctea, armonizando de esta forma la Tierra con el Cielo.

Después de haberle quitado su paño de lino finamente trenzado, la Reina depositó delicadamente su recién nacido sobre el cristal correspondiente a las influencias benéficas de su día de nacimiento. El mineral, en efecto, había absorbido durante miles de siglos algunas radiaciones que sólo su Creador le permitía captar, era apto para retransmitirlas únicamente a sus beneficiarios, dispuestos en la misma longitud de onda, y vivificados al máximo por los primeros rayos del Sol. En este alba, el astro apareció, primero directamente sobre el bloque que estaba frente al levante, y sobre el que estaba tranquilamente el recién nacido, todos esperaban sin angustia la cotidiana aparición anunciada por un enrojecimiento muy nítido en el horizonte occidental. No tardaron en sonar gritos de alegría cuando el cuerpo del bebé se iluminó rápidamente en la penumbra circundante y tomó un bonito tono dorado semejante al del círculo que, de repente, pareció una inmensa aureola Divina.

EL An-Nu y Ahou estaban satisfechos por los benéficos presagios: Dios ayudaría seguramente a "Men-Geb", el recién nacido a realizar la ardua tarea que sería la suya. Y a la vez que pensaban en ello, el

Pontífice vio el Círculo de Oro hundirse bajo las aguas y teñirse con la sangre de las personas allí presentes. Se sacudió enérgicamente;... en varias ocasiones había tenido visiones semejantes, pero no era ni el momento, ni el lugar de tener predicciones catastróficas.

El Gran Sacerdote levantó lentamente sus dos brazos hacia la bola del sol ahora brillante, y en el silencio restablecido, salmodió:

– "Oh tu, Sol resplandeciente con tus poderes benéficos, Gran Río fecundo de la Fuente Original, digna impregnar tu marca Divina en este joven cuerpo para desarrollar en él el ser que se convertirá en Men-Geb, y que guiará "Tu pueblo", es el único que desciende del Primogénito, siguiendo Tus mandamientos."

A pesar del carácter excepcional de la bendición del que sería el último Maestro, la ceremonia siguió su curso normal con el ritual en una de las habitaciones del ala sur, muy bien expuesta, y que siempre fue el apartamento donde los Primogénitos daban sus primeros pasos en la vida. Men-Geb creció ahí, año tras año, hasta la edad de doce años, adquiriendo un sentido innato de la armonía, de la belleza en todas las cosas reinantes a su alrededor; sus mínimos deseos se veían satisfechos. Su padre deseaba que, al menos, conservara un magnífico recuerdo de sus años jóvenes antes de entrar de pleno en la desesperación que cubriría el mundo.

Pero vino el día, demasiado rápido, en el que fue transferido al apartamento del heredero del Maestro, donde en primer lugar aprendió por su padre el objetivo que le era asignado: preparar su pueblo para partir, a pesar del mismo, ya que esta tierra se convertiría en maldita, y empezó sin más demora la larga educación iniciática que haría de él, el siguiente y último Maestro. El día de sus quince años también supo que una princesa del norte ya le estaba predestinada por el An-Nu con el objetivo de dar a luz a los hijos que serían los "Primogénitos" de los futuros rescatados del Éxodo. Lo que no le impediría ser muy feliz con esa esposa.

Men-Geb entró de esta forma rápidamente en una vida llena de enseñanzas difíciles de asimilar para un joven cerebro, incluso tan inteligente. Para descansar, el An-Nu le hacía compañía contándole la historia antigua de su bello país. El Pontífice le había tomado cariño a este joven tan moreno y cuya inteligencia se abría cada día más a las preguntas metafísicas, y para intentar que se relajara totalmente, le explicó también con todo lujo de detalle, la historia de esta joven princesa, que un día, sería su esposa.

Se llamaba "Nut" al igual que la primera mortal que había esposado el "Primogénito" que tenía su mismo nombre. Sólo tenía 16 años y vivía en el Gran Norte del país, ahí donde sus antepasados se habían refugiado después del hundimiento de su Estado, hacía de ello mucho tiempo.

Exceptuando estos breves instantes de descanso, Men-Geb no era en absoluto libre de pensar o de actuar según su voluntad. Conoció a sus primos, aún fieles gobernantes de los Estados Principescos que lo consideraban más bien como un dirigente real. La mentalidad ahí también evolucionaba sutilmente y el An-Nu hacía comprender al joven que el destino previsto por Dios se organizaba justamente en vista de estos cambios mentales de sus sujetos humanos. Numerosos reglamentos habían sido dictados con el fin de perfeccionar con rapidez su educación Divina: sus mínimos gestos eran estrictamente organizados, ya no veía prácticamente a su madre, y sus nodrizas habían sido sustituidas, no por criados, sino por los cuatro hijos de Primeros Sacerdotes, incluido el primogénito del Pontífice, teniendo todos más de veinte años y habiendo sido educados para esta función.

El futuro Maestro, tenía pues para que le sirvieran, día y noche, unos modelos de virtud y de austeridad, que no le permitían la más mínima acción censurable o simplemente fuera de los límites definidos por el protocolo especial. Ello le permitió profundizar diferentes hechos, como que: ningún Monarca podría ser malo con unos consejeros tan Sabios como los que tenía. Cuando alcanzó sus dieciséis años, su padre lo tomó cerca para enseñarle las tareas de la monarquía que le esperarían cuando le tocara reinar. Cada hora del día, e incluso de la noche estaba marcada por una acción a realizar, fijada por los innumerables códigos que muy difícilmente podían derogarse.

Desde su despertar, el príncipe heredero acudía a su despacho donde leía los diversos correos llegados por la noche desde lejanas provincias fieles. El Rey volvía a leer todas las cartas en voz alta, lentamente, para que su hijo comprendiera bien todas las frases. De esta forma los dos tenían un precioso conocimiento desde el amanecer de lo que se tramaba en el Reino. Los actos de la jornada se regulaban de esta forma en relación con las decisiones urgente a tomar. Entonces el Palacio se despertaba, Men-Geb dejaba un momento su padre para que hiciera sus abluciones matinales, aprovechaba para vestir una túnica inmaculada y purificada, antes de ir al Templo en compañía de sus cuatro ayudantes de campo, donde toda la familia estaba reunida para dar gracias a Dios por el día presente. El An-Nu emitía algunas sentencias sacadas del "Libro" que recordaban diferentes modelos de justicia ancestral. Esto hacía sonreír al An-Nu, entonces ya que como por azar, algunas horas más tarde, el Monarca debía resolver unos problemas semejantes a los que acababa de oír por la mañana. De esta forma armonizaba su propia autoridad a la de sus Antepasados, los Sabios, con una eficacia muy real en esa época tan remota. Cada acto del día se encadenaba pues en un ciclo real intangible pero magníficamente orquestado, regulando todos los actos. Todo ello es lo que recordaba Men-Geb de su larga iniciación al poder.

Alcanzando sus dieciocho años, acostumbrado a una existencia ascética, de flaca silueta ya que comía alimentos ligeros y bebía poco, sentía ser un hombre, y no tenía ninguna prisa en casarse. La Princesa Nut, que acababa de cumplir dieciséis años, le había enviado para este día de cumpleaños en el que se convertía en adulto, una miniatura de color pastel, que la representaba coronada, resplandeciente de pura belleza, los ojos llenos de calor y promesas contenidas. Además, los padres de la joven habían unido una misiva para Ahou, recordándole que Nut ya estaba en edad de ser esposa. Y para su gran sorpresa, el Monarca se dio cuenta que su hijo no tenía más prisa en tomar esposa que en ser Monarca y entró en cólera; el An-Nu que por suerte estaba presente, tuvo problemas para tranquilizarlo.

Después de muchas negociaciones con el Pontífice, Men-Geb aceptó ser coronado en sus veintiún años, y casarse en el mismo momento como lo requiere la tradición: diez días después de la coronación. Esta solución agradó al padre, y tranquilizó a la madre. En cuanto al An-Nu, sabía que la fecha estipulada convenía admirablemente a las configuraciones celestes, que serían mucho más favorables para entonces. A lo largo de estos tres años, Men-Geb, que ya sólo era Geb, El Heredero, dobló su empeño para perfeccionar la educación de su hijo en todas las disciplinas incluyendo la que consistía en saber cómo hacer feliz a su mujer, que, por Ley Divina, sería su igual en todas las cosas y la Acompañante de Dios.

El pueblo a lo largo de este tiempo vivió de forma apacible, pero sin sentir pasión alguna por el cambio de "Maestro", lo que antaño era motivo de grandes festejos. Durante el reinado de Ahou, veinte mil embarcaciones de todos los tonelajes habían sido talladas en tal cantidad de árboles, que varios bellos bosques sólo quedaron con el nombre de lo que había sido un lugar espléndido de la naturaleza. Era el único comentario egoísta de los que no pensaban que dicha naturaleza desaparecería de todos modos bajo el Cataclismo.

La población de Aha-Men-Ptah había elegido seguir viviendo en el camino incorrecto, de modo que no dejaba más que la última posibilidad al Creador mismo, cuando se haya convertido en una necesidad. Esta trágica decisión no tenía lugar a duda alguna en la cabeza de Geb, al igual que en las de los que sabían y temían a la vez que esta cólera Divina llegaría a término. Ningún contrapeso podría desde ahora contrarrestar los terribles acontecimientos que se desarrollarían en este continente, donde la libertad total adquirida en todos los aspectos ya era sinónimo de encadenamiento a costumbres disolutas. Esta libertad tuvo un precio demasiado caro, nadie estaba ya en medida de rechazarla una vez se había iniciado. Y otros acontecimientos se producían, contagiados por las tres nuevas provincias.

Fue en medio de esta quimera que tuvo lugar la coronación del nuevo "Maestro". El An-Nu estaba muy orgulloso de seguir aún en este mundo para asistir a su propio hijo en las funciones de "Gran Sacerdote" que acababan de serle confiadas, su homilía había sido atentamente escuchada por todos los asistentes y notoriamente durante este pasaje tan vital:

– "Cada hijo de hombre dotado de una envoltura carnal y de una alma Divina, no puede diferir de su padre, que debe perpetuar en las mismas condiciones que sus antepasados lo hicieron, imprimiendo el nombre de familia en el "Gran Libro de la Vida sobre la Tierra", grabándolo igualmente en las habitaciones de la Vida Eterna Ancestral, pero sobre todo impregnándose él mismo de ellas conforme crece. Porque la carne del anterior permite hacer la del siguiente, y la persona del hijo es pues la misma persona que lo engendró. La generación de los "Maestros", ella, que es inmortal, depende del único Primogénito de la Esfera Divina. Sus descendientes son también los Hijos, únicos herederos a su vez de esta herencia Divina por derecho Divino. Declaro hoy solemnemente que Dios te sitúa, a ti, Geb, como Soberano Maestro de Aha-Men-Ptah, con el objetivo de hacer reinar y respetar Sus Mandamientos de Paz, Justicia, y de Bondad.

Estas últimas palabras sacramentales hicieron enderezarse al joven Maestro, que tomó una profunda inspiración para contestar con voz grave:

–"Juro ser fiel servidor de Dios, mi Padre, hacer respetar sus Mandamientos de Paz, Justicia y Bondad."

Por última vez, Ahou se acercó, como Monarca, tendió su cetro real a su hijo y dijo:

–"Con este cetro que te entrego ahora, a ti, Geb, desde este momento "Maestro" de Aha-Men-Ptah empieza tu reinado. Que se realice con la serenidad y la perennidad incluso del Sol efectuando su eterno ciclo.

El coro de Sacerdotes salmodiando con voz fuerte cantó:

– "Oh, Tú, Señor de la Tierra, único y universal,
Que los misterios esconde y la bondad revela,
Bendice al Maestro Geb en tú nombre de Dios.
Padre Supremo con cien nombres en todos los lugares,
Que ves esta coronación desde lo alto de los cielos:
¡Que este reino sea el más bendecido!"

A lo que el An-Nu añadió:

"Que también nos preserves de la "Gran Prueba"
¡Oh, Guardián Soberano del Río!

El silencio que siguió a continuación no fue interrumpido más que por la fricción de los hilos de oro de la túnica de Ahou, que tomó a su hijo por el codo derecho y lo guió hasta el lugar que él ocupaba anteriormente sobre el trono Divino, y que desde ahora ya no era suyo. Cuando Geb se sentó, su padre le puso las manos sobre los hombros y dijo en voz alta para todos:

– "¡Larga vida al Maestro Geb!"

Y lo repitió tres veces antes de que la muchedumbre hiciera lo mismo acabando en una ovación general El Soberano de Aha-Men-Ptah ya estaba entronizado, reinaba en cinco Provincias y sobre unos sesenta millones de almas. Pero esta ceremonia había sido muy diferente comparada a las fastuosas de antaño. Además, sólo tres de los Príncipes habían asistido a las diferentes solemnidades de la coronación. Los otros dos, al igual que sus familias, no se habían presentado por diversos motivos en el Palacio Real, siendo ocultado el principal motivo de su ausencia, por temor a ser sujetos de una destitución durante su ausencia, los problemas, casi permanentes, que tenían lugar desde hacía poco en sus Estados eran graves.

En ceremonias anteriores similares, incluso para la coronación de Ahou, la muchedumbre de la capital y de las ocho Provincias había acudido llenando no sólo la nave central, como para Geb, sino también todas las demás travesías laterales, ampliándose hasta la explanada y blanqueando totalmente con sus túnicas de lino la hierba de los jardines.

El ex-Monarca, que se retiraba, cerraba la ceremonia satisfecho su desarrollo. No hubo muchedumbre, ciertamente, pero con la presencia de los ocho Grandes Sacerdotes, ya que estaban ahí los que no habían podido irse a la Provincias rebeldes, realzando el nombre espiritual y místico al igual que el aspecto religioso; y ahora presagiaban una larga vida benéfica para Geb, que se las apañaría como pudiese para que esta sucesión no pesase demasiado sobre los hombros de su joven espalda, sobre todo durante el idílico período que coincidiría con la boda.

Ahou había esperado demasiado tiempo para crear un ejército, en cuanto a acallar las revueltas de los Estados rebeldes..., esta tarea siempre se veía aplazada, luego puesta en espera para que su hijo se ocupase, y ello, a pesar de la inquietud manifiesta de los primos aún fieles; esperaría aún un poco, de forma que le tocaría a Geb aprender a hacer un esfuerzo de voluntad y tomar el mando por las armas. Lo que estaba escrito por Dios se realizaría, pero ya no dependía de él. Detrás del viejo maestro que se retiraba majestuosamente, la atmósfera se distendía un poco en el Templo, frente a la extrema juventud del nuevo Maestro, con la mirada perdida, por no decir abrumado bajo su máscara sonriente, buscaba una vía difícil de tomar.

Seguramente, intentaría restablecer el orden en su país y su unión con la bella Princesa Nut facilitaría mucho las cosas aportando una nueva sangre a una progenitura que sería más apta en sí misma, para adaptarse a las nuevas condiciones de vida que las numerosas protestas planteaban para una estabilización política y social en todo el continente de Aha-Men-Ptah, siempre que éste se mantuviese por encima de las aguas, ¡por supuesto!

Estos eran la mayoría de los murmullos del gentío que se dirigía suavemente hacia el Palacio y a su sala de banquetes donde el festín esperaba a los invitados.

Este día era el 22 de julio de 9.843 a.C. y los mejores cálculos de los más escépticos no se daban cuenta de que sólo quedaban cincuenta y un años con cinco días de vida antes del hundimiento. No por ellos los ágapes previstos para toda la noche se acabarían antes del alba ni por falta de participantes.

Y sencillamente el nuevo Maestro tuvo una inspiración rápida: pidió a su padre reunirse de inmediato en Consejo extraordinario improvisado con sus tres primos presentes que habían aceptado venir, ya que tenían prisa ellos también por volver a sus Estados. Así que el banquete fue rápidamente cortado. A través de este primer acto oficial de autoridad, el nuevo joven Maestro demostraba ser un sutil diplomático sabiendo lo que quería y demostrando desde el principio prueba de gran firmeza, que sería un rasgo determinante en su vida, asentando su autoridad, exigió en seguida que sus primos y sus familias se quedaran en el Palacio para esperar la llegada de su futura esposa y asistir a la boda.

Sin dar tiempo a los Príncipes a protestar, hizo venir dos mensajeros reales a quienes dio unas misivas imperativas ordenando a los dos primos restantes, acudir con sus familias para la ceremonia nupcial, asegurándoles además la constitución de un ejército nacional, que podrían utilizar en caso de necesidad.

El antiguo monarca contempló su hijo, atónito al verlo decidir en unos minutos, lo que él había dudado en hacer toda su vida... Ya se sentía seguro de poder dejar el poder en las mejores manos posibles, aún más estando la boda tan cerca, lo que reforzaría el equilibrio. Los días siguientes se desarrollaron febrilmente con los últimos preparativos, debiendo asegurar una acogida calurosa a Nut y a su séquito.

El día anunciado, desde los primeros rayos de Sol, la capital se despertó con los alegres sonidos de los tambores de la parada y de la música ligera que los acompañaba. Ath-Mer, salió llena de alegría y supo que la comitiva principesca sólo estaba a dos horas de marcha de la capital, lo que creó de repente un interés inesperado: el pueblo sintió aumentar su curiosidad a cada momento. La muchedumbre se hizo densa e invadió las calles que atravesaban los seis kilómetros de ciudad a lo largo del eje norte sur, y que obligatoriamente debía tomar el cortejo para llegar al palacio.

Los guardias se situaron a lo largo para dejar libre el paso central, ya que los alberges, los puestos y los comercios se vaciaban literalmente de sus ocupantes, al igual que las casas de sus habitantes. Un impulso casi unánime echó la ciudad a las calles de golpe. Y sin embargo, el día anterior el nuevo campamento, a dos horas de la ciudad no levantó más que los hombros. El ánimo fue tan sorprendente como profundo, ya que incluso poco tiempo antes nadie había asistido al paso del joven rey y de su escolta, cuando salieron al encuentro del cortejo principesco.

Mientras tanto, en ese tiempo Nut avanzaba en la carretera, a lomos de caballo, a la amazona, algo cansada en este último día de viaje. Había dormido mal, porque en secreto había enviado un emisario a la capital la noche anterior, para que al volver le contara la atmósfera de fiesta de la ciudad; y el resultado había sido lamentable, ya que el aspecto era de lo más ordinario.

Desde hacía seis noches, la princesa vivía con su séquito en un campamento que un centenar de hombres montaban cada noche para cada mañana desmontarlo, ella tenía prisa en llegar a su destino, pero había tenido tiempo para soñar, quizás demasiado esperando una acogida entusiasta. En esta última mañana, tristemente había mirado las grandes tiendas de pieles de bisonte, espaciosas, con sus literas de plumas y plumón de oca, antes de montar a horcajadas, pensando que su futuro esposo no se había molestado en venir a por ella en el último descanso, como lo había dejado entender en su última misiva. Lo que provocó una mayor aprensión por conocer al que reinaba en el mundo y que pronto haría de ella su mujer. No conocía de él más que una pequeña reproducción que le había llegado el año anterior, donde tenía los ojos tan tristes que una cálida esperanza la había invadido entonces. Pero en este día, desencantada con algo de razón por la llegada en solitario, aún imaginaba, a pesar de todo, que esta unión sería la felicidad de su vida.

De modo que sin escuchar las vivas protestas de sus ayudantes y del jefe de protocolo, categóricamente había decidido rechazar el carro de ceremonia especialmente dorado, exageradamente recargado para su entrada en Ath-Mer. Al contrario, ella había montado uno de los cuatros alazanes de la caravana, fogoso pero dulce, proviniendo de la cría paterna.

Avanzando de esta forma en el camino, en cabeza de su tropa, formaba un cuadro notable sobre el fondo sedoso y oscuro del caballo, su larga funda amarilla conjuntaba admirablemente con el oro de sus cabellos relucientes que revoloteaban alrededor de su cintura, al ritmo de su bestia. No hacía un cuarto de hora que el cortejo avanzaba, cuando en una vuelta del camino tuvo lugar la primera parada: la caballería real estaba ahí. Formada en pompa, haciendo los honores con una inmovilidad total, dispuesta a servir de escolta de honor tradicional a la futura esposa.

Maravillada sin demostrarlo, la joven pasó rígida sobre su caballo frente a las cuatro filas de doscientos caballeros cada uno tan firme como estatua, impecables, con cascos de bronce resplandecientes, sujetando sus grandes hojas levantadas en una verticalidad perfecta, mientras que en la otra mano mantenían el famoso escudo triangular, en bronce igualmente, cuya punta superior rozaba rigurosamente el mentón, indicando así el respeto y la sumisión de la caballería a la futura Reina.

Como conocedora, la Princesa admiró igualmente las monturas, contenta en su interior, frente a estos caballeros eméritos por haber hecho prueba de audacia, apareciendo montada a horcajadas frente a ellos. Esta escolta real tan impecablemente ordenada, hizo subir el orgullo y la alegría en el fondo de su garganta: su futuro esposo le demostraba que efectivamente era poderoso y que su consideración hacia ella no era menor.

Además demostraba, que los ruidos que corrían en su lejana región nórdica, y que le habían sido relatados por sus damiselas de compañía, eran sin fundamentos, demasiado exagerados y que Geb era: "Maestro más que de nombre".

Los dos capitanes, que eran los únicos en tener una espada, las levantaron al paso de la Princesa, después se acercaron, apoyaron alternativamente la hoja en la punta de la bota izquierda de Nut, en signo de lealtad, luego se situaron justo detrás de su montura, esperando que ella diese la señal de partida; lo que hizo sin tardar.

Ni una sola palabra fue pronunciada, pero la futura Reina presentía que el mensaje silencioso había sido intercambiado, y que desde ahora, ya era admitida entre ellos por la situación, mejor que su título lo hubiese conseguido. El ligero velo que cubría su rostro para preservarlo del polvo de este tiempo canicular, no la favorecía; pero no pensó en quitárselo, tal y como había sido su intención al dirigirse hacia ese futuro esposo que le parecía cada vez más enigmático.

Una hora de marcha más adelante, nuevos latidos de corazón precipitados ralentizaron la tropa. A unos centenares de metros frente a ellos, en lo que parecía una amplia llanura, una muchedumbre levantaba nubes de polvo. Conforme la Princesa avanzaba, vio materializarse una masa, en el centro de la que únicamente se adelantaba muy al frente un joven bien erguido, a pie, vestido entero de blanco. Su pecho palpitó, y su corazón latió con toda su fuerza. Nut se sintió desfallecer, tontamente sin poder razonarlo, y sólo pudo controlarse recitando todos los nombres de ¡pájaros! del vocabulario de sus seguidoras.

Su caballo, bien educado, se detuvo donde debía, a una decena de metros de la silueta masculina tan elegante y que tanto la paralizaba. Un gentío innumerable gritaba espontáneamente sus deseos de bienvenida, de pronto los dos capitanes detrás de ella, galoparon hacia su Rey, para situarse detrás de él y bajar de sus monturas, siguiéndole, mostraron su misión realizada.

Geb avanzó a pequeños pasos hacia esa delgada silueta amarilla que tenía un velo formando un halo blanco alrededor de un rostro divinamente bello, lo que hinchó de alegría el pecho del soberano. Con una mano delicada, la Princesa dio un pequeño golpe en el cuello de su semental, que comprendió perfectamente lo que se esperaba de él avanzando unos pasos al encuentro del bípedo blanco sin saber que era el más grande y bello joven Monarca del mundo hacia quien el corazón de su dueña ya volaba. Se detuvo, juzgando que ya había hecho suficiente, lo que avergonzó la princesa, olvidando lo que debía hacer, pensando ¿Por qué no se habría quedado en su carroza con sus seguidoras?

Todo lo que el protocolo le había enseñado para que la tradición fuese bien respetada, se había desvanecido en la emoción que la hacía vacilar y que se transformaba en su interior en angustia incontrolable.

En cuanto al rey, sus sentimientos eran menos visibles. Efectuando sus últimos pasos estaba pensando que la belleza del rostro parcialmente velado era mil veces más sensacional que el que llevaba pintado en miniatura bajo su túnica. Pero no tuvo tiempo de desarrollar mentalmente el tema, ya que pronto se dio cuenta del intenso desconcierto que habitaba la Princesa y de la ayuda que necesitaba. De pronto abandonó su timidez, y realizó rápidamente los dos pasos que lo separaban de la brida del espléndido caballo. La sujetó con firmeza con una mano, mientras que con la otra levantando el brazo, tomó la joven por su cintura, muy delgada, para ayudarla a bajar atrayéndola suavemente hacia él. Después de ello, sin más modales puso sus manos sobre los hombros de Nut, y le dio un abrazo de bienvenida, por encima de su velo, bajo la ovación delirante de la gente, ahora amasada alrededor de ellos los apretaba estrechamente rompiendo todos las barreras.

Indiferente a la indescriptible marabunta, el rey contempló su bella, aún bajo su velo que olvidó por completo retirar. Estando totalmente empañada desde hacía un buen momento, la leve molestia adicional del velo no le afectaba. La tradición había sido respetada con ese beso, por casto que hubiese sido, el abrazo confirmaba que había tomado a Nut y que nada, desde ese momento podría romper esta unión que Dios, y Geb, habían aceptado y que sería consagrada en una semana.

Lo que además era evidente, era que el joven rey se había quedado literalmente prendado por el encanto de esta aparición. Ya no oía nada a su alrededor, hechizado por el delicado porte de la joven muchacha. Había olvidado desearle la bienvenida bajo la forma del cumplido oficial preparado de antemano...que de todos modos, parecía fuera de lugar frente a esta bulliciosa realidad. Todo fue barrido, además, por el flechazo tan repentino como el rayo de una tormenta que fusionó sus corazones, hubiera sido grotesco cualquier palabra frente a tal fenómeno.

Nadie se preocupó de este silencio que los unió sólo a ellos, teniendo en cuenta el ruido que reinaba por doquier y las gesticulaciones de entusiasmo de todos los demás participantes del cuadro. Para Geb y para Nut todo estuvo en la mirada que unió a los dos interesados, cuyos rostros se tornaban alternativamente blancos, luego rojos casi escarlata, al igual que las llamativas flores que rodeaban por todas partes este forum popular.

Uno de los dos capitanes acabó por romper el encanto acercándose con grandes dificultades agarrando los caballos del Maestro y de la Princesa, porque era hora de partir, ya que tenían bastante retraso con el horario oficial. Aunque el Palacio no estaba ya muy lejos, necesitarían cruzar la capital y la multitud era numerosa. Con un suspiro rompedor, Geb se sacudió de repente y volvió con dificultad a su papel de rey. Ayudando a su futura esposa a montar a caballo, observó con orgullo masculino la extrema delicadeza de su cintura: rodeándola por completo con sus dos manos y con pesar montó en su montura y dio orden de partida.

Con muchas dificultades los caballeros consiguieron abrir camino en la indescriptible multitud, lo que produjo alegría al Rey, al ver su cuota de popularidad remontar tan vertiginosamente gracias a Nut. Al fin, con el gentío apartado, apareció la Puerta de Airain, semejante a decenas más, excepto que hoy la guardia real a pie esperaba al cortejo para presidirlo dentro de la ciudad y abrir un camino que se revelaba difícil. Cuatrocientos hombres abrían la marcha triunfal, a su vez precedidos por tambores y música, que desde más de una hora daba la algarada. Geb y Nut, juntos, seguidos por la escolta de la Princesa, luego la caballería real que cerraba el cortejo.

Fue fantástica la entrada en Ath-Mer por su magnífica vía triunfal de seis kilómetros de largo: los cuatrocientos guardias con armaduras y cintos marrones ondulantes de derechas a izquierda al mismo ritmo de sus pasos. La capital de golpe, apareció en todo su esplendor en la parte baja, y la ruta descendía a todo lo largo una vez franqueada la puerta. Nut contempló maravillada los miles de hogares de varias plantas con terrazas llenas de flores, los templos, y los palacios, no sabiendo donde mirar, llena de entusiasmo. Su nombre era gritado a pleno pulmón hasta tal punto que debía oírse en palacio, aún a unos diez kilómetros.

Esta recepción llenaba de admiración a la princesa y de orgullo al rey, ambos, algo ansiosos, se preguntaban si sabrían ser dignos de tales honores, ya que la ovación superaba lo imaginable. Y lo que debía ocurrir, ocurrió: un movimiento más importante de la gente desestabilizó a algunos guardias que retrocedieron bloqueando en seco la montura de Nut que cogiéndose a la crin evitó caerse, dándose cuenta en ese mismo momento de que aún tenía el rostro cubierto, y que el rey aún no le había visto la cara. Se enderezó en un inmenso estallido infantil de risas, que no podía detenerse...Y lo que hubiera podido ser un incidente delicado, degeneró en una risa general de entusiasmo y de admiración frente a la radiante belleza que de pronto desveló al quitarse el velo.

Geb y Nut se volvieron a ver rodeados por todas partes, sin que la guardia pudiese remediarlo. Era de ver, quién pudiera besar las botas de uno, o la túnica del otro... El rey pegó su montura contra la de la princesa para protegerla un poco, mientras que la caballería llegó y los sacó con un mínimo de rechazo para seguir adelante.

El encanto juvenil y tan espontáneo de la bellísima joven del norte, hizo su oficio milagroso en todos y actuó por reciprocidad al rey, futuro esposo. Éste se preguntaba incluso con angustia sí no se trataba de un sueño maravilloso del que era actor ficticio, y se pellizcó haciéndose daño, con lo cual sonrió esta vez de su tontería, ¡estaba vivo y se sentía realmente el más feliz de los hombres!

Todas las miradas que cruzaba, de este pueblo en efervescencia, le demostraban el fervor de cada uno en particular miró al frente su visión mágica, era una diosa aparecida inopinadamente para ayudar a superar las numerosas dificultades que les esperaban sobre el camino común. Y comprendió la misericordia de Dios hacia él, que permitía su existencia de mortal, por movida que pudiese ser, a causa de este presente catastrófico. Incluso le pesó durante un momento haber rechazado casarse algunos años antes, cuando la oportunidad se había presentado. Le pareció que su amor desbordándose se había extendido de misma forma, instantáneamente entre la población. Necesitaron al menos otra buena hora en medio de un delirio total y conmovedor, abriéndose continuamente camino a través de la marea humana, antes de llegar a la monumental puerta del sur, dedicada a Ptah, ya que llevaba a su Templo-Dios en el palacio real, totalmente edificado de electrum indestructible. Luego el cortejo tomó el camino que unía esta puerta de entrada al reinado, era lisa y pulida en bella laterita roja, admirable en concepción y en construcción por su gran facilidad de mantenimiento. El camino se recorrió esta vez, con más rapidez ya que los guardias a pie cedieron su lugar a los caballeros que abrieron la ruta. A su llegada bajo el imponente pórtico de doce metros de alto, los caballeros de bronce se situaron a lo largo de la avenida que daba acceso a los jardines, en un último saludo de honor impecable.

Geb y Nut franquearon la monumental arcada, mientras arco tras arco, los caballeros impedían a la muchedumbre seguir la escolta principesca dentro del Palacio Real antes del día fijado para la bendición nupcial, es decir el octavo día que seguiría este, exactamente.

La princesa contemplaba los jardines olvidando el resto, admirando esos árboles multicolores y esas plantas formas y flores variadas; a continuación, aparecieron unas tras otras innumerables riquezas, los edificios traslucían, pegados unos a los otros, y formaban el Templo-Dios. ¡No podía creer sus ojos! La joven mujer aún no podía saberlo, pero los Archivos no tardarían en enseñarle que el nombre del lugar al que llegaba, la capital, Ath-Mer, había sido el del primer lugar: "el Corazón

Amado". En el origen, la primera construcción del templo, mucho más pequeña en el centro del conjunto del templo actual, era la Morada del Primogénito: el Hijo de Dios. Allí fue donde en realidad vivió mientras que estuvo enseñando al pueblo cómo convertirse en una humanidad capaz de gobernarse, ayudada por los mandamientos divinos. Pero las generaciones siguientes, los descendientes directos del Primogénito, se casaron con mortales, y pronto no tuvieron más que sus parcelas divinas, el alma, para conectarse a su creador.

Por ello, el templo ya no fue más que un lazo y no la Morada del Hijo. Ya no quisieron vivir aquí, y se hicieron construir unos suntuosos palacios, junto al lugar de recogimiento. Así, en cuanto un nuevo Maestro sucedía al anterior, el palacio se convertía en más fastuoso y más grandioso aún, con el fin de ser siempre el primer Hombre del Reino, después de Dios. Ello conllevó la necesidad de embellecer sucesivamente el Templo de Dios. Era una manera de demostrar su filiación Divina, y quizás un modo de hacerse perdonar su vida lujuriosa. A lo largo de los siglos, más de trecientos maestros iniciaron sus reinados con este primer pensamiento: tener un palacio más bello que el de su predecesor. Y al mismo tiempo, más de trescientos Pontífices inspiraron a los maestros el mejor método para hacer siempre más admirable la Morada de Dios.

Diez milenios más tarde, el resultado era una inmensa catedral, obra colectiva constantemente aumentada, embellecida, con joyas de todo tipo. Este Templo-Dios, maravilla de maravillas, estaba rodeado por todas partes de edificios imponentes, resultados de construcciones brillantes de lo más extraño que había en Aha-Men-Ptah, y cuyo conjunto formaba una verdadera ciudad con la única denominación de palacio real, en el sur de la capital, y separada de ella por un bosque y unos jardines que ochenta especialistas de la tierra y de la medida mantenían con arte inspirado de armonía, en los tres laterales posibles: de este a oeste, y hacia el norte, es decir hacia la capital.

En cuanto a la parte situada al sur, bajaba en pendiente suave hacia el brazo de mar. Un césped siempre verde estaba regularmente mantenido por cortes de podón, más alargados ovales que los que cortan la cebada o el trigo.

Los días de buen tiempo, lo que era casi cotidiano, desde las diversas terrazas de los apartamentos situados en este ala, era posible admirar, más allá del brazo de "Gaddir" y de las "Bocas del Estrecho", del mar Oriental, más verde que en el estrecho; fue en esta parte del palacio donde Nut llegó acompañada de su séquito

CAPÍTULO IX

LA REINA NUT

El cielo ya enrojece por los pecados cometidos en las transgresiones de los usos y costumbres. ¡Es el preludio del llameante fuego celeste! Ya nada es justo, ni sabio en Aha-Men-Ptah... Todos sus estados están infectados por la impiedad y la blasfemia. Desgraciadamente el tiempo del Gran Cataclismo está cerca. ¡Oh, Tiempo terrible, suspende tu vuelo! ¡Tu rugir que viene del León, romperá incluso la fuerza del león!

Los Cuatro Tiempos,
Templo de la Dama del Cielo, Dendera

A lo largo de la semana siguiente, el nerviosismo superó el entusiasmo: el rey trabajó sin parar, febrilmente, bien respaldado por su padre Ahou. El único momento de descanso que se permitía, era la pausa de media mañana. Ahí, mientras que comía, Geb tenía el placer de contemplar su bella amada, pero ese corto espacio de tiempo no favorecía los pequeños diálogos que permiten conocerse mejor. Sin embargo, el joven monarca se dio cuenta que la joven bella y sabia princesa también tenía gran inteligencia.

Esta perfección no le hubiera sorprendido, si hubiera sabido que la hija mayor del pontífice en persona inculcaba a su amiga Nut estimadas nociones de diplomacia, ya que había sido educada con su hermano, a pesar de no poder acceder al sacerdocio, adquiriendo sólidos preceptos que enseñaba con entusiasmo a la futura reina. Tal como el que consistía siempre y en todas circunstancias, saber mantenerse aparentemente ligeramente inferior a su esposo. Por ser éste no sólo el "Maestro", sino también un "Hijo de Dios", su esposa jamás debía contestarle de frente, siendo él, el Arbitro, el Juez de todo y de todos. Lo que no significaba por ello que, en privado, podía demostrarle una mejor solución a un problema, siendo superado una sonrisa y de modo a que surgiera de él, sobre todo si el resultado obtenido era más equitativo.

En su Gran Norte, este concepto de igualdad no chocaba mucho, pero ella, se consideraba una simple mortal en comparación con su futuro esposo deificado. Desde que se le había aparecido y que había cruzado su mirada con esos ojos tan maravillados y tan ardientes, él se había convertido en su dios, sólo para ella sola. Y no era cuestión de disputarle una primicia sea la que sea. Sólo quedaban dos días para la boda, el apogeo religioso de esta ceremonia hacía revolotear a su alrededor, en su estancia una serie de especialistas que la ocupaban. Geb, ese día, decretó que habría cuatro días completos de festejos y de alegría popular, después de la bendición nupcial lo que provocó la euforia casi general de la población desde las vísperas de la ceremonia.

Justamente ese día, se produjo un acontecimiento capital, narrado en todos los Anales y que constituyó el Origen de la nueva cronología de los futuros primogénitos que poblaron "Egipto: Ath-Ka-Ptah", concerniente a la princesa Nut que cada día, acabando el almuerzo y su corto diálogo con Geb, salía a dar un paseo digestivo en compañía de algunas de sus seguidoras, unos guardias reales y un oficial que vigilaba al grupo de lejos.

El día anterior a la boda, la futura esposa caminó más tiempo, adentrándose más en el bosque profundo que seguía a los jardines, tanto que con sus damas de compañía y el grupo de guardias, a un pequeño puente de madera que daba accede al "Nahi: la isla sagrada de los sicomoros", donde únicamente penetraba el Maestro, ya que el ese lugar donde dialogaba con Dios. La princesa conocía las normas, pero estaba tan nerviosa por la espera del acontecimiento del día siguiente, quizás también cansada por la larga caminata, al igual que curiosa por ver el lugar, que se sintió como empujada por un demonio.

Y ocurrió la extraordinaria aventura que iba a marcar profundamente no sólo la Historia religiosa y política del continente, sino la historia de amor de Nut y Geb, que pareció evidentemente extraordinaria, y luego increíble. Y sin embargo, por increíble que sea, este acontecimiento permitió a los tiempos antiguos franquear el crítico umbral del después del "Gran Cataclismo", para sobrevivir a pesar de todo.

La princesa, sin saber nada de lo que iba a ocurrir, se dispuso pues a poner un pie sobre el puente de madera que cruzaba el río, cuando el oficial agotado en su carrera por llegar antes del sacrilegio, se interpuso de la forma más respetuosa que pudo, intentando explicar que era este Nahi, isla de los sicomoros, de los árboles sagrados, el Pontífice dijo que el más antiguo estaba en la cima de la colina: el más antiguo árbol del mundo, el "An-Nahi". Fue bajo su sombra donde los sucesivos maestros habían dialogado con Dios.

Una espléndida sonrisa distendió los labios de Nut, dedicando además una mirada tan cálida como inocente al militar incomodado. El pobre hombre, enrojeció por vergüenza maldiciendo su atrevimiento, que le demostraba ante todo que no era nadie. Nada le autorizaba a interponerse en contra de los deseos de una diosa. Ésta, sin embargo, respondió con tono embaucador para hacer notar a su interlocutor que en todo caso, ella sería la Reina desde el día siguiente, es decir la igual de su esposo, añadiendo a sus títulos personales, el de "Divina Seguidora". Nada se opondría entonces a que fuera a meditar en paz, ella también, la víspera de su unión oficial, con Dios. Ella iría sola, sin sus acompañantes, y todos esperarían ahí su regreso.

El pobre guardia no había aprendido lo que hacer frente a tal dilema. Esta situación corneliana[28] antes de época, lo superaba ampliamente. La primera cosa que le saltó a los ojos, fue la evidencia de que la princesa no tenía nada que temer en el Nahi, donde ningún ser humano jamás se atrevería a entrar, sacudió la cabeza en signo de impotencia, y retrocedió de un paso para dejar libre, en su libre albedrío, a quien por ella misma deseaba tener un "vis a vis" con Dios, si éste no veía obstáculo alguno en cuanto a esta intrusión.

El oficial sintió un desgarro mirando la joven alejarse sola. Pensó, resignándose de antemano en las consecuencias cuando el Maestro supiera esta escapada. El comandante del Palacio, él mismo, sería depuesto, pero las risas de las acompañantes despreocupadas lo tranquilizaron y retomó su compostura. Conforme sus pasos la llevaban

---

[28] Un dilema corneliano, es un dilema en el cual alguien está obligado a escoger entre dos acciones que tendrán un efecto perjudicial en ellos mismos o a alguien cercano a ellos.

hacia adelante, Nut sintió una tranquilidad extraña apoderarse de ella franqueado el puente, supo que su voluntad no era la única en juego, era como un sueño premonitorio que se realizaba, como algo "ya vivido", algo terrible, pero que debía ocurrir sin remedio.

Avanzó mecánicamente, una pierna ante la otra mirándolas seguir así, como si no estuviese al control. Se hundió en el Nahi, dirigiéndose hacia el final de su senda, ...el fin de un viaje... El camino subía, serpenteando alrededor de una colina central, un montículo enorme rodeó por un sendero con pendiente suave y llegando a la cima, un magnifico sicomoro, mucho más gigantesco que todos los arces que jamás había visto, golpeó sus ojos con un brillo extraño. El árbol era tan imponente, en su dominio surgiendo de la soledad que lo rodeaba, con una majestuosidad Divina innegablemente. No había duda alguna en cuanto a la serenidad que debían encontrar los Maestros bajo su follaje cuando deseaban "dialogar" con Dios.

Irremediablemente este árbol la llamó, y no hubiera podido evitar franquear los pocos metros que aún la separaban, aunque lo hubiera deseado. Ya nada podía hacerle desandar el camino, y por consiguiente contrarrestar el nuevo curso que iba a tomar la historia de la tierra.

Nut, ya no tenía duda alguna acerca de la Fuerza que la llevaba hasta ahí, pero no le era de ayuda para resolver el "Misterio", ya que estaba sola, y el silencio era absoluto. De repente sintió miedo, y su cuerpo tembló, ya que no comprendía lo que la divinidad deseaba de ella, pequeña mortal suma muy insignificante, a pesar de su papel de esposa del rey que detendría. Ya que para ello había viajado.

Se irguió lo más que pudo, como orgullosa princesa nórdica, bastante desamparada en el fondo de ella misma por no ver nada, no oír nada, no saber nada. Para darse confianza susurró "Estoy aquí, Dios del universo"... Pero ningún sonido le llegó en respuesta. Se dijo que era demasiado joven para haber pecado mucho en nada, y que no podía ser la pequeña infracción de esta tarde que la llevó hasta ahí que impedía a Dios dialogar con ella. Su cuerpo estaba en alerta y... O bien, había sido tontamente imaginativa, o bien, ahí no había nada ni nadie.

Algo cansada y mareada por su incomprensión de los acontecimientos, la joven se dejó caer sobre la espesa y tierna hierba que crecía tupida hasta bajo el tronco mismo del enorme sicomoro. Y por más que pusiera el oído y el alma particularmente receptiva, nada se comunicaba con su espíritu atento. Sin más, apoyó su caballera contra la corteza del magnífico tronco, tan viejo y tan acogedor, y de repente, con su cabeza entera descansando en el árbol, con cuerpo y alma, reconoció instantáneamente la paz con el mundo exterior y sin darse cuenta sus ojos se cerraron. Se hundió en un sueño irreal. Nut no tuvo tiempo de analizar lo que ocurría, ya que su sorpresa tornó en temor cuando una claridad cegadora, irradiante, la envolvió por completo, penetrando por todos lados a la vez, y provocándole la sensación de consumirse. El temor más espantoso se apoderó de ella, pero no podía abrir la boca para gritar, se reducía a cenizas, se licuaba, al tiempo que vivía a pesar de ella misma, el día más radiante de la tierra desde su origen.

A pesar de la tranquilidad que de pronto curiosamente la envolvió, intentó abrir sus párpados pero no pudo ni mover las pestañas, preocupada por sentirse paralizada, notó caer en la inconsciencia, cuando una "voz" en el fondo de ella misma, muy firme, pero infinitamente dulce y consoladora le dijo:

–"Mi hijo "Osiris" está desde ahora en tu seno; no temas nada por ello, ya que eres hija de mi primer hijo: eres la que he elegido para ayudarme a salvar otra vez más a los hombres a pesar de ellos. Osiris será el signo de mi Poder y de mi Bondad. Tú, Nut, serás la madre venerada y le enseñarás a Osiris por las palabras que pronunciarás, que mi corazón está en él, y que mi Alma siempre estará donde la suya para que ejerza su poder soberano... Así sea."

Incapaz de emitir sonido alguno, y aún menos de coordinar el más mínimo pensamiento coherente, la princesa no pudo más que grabar los propósitos sin emitir respuesta: "La voz" le anunció que tendría un hijo Divino, y de repente se le planteó una pregunta con tal acuidad que se quedó literalmente congelada a pesar del calor que seguía reinando en ese día: ¿Qué será de ella, si al día siguiente debía ser la esposa de Geb? ¿Qué diría el maestro sabiendo la verdad, que no podría esconder y que no podría contar?

El Eterno oyó esta llamada muda y desesperada, llena de infinita desesperación pero no de rebelión. Dios decidió ayudarla en el acto. Un amplio rayo de sol se filtró desde la cima del gigantesco sicomoro hasta la más baja de sus ramas, inundando a la joven princesa desamparada de una luminosidad tranquilizadora. Y la voz, añadió en esta aura de silencio que la rodeaba:

"No temas nada Nut, levántate en paz, vuelve hacia quien te es destinado. Él recibirá mi Palabra, y luego a Osiris, vuestra descendencia de ambos dará las primeras ramificaciones del Bien y del Mal que son indisociables sobre la Tierra. Será otra vez la Humanidad la que debe efectuar libremente su elección. Mientras, vuelve hacia Geb que ya acude hacia ti".

Abriendo sus ojos, vio la penumbra que había tomado posesión del follaje del sicomoro. Nut, algo aturdida, se levantó, dio un paso mal asegurado y en seguida recuperó totalmente su equilibrio. Salió hacia el pequeño puente de madera, muy angustiada por lo que le esperaba, ahora que la realidad volvía de pleno derecho.

Mientras tanto Geb que acababa de ratificar con su firma los numerosos actos promulgando, por decretos oficiales y divinos, que su esposa sería a partir del próximo día su igual desde la boda pública finalizada, y su "siguiente", en cuanto la bendición del An-Nu estuviese celebrada. Se vio solitario y libre por un breve momento antes de ir a su última cena de soltero, a la que había invitado algunos jóvenes notables de su entorno. Con un sentimiento satisfecho por el deber cumplido, se dejó caer en su amplio sillón de trabajo, de ébano esculpido realzado de incrustaciones de marfil, de defensas de mamuts, amontonando debajo de él los cojines aterciopelados. Cerró los ojos para pensar en el día de mañana, donde a esa misma hora, Nut sería efectivamente su mujer frente a Dios y a los hombres y nada más los separaría.

En ese mismo momento, imperiosamente "la voz", penetró el alma del joven rey, trastocando el ritmo alegre de sus pensamientos antes de cambiarle la vida misma:

"Geb, escucha mis palabras que son la Verdad. Los Tiempos en los que la Humanidad podía ser salvada han cumplido. Te he elegido a ti, para educar a mi Hijo que, llegado el Tiempo, se convertirá en el Guía que dará vida al Salvador de los rescatados del Gran Cataclismo."

El joven Monarca no podía abrir sus párpados, sintió que se sobresaltaba de sorpresa en varios momentos a lo largo de este extraño monólogo, habiendo reconocido la "voz de Dios", y preguntándose con ansiedad si había comprendido bien el sentido de la frase hablando del "Hijo", cosa que la Voz confirmó con tal precisión que lo ulceró profundamente:

"He llevado los pasos de Nut hasta el Nahi, bajo el Sicomoro, para que "Osiris" tome lugar a su hora en el movimiento de las almas, ya que nada puede ser cambiado por el hombre frente al Eterno, ¡sino el propio rostro! Es por lo que Nut ha sido alcanzada por mi gracia y debes convertirte en su esposo para asegurar a la tierra una descendencia humana: una segunda Alma."

A la vez que trataba de convencerse de que sólo se trataba de una pesadilla, Geb estuvo en la incapacidad de abrir los ojos, y como el tiempo trascurría, la voz, concluyó:

"No te atormentes más, te convertirás en el más Sabio y serás considerado como nacido de la tierra y habiendo engendrado toda la Tierra. Sufre lo que piensas ser una prueba ya que se ha convertido en una necesidad. Nut volverá luego a ti, tan amante. Y con el fin de darte un signo de la Divinidad de Osiris, él nacerá 72 días antes del término natural de su nacimiento. De esta forma tendrás la certeza formal que tu esposa es totalmente digna de tu amor. Levántate y corre hacia la bienaventurada que está muy trastocada. Devuélvela entre los vivos y asegúrale tus intenciones. Su miedo es terrible por deber anunciarte la falta que no ha cometido. En verdad te digo, que jamás esposa alguna fue tan digna de tu amor. Corre hacia ella."

Instantáneamente, el joven Maestro abrió los ojos y recuperó la libertad de movimiento; se precipitó fuera de la habitación, empujando a los invitados que lo divisaban alegremente por los pasillos del palacio acerca de las diversas festividades del día siguiente; a pesar del calor, tenía el rostro tan blanco como su túnica. Corrió tan rápidamente como pudo sobre la avenida que llevaba al bosque y al Nahi, sin preguntarse sobre la veracidad de los hechos, a pesar de que estos fueran de lo más extraordinarios. Y la sabiduría le permitió darse cuenta por él mismo en el propio lugar.

De esta forma, llegó hasta el pequeño puente, en el momento en el que las acompañantes, preocupadas por la larga ausencia de su princesa, pedían al oficial avisar al "maestro". El miedo de cometer un nuevo desliz fue evitado. A la vista del monarca, todos se calmaron, aún más porque éste representaba una actitud digna de su rango, manteniendo una rigidez expresiva de mal augurio.

En ese instante, igualmente apareció Nut a la vuelta del camino que bajaba del Nahi, caminando lentamente con un aire preocupado. Viéndola de lejos, Geb comprendió en el acto la realidad del sueño que había tenido en palacio, e imperativamente, antes de que se dieran cuenta de algo, despidió a todos los guardias y a las acompañantes. Deseaba estar solo con Nut cuando acabara de cruzar el pequeño puente y llegase hasta él.

Sin decir ni palabra, todos se fueron no deseando para nada ser testigos de lo que pensaba iba a ser una fuerte regañina real por haber desobedecido yendo hasta la isla Sagrada. Fue pues un dramático "vis a vis" el que Nut y Geb mantuvieron.

Los Anales que han llegado hasta nosotros, a decir verdad, no dan muchos detalles sobre el diálogo doloroso que tuvo lugar de regreso a Palacio. Quizás los primeros gritos y lloros tranquilizados de los dos jóvenes, permitieron hacerles ver el paralelismo entre su caso y el de sus primos antepasados; que milenios antes, ya se llamaban como ellos, y cuyo primogénito había sido "Osiris, El primogénito de Dios". De alguna forma, ellos eran los nuevos "Nut y Geb", encarcelados por las tradiciones, siendo los padres de la "Segunda Alma: Aha-Men-Ptah". Pero no eran coincidencias: los hechos ya estaban escritos desde hacía tiempo en las combinaciones de los astros que les eran predestinados. Eran, pues, víctimas involuntarias y desgraciadas a pesar de ser benditas. Es lo que probablemente tuvieron que decirse el uno al otro, durante su triste regreso.

En cuento llegaron a Palacio, la princesa se encerró en su habitación, rogando a su criada no molestarla, deseaba estar sola para llorar tranquilamente, ya que advertía que Geb no estaba muy convencido de la idea de esposarla después de lo que había ocurrido. Su buena fe no estaba en cuestión en el espíritu del joven Rey, pero el pensamiento de vivir con su mujer desde del día siguiente le provocaba un sufrimiento cruel que sentía lo volvía amargo e injusto. ¿Pero qué podía hacer? Por más que tuviera las más pesadas responsabilidades y la carga de varias decenas de millones de almas, no tenía más que veinte y un años, y amaba a Nut con locura, como simple mortal. Y sin embargo, estaba esperando un "hijo divino", al que le sería muy difícil darle su bendición.

El maestro se había hecho excusar de sus amigos por su ausencia en la cena que debía haber presidido con tanta fogosidad como alegría. Acababa de tener un mareo debido a la sobrecarga de estos últimos días, lo que había llevado al An-Nu a prescribirle un descanso total hasta la ceremonia del día siguiente. El pontífice, al corriente de los hechos, no parecía preocupado por el "advenimiento" de los acontecimientos ni sorprendido por lo que había ocurrido. Sin embargo, aquí tampoco los anales dan detalles sobre el diálogo de estos dos súper hombres con referencia a Dios.

Geb pasó toda la noche solo y despierto, hablando con su conciencia, sobre la conducta que debería ser la suya al día siguiente, y que variaba al filo de las horas, ya que cuando pensaba que había llegado a la decisión de ruptura y de repudiarla, veía superpuestas en sus retinas, la joven y bella Nut tendiendo hacia él sus dos manos suplicantes y con un rostro inundado por las lágrimas de la inocencia. Pero cuando estaba dispuesto a ceder a esta imagen, volvía a ver a ese "hijo", que no sería el suyo.

Las ovaciones sin fin llenaban los oídos, despertándolo de repente en sobresalto del sueño, tan agitado y pesado, que había acabado por vencer sus dudas en las primeras luces del alba. Era un día fabuloso y se levantó rápidamente, pero la alegría no llenaba su corazón esta mañana que debería haber sido la más radiante de su vida. El monarca aún pensaba que no sabía qué decisión tomar en esta octava hora, mientras que las puertas del recinto eran abiertas de par en par para que el pueblo en alborozo viniera a gritar con vitalidad su lealtad, tal como era costumbre, debajo de la terraza donde debían aparecer Geb y Nut juntos por primera vez.

Los guardias reales presentaban sonrisas satisfechas, la muchedumbre no pisoteaba demasiado las orillas de flores, y estaba dispuesta a estar amontonada durante unas cuantas horas. Los jóvenes futuros esposos aún no habían aparecido cuando el pueblo ya había invadido no sólo las avenidas, el césped, sino los jardines, y la marea humana se acoplaba en el menor lugar disponible, ya que después de la presentación real, que no debía tardar, deberían esperar aún tres horas más, antes de que la ceremonia tuviera lugar.

La opresión malsana que impedía al rey actuar, desapareció bruscamente. Se dio cuenta que le era imposible rechazar esta unión prevista desde tanto tiempo, simplemente porque amaba Nut. Se encogió de hombros, vencido por él mismo, para volver a ser el monarca que soportaría esta prueba adicional ya que ¡era necesario! No tardó mucho en estar listo, llamó a su consejero que llegó en el acto, habiendo velado toda la noche en la antecámara. La inquietud se reflejaba en los rasgos del hombre, demostrando hasta qué punto los seres cercanos, que habían asistido al regreso del Nahi y observado su ausencia en la cena que él mismo había propuesto, habían estado atentos toda la noche.

Sólo por la mañana el An-Nu puso al corriente al padre de Geb, poco tiempo antes de que éste se decidiera a hablar. De esta forma, el consejero se convirtió en el mensajero vital, y su salida fue observada con una viva inquietud, ocurrió que Dios había decidido vencer al joven Soberano por el sueño, para que a su despertar no pudiese retroceder.

El gentío esperaba gritando su alegría por el acontecimiento que tanto esperaba. El pueblo exigía con sus gritos una aparición inmediata de los dos futuros esposos. Y Geb, atrapado en un engranaje que no podía detener, y que no tenía ganas de detener, se inclinó. Sintió un alivio infinito al tomar esta decisión, estimando con ardor juvenil que el destino se encarnizaba en fastidiarle la boda y hacer de ellos los instrumentos del poder divino. ¡Injusto, pero inevitable!

De modo que, nervioso, ordenó al Consejero avisar a la Princesa de estar preparada lo antes posible con la vestidura de ceremonia, ya que iría a por ella antes de que acabase esta hora, y fue con intenso alivio que el consejero se retiró, dando la buena noticia al antiguo Monarca y a su mujer que habían acudido a la antecámara.

Los cuatro sacerdotes sirviendo el joven maestro entraron en la habitación para vestirlo de ceremonia, y preparar un baño mineralizado y aromatizado en el que el joven rey se sumergió con placer. Desecho de sus impurezas, se dejó vestir con el atuendo propio de gala de los maestros: el que había llevado su padre y su abuelo, y muchas otras generaciones de monarcas antes que él para las nupcias. La túnica era trenzada, con hilos de lino muy sedosos, de oro y de púrpura tan bien entrelazados que aún parecía nueva. En el frontal, resplandecía con una brillante luminosidad a la altura del pecho, bordado por artesanos, el símbolo de Aha-Men-Ptah: "la cruz de Vida" en hilo de oro saliendo de un corazón púrpura.

Al llevarlo, Geb se convertía en el 588 sucesor del Primogénito, y únicamente su esposa daría lugar a un nuevo portador de esta Túnica. Sonrió amargamente pensando que, precisamente, esta vez no sería su hijo el que se convertiría en el siguiente maestro, pero, se incorporó rápidamente ya que sus servidores lo esperaban para llevarlo hasta el apartamento de la princesa.

El An-Nu, el antiguo Monarca, y su esposa, esperaban pacientemente delante de la puerta, y fue esta pequeña procesión solemne y poco estirada la que recorrió el pasillo hasta la terraza sur. La futura reina resplandecía de triste belleza, infinitamente conmovedora, realzada por un vestido diáfano de lino puro. Nut se apoyó en el codo derecho del que sería pronto su esposo. Dios deseaba esta prueba, fortalecería su amor y esperaba con toda su alma que con el tiempo el resto se arreglase...

Cuando llegaron al balcón principal, dominando los jardines y el césped de la terraza llamada de los "Cuatro Tiempos", fue el delirio general, un sol magnífico brillaba cegador con toda su potencia, los rayos dorados jugaron en la cabellera rubia de la Princesa, creando un tipo de aura que rodeaba el bello rostro. Este aspecto de divinidad fue perceptible a más de cuatrocientas mil personas reunidas sobre varias hectáreas que al percibir el fenómeno dieron gritos de sorpresa, de admiración, y sus ovaciones fueron oídas hasta en la capital, donde la gran muchedumbre se aprestaba a llegar al palacio para la bendición.

Contemplando a su vez esta multitud abigarrada, expuesta a sus pies, Geb comprendió al oír los "vivas", cada vez con más ritmo y más potentes, que el futuro que empezaba para ellos dos, realmente podría iniciarse cuando ¡lo que debía realizarse, se cumpliese! Se prometió, frente al pueblo, y a Dios, que después del "acontecimiento", intentaría reconquistar a su esposa.

Esta vez la ceremonia tuvo lugar en el templo tan abarrotado, como en los mejores días, de los que sólo se nombran dos en los Anales. Más de un millón de almas, cuyas nueve décimas partes estaban en el exterior, se comunicaban con la sonoridad estudiada de los diferentes ritos de la bendición pontifical, ya que las palabras pronunciadas en cualquier lugar de la nave central, reverberaban en otros lugares determinados, donde la voz tomaba amplitud a través de los diferentes ejes arquitecturales permitiendo una buena audición bastante lejos en el exterior.

Poco antes de acabar la doceava hora, la ceremonia nupcial acabó en este 2 de agosto de 9.843 a.C. Geb y Nut estaban unidos para la eternidad y nada podía ya deshacer lo que Dios había bendecido. Lo que sin embargo el pueblo no quería admitir aún era el fin cercano del continente. Y el An-Nu soñó amargamente que los tiempos se estaban agotando: apenas cincuenta y un años de supervivencia, para este maravilloso país que era Aha-Men-Ptah.

Los que egoístamente reflexionaban algunas veces sobre el fundamento de esta creencia ancestral, no se sentían concernidos por la sobrecarga de la excitación de los antiguos Sabios que, habiendo visto un pequeño diluvio en el norte, entrevieron uno mayor para la noche de los tiempos. Era una imagen del sacerdocio, para acreditar la creencia y el respeto de los mandamientos que se derivaban de ello. Y los numerosos ateos de aquel período, juzgaban inútil lo que fue válido en el pasado, ya que en este presente cada uno era libre de actuar como pensar, y no eran conscientes de que se encadenaban a unas ideas que los llevaban a su perdición. Ya nada seguía la ética divina, y todo se acordaba a las necesidades humanas, cuya mejor ley, irremediablemente, se transformaba en la del más fuerte.

Mirando todos esos rostros, Geb se preguntaba ansiosamente si podría conducirlos a mejores sentimientos. Sin embargo, fue un tremendo fracaso lo que marcó el resto de los acontecimientos.

Llegado el tiempo del fin de las festividades, las ojeras reaparecieron y la inconsciencia se hizo incurable. El joven monarca había tenido tiempo de meditar ampliamente, ya que si en apariencia, la vida en el palacio real era normal, la vida común del maestro y de su esposa era inexistente, excepto en muy escasas ocasiones oficiales. El rey juzgaba preferible dejar su mujer tener ese hijo fuera de su presencia. Además, como la situación política se envenenaba en las otras Provincias, Geb tenía suficientes pretextos para demostrar su mal humor.

Pero Nut, que se transformaba en mujer cada día más, sufría por este alejamiento que la dejaba desamparada, llena de una infinita tristeza. La joven, sabía sin embargo, que la situación que vivían era molesta para su joven esposo, y pensó en el único verdadero amigo que pudiera ser su confidente, el An-Nu, que la consoló lo mejor que pudo, ya que era evidente para el pontífice, que además de ser Reina había sido la "Elegida de Dios", y optó por desviar la atención, hablando sobre la vida de Aha-Men-Ptah, y de las vicisitudes de los príncipes que de regreso a sus estados tenían tantas preocupaciones. Uno de ellos incluso imitó al maestro, levantando por primera vez, un ejército, un regimiento militar, entrenado para combatir contra otros hombres; en otros lugares, los Consejos desobedecían a su modo, minando la Autoridad central, y que Geb tenía motivos para estar retraído.

Desde la víspera en Ath-Mer unos clanes de burgueses clamaron de viva voz en el seno de la corte de Justicia en contra del poder, cuando, justamente, ellos eran los que proclamaban su mayor apego al trono. Se habían establecido unos impuestos para acelerar la construcción de una nueva serie de "Mandjit", esas embarcaciones insumergibles que por miles permitirían escapar en el último momento de los puertos aún bajo control gubernamental. Pero este éxodo era cada vez más odiado por la clase cultivada de la población: la sola idea era insoportable e indefendible. La palabra misma y la obligada visión de partida a toda prisa hacia una tierra que sería una segunda patria, un "Segundo Corazón", no hacia reír, sino que levantaba los corazones populares de indignación.

Más de diez milenios habían pasado desde el "pequeño diluvio", - verídico- que justamente había, arrasado los territorios del norte de la actual Reina Nut. Y ¿por qué cien siglos después la vida entera del Reinado debía paralizarse por completo y su comercio exterior verse totalmente bloqueado? Sólo porque los Sabios en sus actos contemplativos, habían predicho en aquella época que el cataclismo se abatiría sobre el país, con tanto adelanto. ¿Qué fe se podía conceder a tales campanadas? Los sabios actuales harían mejor en esconderse bajo tierra para no perecer de vergüenza, el famoso día de después...

Todos los rumores no reflejaban más que un estado de aberración mental, juzgando inadmisible que un Rey tan joven se dejase llevar por ¡viejas sandeces!, –así se hablaba abiertamente de los Sabios–, con el pretexto de que el Gran Arquitecto Real juraba que su nuevo barco era insumergible. ¿Cual era el interés?, ya que incluso, si llegara la tormenta, las actuales embarcaciones no se hundirían. Una cosa quedaba clara en esta psicosis de fin del mundo, una depresión en aumento se instalaba instigada por algunos emisarios llegados clandestinamente desde los estados rebeldes y que veían en ello el medio de acabar con el poder, instaurando un tipo de guerra civil.

Las calumnias iban a toda marcha. El joven Soberano estaba realmente a la altura de la labor de sus antepasados, y era de notoriedad pública que su joven y grácil mujer vivía reclusa en la misma ala sur, como a su llegada, con la única compañía de sus seguidoras que se aburrían ¿De qué estaba hecho este "maestro", que había sido tan ovacionado, y del que se esperaban muchas? El apartamento real nunca había sido ocupado, y lo que era cierto, es que si iba a ocurrir el fin, sería de alguna forma el fin de los "reyes", ya que esta situación no permitiría heredero alguno. Los comentarios iban en aumento, alimentados por todos los que tenían algún interés en que la confusión ganara al prójimo, y se transformara en multitud. El An-Nu, mucho más angustiado de lo que dejaba ver en público, o incluso frente a Geb, se daba cuenta que, pronto, incluso Dios no reconocería a los suyos en esta baraúnda miserable de malos sentimientos, hecha de impiedad, de ignominia y que cada día ganaba mayor público.

Raros eran los fieles que venían a los templos, y los mismos novicios sólo venían obligados por sus Primogénitos. Las reuniones espirituales eran curiosidades literarias sujetas a contestación y a negación. El fin de un tiempo se dibujaba de todos modos, y era muy probable que coincidiera con el gran cataclismo. Además llegó un nuevo rumor de palacio, que se propagó como un relámpago. Era sorprendente, increíble, imposible, y sin embargo era objeto de todos los chismes comentados: la graciosa Reina esperaba un heredero. Nadie lo desmintió, ni intentó calmar las lenguas y la incomprensión fue total, después de lo que comentaba sobre sus relaciones o, mejor dicho, sobre la falta de relaciones entre Geb y su esposa.

Por ello, las lenguas se explayaron aún más en pocos días, a pesar de que no llegó ningún desmentido y que nadie anunciaba la fecha de llegada del nuevo "Heredero". Aún así, seis meses después de la bendición nupcial, el palacio comunicó brevemente, pero muy oficialmente, la llegada de un feliz acontecimiento. Fue el An-Nu en persona, que al finalizar su homilía consagrada al día de Dios, anunció que al cuarenta día que seguiría, la grácil Reina Nut, sería "Madre Divina". Un estupor sin nombre recorrió todos los asistentes. Y a continuación tuvo lugar una avalancha de pasiones: ¿Quién sabe contar? ¿Qué era eso de "Madre Divina"? ¿De quién se iban a reír ahora? ¿Cómo iba a ser posible asegurar esa exactitud en el nacimiento, y aún más pareciendo todo esto muy normal? Además, ¿Qué venía a hacer "Dios" en este acontecimiento?

La pasión corría en todos los corazones, al igual que la indignación de no haber sido informados de la verdad. ¿Qué estaba realmente ocurriendo? Porque, en fin, o bien esta bella reina ya esperaba un hijo antes de su boda, o algo seguía ocultándose. La espera popular fue grande hasta el día 204, y tal como había previsto la Voz, y como había sido anunciado por el Pontífice: un pequeño niño nació en manos de las matronas que habían venido asistir a la reina en el prematuro parto, todo ocurrió admirablemente bien. Osiris había nacido, algo enclenque y no pesando más que un kilo tres cuartos. Lo que no le impidió sonreír desde el primer momento de su vida. En cuanto al resto, ya tendría tiempo de fortalecerse.

Extracto de la historia de Isis y Osiris (Iset y Ousir) proviniendo de una de las numerosas estelas descubiertas a finales del XIX siglo.

CAPÍTULO X

OSIRIS E ISET

¡Oh Dios Todopoderoso, de ayer, de este día y de mañana!
He aquí Osiris, Tú viva imagen, tal y como lo has deseado.
A imagen de los hombres. Es de Ti, es tuyo, protégelo a lo largo
de su vida que tú sólo podrás volver a tomar.
AM Hati Nouter
Oración de la Dama del Cielo, Dendera

Oh Nut, Madre Bien Amada, tan frágil pero indestructible,
extiende tus brazos por encima de mi para protegerme.
Haz que la muerte se aleje de mí.
Haz que pueda iniciar la Obra Divina.
Los Cuatro Tiempos
Oración de Osiris

Sabiendo que el recién nacido sería presentado a Dios en su bautizo con el nombre Sagrado de "Osiris", la indignación unánime del pueblo había alcanzado al colegio de sacerdotes. Y el An-Nu, psicológicamente había juzgado preferible no desvelar la esencia divina de este Hijo, y no provocar un estado de protesta permanente, sin embargo se generaron diálogos interminables, en los que cualquier respeto hacia Dios estaba excluido. Por ello la blasfemia que surgió una vez, no surgía esta vez por parte de la muchedumbre, lo que hacía sonreír con sencillez al pontífice, este gran sacerdote jefe de todos los campos de Dios en todo el continente. Porque nadie comprendía este acto insensato que consistía en bendecir un mortal con nombre divino, aún cuando este fuese a ser el maestro de Aha-Men-Path, pero el An-Nu actuaba con conocimiento de causa, y cambió diplomáticamente la dificultad en el sermón que realizó la víspera de la ceremonia, donde había numerosos asistentes llegados a escuchar por mera curiosidad, oyeron decir que la ancestral pareja de Geb y Nut, descendientes directos de Dios, habían dado a su primer hijo el nombre de "Osiris". ¿Ya que el maestro y su actual esposa que se llamaban ambos con los mismos nombres que sus predecesores divinos, no podían llamar a su hijo de otra forma más que: "primogénito Osiris"? Esta ceremonia debía revestir una forma solemne y sería la oportunidad de volver al rito encargado por Dios.

Así, mucho antes de que el alba empezase a enrojecer la tierra circundante de los Templos, más de una hora antes de la que anuncia la aparición del astro del día, el "maestro de la Medida" y los cuatro oficiantes designados por el An-Nu como sacerdotes de bautizo, acompañados por un escriba de los ritos, y el lector del ritual, seguían al Primer-Profeta-de-Manos-muy-Puras, que estaba encargado de preparar al pontífice de Aha-Men-Ptah para la gran ceremonia del bautizo. Toda la noche, el An-Nu había estado postrado en el santuario Divino, y oraciones expiatorias lo habían preparado a la purificación que iba a tener lugar; había purgado su espíritu antes de lavar su cuerpo. Con lo que estaría dispuesto a dar la bendición bautismal al amanecer del sol, en el horizonte occidental, que era el mejor indicativo de larga Vida. La ceremonia no acabaría más que cuando hubiera recibido su nombre de hombre, y que éste hubiera sido proclamado a las cuatro esquinas de los "Cuatro Tiempos", lo que permitiría conservarlo para la eternidad.

Pero ya era hora, y se levantó movido por un sexto sentido, salió del santuario en el momento en el que el pequeño grupo de sacerdotes llegaba a su entrada. A pesar de su meditación, impensable para un anciano, apareció fresco y dispuesto en la penumbra del inmenso patio que separaba las habitaciones de los servidores del Dios del templo. Nadie podía imaginar el fervor que lo había mantenido despierto toda la noche, rogando por una felicidad humana para el recién nacido. Todos se encontraron frente al enorme doble batiente de bronce del pórtico de Levante, mantenido por cuatro amplias columnatas con bajo relieves pintados en rojo y negro sobre un fondo blanco de mármol, ensalzando y glorificando todos las obras divinas de la Creación.

Los oficiantes empujaron un poco más el pesado batiente entreabierto deslizándolo silenciosamente, después se inclinaron profundamente en señal de gran respeto, dejando al primer profeta avanzar a su vez para guiar los pasos del Pontífice hacia la calzada empinada que permitía el acceso al Corazón, al Santa Sanctórum de "Seqt'b N'Mer-Shoum": "El Amado hacia quién baja la Luz", ese enorme bloque con cuatro caras triangulares que se dirigen hacia un único punto en su cima, y que a pesar de la noche, brillaba con claridad.

Necesitaron veinte minutos para subir la calzada, cuyo cimiento descansaba a altura de la decimosexta hilada de bloques, y sobre la que se abría un Camino hacia la "Sala Sagrada". Como necesitarían el mismo tiempo para descender, disponían de una escasa media hora para rogar la intercesión Divina contra los elementos antes de que se desencadenaran.

El lugar había sido edificado siguiendo datos matemáticos extremadamente precisos, y el conjunto arquitectural permitía, por su propia geometría, recibir las doce emisiones de rayos interestelares que se concentraban en esta Sala Sagrada, donde llegaban pasando por conductos especiales con ángulos de inclinación sabiamente calculados. Sólo el primer profeta pudo seguir al An-Nu, los oficiantes y los dos escribas esperaron con paciencia en el pasillo, después, oyendo el ritual de llamada a Dios, se inclinaron por respeto hacia su Creador antes de volver a bajar y dirigirse hacia el "Lago Sagrado" para purificarse. Abajo, en la amplia calzada, tomaron un momento el camino que recorría el muro del recinto exterior, erigido con doce metros de espesor en ladrillos crudos, que rodeaba los espacios comunes del Templo, aislándolos del Palacio Real, también rodaba totalmente los jardines y una parte del bosque en un inmenso cuadrilátero de cerca de 28 kilómetros por 22.

Hasta este día los sacerdotes no reanudaron la tradición ancestral, que consistía ante toda ceremonia importante, no sólo limitarse a una purificación simbólica, sino ir hasta el lago sagrado, que estaba alimentado por una fuente muy pura. Acabado el ritual de abluciones, volvieron a vestir sus túnicas de lino crudo, que los sacerdotes tejedores habían especialmente preparado para este tipo de ceremonia. Se dirigieron a continuación sin perder un momento hacia el pozo de la Fuente Pura, donde los cántaros esperaban purificados desde la víspera, de forma ritual. Los contenidos estaban destinados a llenar el recipiente con forma de pequeña bañera, consagrado, alejado de todo posible "tocamiento" en la Sacristía Pura, esperando el bautizo.

Esta última sala formaba un pequeño vestíbulo, comunicando el lado oeste del camino que iba al Pozo, y el lado sur, con el centro del coro del Templo Dios. Así, la bañera era llevada por cuatro oficiantes puros, y justos en el momento en el que el recién nacido sería introducido tres veces, antes de ser presentado a los Cuatro Tiempos.

Todo estaba tan bien ordenado en el desarrollo de las operaciones preliminares, que los sacerdotes purificados portadores de los cántaros, incluso sin haberlo practicado anteriormente, actuaban como unos autómatas bien engrasados. Habían volcado el preciado contenido en el contenedor consagrado en el instante en el que el Sacerdote Jefe de los escribas, llegó al lugar Santo, teniendo el rango de sacerdote más elevado de la jerarquía del templo llegó con el fin de consagrar de nuevo la sacristía para estar aún más seguro, al igual que el Agua Pura, para que el Creador pudiera dar su nombre humano al nuevo ser vivo, en este día bendito, en medio de todos los que se pronto se iban a sublevar.

Toda suciedad fue eliminada del lugar, donde el agua de Vida se disponía a realizar su oficio divino complementario, permitiendo a la nueva alma concordarse con armonía con Dios y su Eternidad. Los oficiantes, el Sacerdote, y el jefe de los escribas penetraron después de haber cerrado con precaución el batiente de la sacristía, en el coro, donde el altar había sido purificado y dispuesto por el "Sacerdote-Gran-Conductor-de-los-Ritos": el "Hamenout-Sinsinches", que sacudía por todo el lugar un pequeño utensilio de donde salía un humo purificador con olor penetrante. Otros dos sacerdotes encargados de los "Rollos-de-la-Tradición", esperaban, con sus muy preciados manuscritos en mano, listos para dar las respuestas rituales llegado el momento.

Todo estaba dispuesto, las puertas fueron abiertas de par en par para que los invitados pudieran observar que Dios esperaba a Su hora a partir de este momento. Pero nadie penetraría en su recinto consagrado antes de que la presentación al "Sol Naciente" hubiese terminado en el "Círculo de Oro" de los movimientos matemáticos divinos, por encima del cual, en las terrazas superpuestas acomodadas para este acontecimiento, un buen centenar de miles de privilegiados estaban instalados en espera de la aparición de los primeros rayos solares.

El cielo empezó a iluminarse en una progresión sabiamente dosificada. Una fosforescencia dorada pareció emanar del Círculo de Oro, y los doce bloques de las constelaciones zodiacales se iluminaron con extraños destellos. Espectáculo inolvidable que levantó una tempestad de exclamaciones y de aplausos. Las influencias de las "Combinaciones Celestes Matemáticas" hacía prueba aquí de su poder divino, influenciando la parcela receptora de la envoltura humana que sería el Alma del recién nacido.

De un momento a otro el color violeta del cielo se tornó púrpura, luego rojo claro y rosa, desde lo alto, el Círculo Solar aparecía, proyectando sobre el Círculo de Oro sus primeros rayos. En este momento Geb y Nut aparecieron en la cima de la escalera del muro este, que permitía acceder desde el palacio real al atrio del templo por los pasadizos subterráneos. La reina deseó llevar ella misma su hijo a pesar de su reciente parto. El An-Nu, que acababa de llegar con el primer profeta cerca de la sacristía, se adelantó por el otro lado del círculo vestido con su espléndida ropa del "Amanecer del Sol", tejida en hilo de oro. Llevó de inmediato a la pareja real cerca del bloque monolítico destinado a los nacidos bajo Leo, sobre el cual la reina depositó su precioso hijo después de haberle quitado su pequeña túnica blanca.

Como a la espera de este último segundo, un corto arco solar apareció cegando con su oro los ojos de los asistentes, y los primeros rayos aparecieron, rodeando el bloque cristalino y al bebé en el mismo aura, acariciando rápidamente al Maestro y a su esposa, al igual que al An-Nu que parecía llamear con el brillo dorado de su vestimenta, antes de extenderse sobre el círculo de Oro en su totalidad, luego se extendió algunos minutos al territorio entero de Aha-Men-Ptah.

El Pontífice se adelantó hacia el centro del círculo, satisfecho del desarrollo de las combinaciones Celestes, se plantó sólidamente sobre sus dos piernas y levantando los dos brazos hacia el astro resplandeciente, pronunció con voz firme la oración original:

– "Oh, Tú, Sol que te levantas eternamente por encima de la Tierra con el fin de fertilizarla por igual a lo largo de los Cuatro Tiempos. Tú eres la bendición de Dios sin igual; el Todopoderoso Creador, nuestro Dios. Desde Occidente apareces brillando con luz Divina, cruzas el Gran Río Blanco Celeste en la barca dorada, navegando incansablemente, día tras día, hacia Oriente, cuando la noche hace dormir a la Tierra, Tú iluminas su Más Allá: la Vida Eterna. Te Saludo, ¡Oh, Sol Naciente, bendición de Dios!"

El Colegio de los Sacerdotes repitió la última frase al unísono:

–" ¡Te saludamos!, ¡Oh, Sol Naciente, bendición de Dios!"

La reina mientras tanto había vuelto a vestir a su hijo y lo elevó presentándolo a los cuatro horizontes. La muchedumbre repitió en ese momento por tercera vez el saludo al Sol. El Primer Profeta prosiguió salmodiando:

–"Tú eres el que, gracias a Dios, el Eterno Creador, brillará sobre los campos con su mejor resplandor, para que crezcan las flores y los árboles, y se multipliquen los seres y los hombres. Tú eres la herramienta principal del que creó la Tierra cuando empezó a existir."

Los sacerdotes entonaron la réplica, y a continuación la muchedumbre:

–"¡Gloria a Ti, Dios Todo Poderoso, Creador del Sol y de la Tierra!"

En ese momento el disco diurno ya estaba totalmente por encima del horizonte, donde a pesar de parecer más lejano, no por ello cegaba menos, al contrario, su color amarillo dorado era imposible de mirar sin quedar cegado, lo que Dios deseaba demostrar, era que con ningún pretexto se debía desafiar el Poder Divino, bajo pena de padecer un castigo ejemplar.

El An-Nu que había asistido impasible a la presentación del hijo a los "Cuatro Tiempos" se dirigió a ellos, y a Geb que se había acercado:

−"¡Oh Tú!, Sol Todo Poderoso, has inundado con tu Luz benéfica, con tu brillo dorado, el cristal donde estaba la pequeña envoltura carnal que esta madre afortunada por Voluntad y Gracias Divina. Todos los presentes rogamos antes de implorar a Dios que fortalezca el Alma de en este cuerpo tan joven y que haga resplandecer eternamente sobre su cabeza y las nuestras el Poder Benéfico de tus rayos."

Todos salmodiaron la última frase del ritual preliminar a la presentación al Sol:

−"¡Gloria a Ti, Creador de la Eternidad, viva y no viva, de todos los tiempos: el de la Vida terrestre y del de la Vida en el Eterno Más Allá."

Tan pronto como la frase terminó, con gritos de entusiasmo, la muchedumbre se dispersó corriendo en todos los sentidos; unos, para poder precipitarse al otro lado del Templo principal y poder entrar para depositar las tradicionales ofrendas que eran su carga; otros, para dirigirse directamente a la gran nave, cruzaban la nave principal por las ocho puertas que daban acceso y así, poder acercarse lo más posible al lugar del bautizo que tendría lugar tres horas más tarde.

El maestro y su esposa, llevando de nuevo su recién nacido, volvieron a penetrar por el mismo subterráneo hacia el Palacio Real. En cuanto a An-Nu, sonriente gritó al Primer Profeta, para que pudiese oírlo a pesar de estar cerca de él:

−"Dios también debe haberse alegrado, nos ha enviado fielmente el Sol, este generador de Vida, y el "Maestro-de-la-Medida" ha calculado sus Combinaciones con extrema precisión ¡Que la Paz Divina se extienda a todos nosotros llegado el momento, del bautizo!"
−"Que así sea, Pontífice, si Dios lo desea, y la cosecha ha sido tan buena que las ofrendas llegadas a nuestras bodegas parecen muy generosas."
−"Es una noticia muy buena ciertamente. Vayamos a verificar su exactitud, y ¿Ello significaría un renacer del respeto en el Creador?... Esta es la pregunta."

Rodeando el templo, los dos grandes sacerdotes se dirigieron hacia las tiendas y los establos adjuntos, frente a los que había gran actividad cacareadora y chillona por las diferentes aves y bestias que avanzaban en una lenta progresión frente a varias aperturas donde se depositaban las ofrendas más variadas frente a una cuarentena de sacerdotes y escribas: receptores de las ofrendas que anotaban sobre rollos y marcaban con el sello del Gran Pontificado de Aha-Men-Ptah los objetos y animales que les eran entregados. Después se distribuían por categorías y eran enviados a los locales apropiados. Había alimentos de todo tipo hasta bebidas de toda clase; hermosas aves de corral, cerdos peludos, bellas telas y mobiliario lujoso, sin olvidar raros perfumes y joyas de gran valor.

El An-Nu comentó, a media voz, mientras que las filas se abrían respetuosamente para dejarlos pasar:

—"Otra vez tienes más razón, Profeta. ¡Buenos augurios! Las ofrendas son muy generosas y muy importantes, es fácil darse cuenta, pero temo, sin embargo, sin desear contradecirte, que la buena cosecha ya recolectada sea su primera causa."
—"¿Porqué dices eso, Pontífice?"
—"...Es el miedo al Gran Cataclismo, todos gritan en contra, pero los gritos no son más que las ínfimas partes inconscientes de una Verdad que se acerca con grandes pasos. Esta gente se imagina quizás que sus dones conjurarán la mala suerte, o que de alguna forma disminuirían su pasada impiedad, sembrando así un minúsculo germen en relación a lo que poseen, pensando cosechar un derecho de paso llegado el momento. Pero en el fondo, tú tienes razón, Profeta, ¡por el buen augurio! Quizás, ellos agradecen sencillamente a Dios el nacimiento de un futuro "Maestro". Quizás les servirá de Guía cuando llegue el desastre. Vayamos a orar antes de la ceremonia ya es hora.

Media hora antes del inicio de la bendición divina, el templo estaba lleno, al igual que las inmediaciones. Los oficiales ya ocupaban su lugar en los puestos rituales, rígidos, silenciosos. Sólo de vez en cuando se oía algún murmullo entre los invitados apretados.

El An-Nu penetró en la nave central a la que había llegado pocos minutos antes de la pareja real y de su hijo, por una escalera cavada en el pilar central de más de tres metros de espesor, y que lo llevaba directamente desde sus apartamentos a través de un túnel que desembocaba junto al altar, por el interior esa columna de las ocho que soportaba la bóveda. Un sacerdote le entregó de inmediato un incensario que un segundo sacerdote no tardó en prender con una antorcha preparada. Mientras que el pontífice realizaba la purificación final del altar, los cuatro oficiantes trajeron la bañera. El silencio era total a lo largo de estos preparativos, y pareció aún más profundo con la entrada de Geb y Nut llevando su hijo, coincidiendo con la llegada del recipiente conteniendo el agua pura. El primer Profeta subió al pedestal situado a izquierda del altar, mientras que el Rey, su esposa y su hijo ocupaban su lugar en unos sillones dispuestos para ellos cerca de la mesa Sagrada sobre la que se depositó la bañera.

El orador, viendo que el An-Nu había terminado su oficio y esperaba de pie, hizo signo a la asamblea de levantarse, lo que hicieron todos, al igual que Geb, y sin más demora el primer Profeta entonó la oración de apertura:

–"Gran Dios Eterno, que tu bendición acompañe este rito que dará aquí mismo una nueva Alma a Tu pueblo, en Tu Morada, para que este recién nacido no sólo sea un hombre, sino Tu fiel servidor."

El sacerdote lector del ritual tomó el relevo entonando con las dos manos alzadas por encima de su cabeza:

–"¡Oh Tú, Gran Dios Eterno!, haz que este recién nacido sea tu fiel servidor como lo son todas las cosas y todos los seres aquí abajo si desean vivir en Tu Paz. Tú eres el Creador que modeló y dio forma a la Gran Luz que esta mañana ha engendrado a través de sus rayos un nuevo día. Te rogamos que así sea, día tras día, para que el pequeño ser que va a recibir su nombre de hombre pueda usarlo durante una Vida muy larga."

El An-Nu se acercó más al altar y miró a la muchedumbre de fieles, en la primera fila estaba el rey de pie como los demás y su esposa sentada sujetando tiernamente a su hijo, y mucho más conmovida de lo que hubiera deseado. Levantando los brazos abiertos a la altura de sus hombros, el Pontífice empezó a recitar el ritual con voz ligeramente temblorosa al principio, pero que pronto se aseguró:

- "¡Gloria a nuestro Padre, el de todos: Dios!"

Cada una de las frases era repetida una a una en coro; sin embargo, la larga letanía acabó de forma inhabitual:

- "A Ti, Eternidad, Dios Todopoderoso, ya que el Origen de la vida está únicamente en tu espíritu para todas las cosas y todos los seres, allá donde estén, incluyendo a los "Bienaventurados". Tu benefactora vigilancia se extiende al Cielo entero, no hay protección más poderosa que la tuya, ¡Oh, Tú: Dios-Único de los hombres de buena voluntad!"

El primer profeta hizo una pausa, y con un signo de la mano, indicó a la asamblea de sentarse, lo que se hizo con algo de ruido, ya en los bancos de granito, en los de madera, o como en las primeras filas, en sillones tal Geb, que tristemente contemplaba este bebé que no era suyo. El orador con mirada satisfecha sobre su auditorio, y seguro de haber captado su atención, señaló con un índice acusador un punto indefinido por encima de las cabezas:

–"Cualquiera que haya penetrado en este lugar Sagrado en estado de impureza padecerá la "mala muerte" no yendo al "Más Allá de la Vida Bienaventurada". Porque Dios aprecia mucho más la pureza que las miles de ofrendas que hoy tan generosamente habéis puesto a Sus pies: el mejor alimento que podéis dar al Creador es vuestra pureza. Es la única que ruego, con todas mis míseras fuerzas para que se introduzca en la parcela Divina, que proveerá a esta nueva envoltura carnal en brazos de la graciosa Primera Dama de Aha-Men-Ptah, él es el próximo conductor de nuestro pueblo, "Primogénito de Dios". Esta Alma pura y recta será nuestra satisfacción, tanto como Su satisfacción."

Los cuatro oficiantes se apresuraron a continuación alrededor del altar, desplegando rollos de tela fina, en lino especialmente trenzados, para acabar la preparación de la ceremonia del bautizo. Mientras tanto, ocho arpistas cantaban en coro alabanzas en honor al bebé, sacando sonidos muy armoniosos de sus instrumentos, con la muchedumbre, que había canturreado el canto desde hacía unos días retomando el estribillo.

El An-Nu, preparado, se acercó a la mesa:

–"Que plazca a Dios presidir esta bendición, ya que aquí está Su Morada. Y en los brazos de esta esposa realizada, se encuentra un Hijo Bien Amado que la Gracia Divina debe llenar de beneficios."

Un murmuro reprobador corrió por la asamblea frente a las palabras que consideraba blasfemas. Pero el primer profeta, siempre de pie sobre su pedestal, hizo signo imperativo a todos de volver a levantarse, mientras que con una voz fuerte dijo:

–"Que Geb, salido de la Tierra, "Maestro de Aha-Men-Ptah" se adelante: que Nut, "Dama del Cielo", Seguidora de Dios, se acerque. Los dos, frente a este altar, vamos a presentar a vuestro hijo a su Eterno Creador."

La reina elevó su hijo por encima de la bañera en cuanto el An-Nu llegó a su lado, y lo volvió a tomar en cuanto éste le quitó la pequeña túnica sedosa. El Pontífice lo sujetó con delicadeza, diciendo:

–"Feliz el que viva Bueno y Justo, ya que contemplará tu Rostro, ¡Oh Tú, Dios de todas las generosidades! Haz que nuestro pequeño ser, Tú Hijo, crezca en la Justicia y la Bondad con el fin de también que pueda contemplarte. Elevemos nuestras voces en una oración común con el fin de interceder para la realización de este deseo."

Todas las gargantas rezaron la oración aprendida desde hacía tiempo, pero algo olvidada, mientras el Pontífice volviéndose hacia los asistentes, les presentaba el recién nacido sonriente. La muchedumbre olvidó por un momento la oración y el lugar santo, y gritó entusiasmada. El An-Nu se giró de nuevo alzando el bebé por encima del agua Pura, y el silencio volvió.

–"En este líquido que viene directamente del Nacimiento Sagrado, que brota del mismo "Gran Río Celeste", serás sumergido tres veces, ¡Oh tú joven envoltura carnal! La primera, con el fin de que tu senda siga el mismo camino hacia el cénit como nuestro astro solar, y que ilumine el cielo de Aha-Men-Ptah como el Sol resplandece en medio del día."

Sumergiendo el cuerpo entero una primera vez, el Pontífice mantuvo la frágil cabeza del bebé, bien delgado, frente al movimiento instintivo de defensa que había arqueado el cuerpo de la Reina y el del Rey, muy visible. Lo que hizo sonreír interiormente al Pontífice antes de añadir:

–"Una segunda vez para que tu alma mortal sigua la misma ruta hasta el horizonte, y que se acueste sin desfallecer, en total equidad sin mancha y de una plenitud igual a la del Sol Eterno."

Y el pontífice sumergió otra vez el bebé en el agua; esta vez, emitió un "aaré" que resonó, pero no lloró, acelerando el movimiento, encadenó:

–"La tercera vez, para que tu alma inmortal sigua la misma vía invisible de los no vivos, en el Más Allá inmaterial, los que están en la renaciente eternidad en los ciclos rítmicos de los Grandes Años."

La tercera inmersión no ocasionó ningún grito, y dos de los oficiantes se apresuraron en presentar el mullido lino a la Reina que envolvió el cuerpo de su hijo para secarlo. Luego el An-Nu le ayudó a ponerle la túnica, antes de elevarlo otra vez por encima de todas las cabezas, en dirección a la Cruz-de-Vida esculpida del corazón de un enorme sicomoro, que el Sol ahora en pleno cenit iluminaba completamente.

–"Tú, Señor de la Vida: he aquí un pequeño hombre: Tú dispones de la vida de cada uno de nosotros. He aquí otra más: su nombre es desde ahora ¡Osiris para la Eternidad!"

Los cuatro oficiantes repitieron:

–"¡Su nombre es Osiris para la Eternidad!"

Toda la muchedumbre conquistada por la ceremonia, con tono más tranquilo, repitió como un eco:

–"¡Osiris, Osiris, Osiris!"

La ceremonia no tardó en acabar en la alegría general. Nut había vuelto a tomar su hijo dotado de nombre de hombre. Los jóvenes esposos, de un mismo pie se dirigieron a la gran avenida central para cruzar la muchedumbre, sin tomar el pasadizo. Una formidable ovación acogió esta "innovación" que hizo temblar el edificio, lo que no impidió que Osiris sonriese. Y Geb apretó un poco más fuertemente el brazo de su mujer, que sujetaba el frágil bulto, para apoyarla al cruzar esta marea humana que sin embargo, intentaba facilitarle el paso por la avenida. Esta imagen de hecho dio alegría al Pontífice, que vio el primer signo Divino de una próxima relación, mucho más humana, y una vida conyugal comprometida.

En setenta y dos días el bebé tomó una apariencia normal, un ritmo de crecimiento acelerado parecía haberle sido insuflado; para festejar este feliz atardecer de ese día, que para nosotros correspondería al mes de mayo, el maestro decretó que esta fecha sería un día de acción benéfica en referencia a la infancia, y más específicamente para todos los bebés nacidos en este año. En consecuencia el Palacio ofreció un extraordinario regalo a todos los cadetes de Osiris, el día discurrió en plena festividad para sus padres que de nuevo abrieron el Palacio al pueblo ese día donde se pudo admirar la transformación física del que era llamado por todos por su nombre: "Osiris", tan bello como un Dios, que con sus grandes ojos abiertos observaba sin cesar el entorno y la sonrisa acogedora no se borró de sus labios.

La certeza se ancló en los espíritus que Dios ciertamente había intervenido de una forma u otra, para hacerlo divino. Es por lo que ese término de "Primogénito" le vendría bien más adelante, tal y como la predicción del An-Nu había precisado. El colegio de los sacerdotes también olvidó sus vehementes protestas, para plasmar el milagro frente a la armonía que se desprendía de ese pequeño cuerpo tan precioso. La recepción que cerró este memorable día fue unánime: Osiris bien merecía el nombre que le habían dado. Y el pontífice, que asistía a la pareja real, sonrió con buen humor a los elogios, ya que sabía verdaderamente que hubo un milagro de Dios.

Como desde hacía un buen mes el apartamento real se había abierto, todo parecía ir bien en palacios, para la pareja al menos. La habitación adjunta a la espaciosa estancia de los Maestros, había sido acomodada en tipo de guardería para Osiris. Su madre había deseado que estuviera ahí, de forma que pudiera ser la única en atenderlo por la noche sin la ayuda de ningún guardia, ni de guardiana principesca que hubiera debido ocupar la habitación adjunta, transformada por Nut en pequeño salón privado. En realidad todo había sido preparado para que la pareja real estuviese sola, no siendo necesaria vigilancia alguna para el hijo a pesar de su joven edad, ya que pasaba tranquilamente todas las noches con un sueño sereno, sin reclamar siquiera la leche materna antes de que el Sol apareciese en el cielo, que cada día aparecía menos sosegado.

Los esposos vivían sin embargo una luna de miel en toda quietud. Los Anales no hablan mucho del entendimiento perfecto que reinó desde este día entre Geb y su joven y bella esposa, pero lo que es seguro es que otro hijo nació el 4 de enero de 9.841, era de lo más mortal. Y fue igualmente aclamado a lo largo de su presentación, como lo fue el primogénito, a pesar de que no dejó de llorar a lo largo de toda la ceremonia, y que casi se ahoga de rabia en las tres inmersiones en los fondos bautismales.

Recibió el adulador nombre de "Ousit" con la esperanza de que su garganta no estallara bajo los llantos y que más tarde esta saña desapareciese cuando se convertiría en el símbolo tan esperado. Pero por el momento, el bebé era muy exclusivo, no dejaba dormir a sus padres en paz, que a pesar de desear hacer lo mismo que con el primogénito, no pudieron. Una envidia feroz hacia su hermano lo animó desde los primeros días de su vida.

Y unos once meses más tarde. ¡Qué sorpresa! de la pareja nacieron dos gemelas, que fueron llamadas "Iset y Nekbet", el 23 de febrero de 9.840, siempre en este calendario de antes de la era cristiana, rectificado en fechas contemporáneas. Las dos pequeñas niñas eran igualmente adorables, dejando los visitantes boquiabiertos de admiración. Iset era tan rubia como Nekbet era de morena, y si la primera reía aún más que Osiris, la segunda era más silenciosa y seria.

Una verdadera guardería fue necesaria para que los cuatro hijos, de los que Ousit fue el déspota tiránico, celoso, no sólo de su hermano, sino igualmente, de sus hermanas con las que era malicioso. Gritaba fácilmente por el mero placer de gritar y por verlos a todos intentar tranquilizarlo. Cuando tenía una crisis nerviosa, o la imitaba perfectamente, no consentía en parar más que cuando su madre lo mecía canturreando un aire melodioso.

Esta triple paternidad, en tan poco tiempo, había templado la Sabiduría de Geb que se afirmaba como "Maestro de Justicia y de Bondad". Lo que le permitía, a pesar de su felicidad familiar, saber que los tiempos estaban contados. Y ocurrieron desgracias que lo marcaría profundamente: su venerado Padre, el viejo Monarca Ahou, se apagó durante una noche muy tranquilamente en su cama. El ex-maestro no se había desnudado y presintiendo probablemente que no tardaría en unirse con sus antepasados en el reino de los bienaventurados, había revestido su bella túnica de ceremonia. La reina Petsou, su esposa Bien Amada, algo dolorida, había preferido descansar esa noche en otro lugar, y no en el apartamento real del piso superior de Palacio que era de ellos. Por ello, su pena fue inmensa y su enfermedad empeoró repentinamente, lo que aceleró su partida al Más Allá, y algunos días más tarde, a su vez, su alma dejó lo que fue su envoltura carnal, y pudo reunirse con la de Ahou.

Nut intentó consolar su esposo lo mejor que pudo, y le demostró que la imagen que "Ahou" se había llevado de sus nietos lo haría feliz para la Eternidad, efectivamente, la noche misma había sido visto en compañía de las dos pequeñas dejándolas saltar, una a una, sobre sus rodillas, y haciéndolas reír a más no poder.

El acompañamiento de los dos cuerpos embalsamados (con el fin de permitirles llegar juntos a las Orillas de los Bienaventurados, —eran necesarios 72 días— hasta la reconstrucción realizada especialmente para constituir la antecámara dándoles acceso, después de la pesada de sus Almas, al Reino de la Vida Eterna) tuvo lugar con gran ceremonial frente a decenas y decenas de miles de personas. Fue el 21 de marzo de 9.838, y no le quedaban a los habitantes de Aha-Men-Ptah más que 46 años y cuatro meses de supervivencia en su tierra, y comprender hasta qué punto, por su culpa, ya se hundían en un caos insondable.

El maestro, de regreso tras la larga ceremonia de los obsequios, meditaba tristemente sobre el futuro que le esperaba, así como sobre el de su pueblo. Ak-Menou estaba en la sala de los antepasados, cuya entrada estaba situada en el fondo de un pequeño patio interior, detrás del templo, era la única construcción edificada en un eje diferente, su diagonal debía seguir la línea norte sur para que el altar fuese paralelo al horizonte oriental, ahí donde se pone el sol cuando desparece en su barca celeste para navegar sobre el gran río, en el reino de los bienaventurados.

Desde el umbral de la puerta con doble batiente, de madera de sicomoro finamente esculpido, se veían las ocho cámaras rituales que constituían el conjunto de la antecámara destinada a los "mortales", recogiéndose en el recuerdo de los "ausentes", que estaban en el "Ak-Menou" y que no podían ser molestados.

Geb había seguido el ritual de purificación paso a paso: tomó un baño en la piscina de la primera habitación, se perfumó en la segunda con los ingredientes dispuestos a tal efecto. En la tercera, en la que penetró a continuación, fue vestido por dos sacerdotes Puros, guardianes de los lugares. Precedidos por estos, el maestro entró a continuación en la cámara siguiente, donde dos pequeñas lámparas de aceite estaban minuciosamente puestas en el mismo suelo; luego se quedó solo, limpio de toda impureza, dispuesto para meditar profundamente. Esta cuarta cámara no tenía más que una pequeña puerta por apertura y estaba totalmente desnuda. Geb se tumbó postergándose en el suelo enlosado, pegando la frente al granito. Así se realizaba la purificación del alma después de la del cuerpo.

La quinta habitación que lo recibió era donde elegía los perfumes e inciensos que quemaría en la siguiente. Todo un ceremonial ritmaba esta elección, al igual que la iluminación del altar de mármol blanco de la sexta cámara. La siguiente contenía los alimentos y los suntuosos regalos que se había ordenado llevar la víspera, para ser introducidos en la última y octava cámara, ahí donde habrían sido esculpidas en alabastro rosa, del más veteado, representaciones a tamaño natural de su padre y de su madre, era la "Sala-de-la-Estancia-de-los-Ancestros". Aquí el corazón en alegría, el Primogénito de los Vivos rogaba y obtenía la protección de los Antepasados. Sin embargo los ruegos de Geb eran tan importantes que para nada se ilusionaba sobre su intercesión. Si su padre, hubiese estado vivo sobre la Tierra estaría ahí para respaldarlo, y hubiera sido mucho mejor.

En Ath-Mer, sin embargo, los espíritus parecían más tranquilos pensando que era mejor seguir las directrices gubernamentales, en cuanto a las precauciones a tomar, para enfrentarse a cualquier acontecimiento eventualmente catastrófico. Lo que era muy diferente en las provincias que aún formaban parte de la unión de Aha-Men-Ptah donde las buenas palabras e incluso los sermones proféticos ya no eran escuchados. Y si lo eran, sólo provocaban risas sarcásticas, demostrando de esta forma que el Estado central llegaba a su fin, y sus estallidos así lo volvían a demostrar. El ejemplo de las provincias que habían dejado la "unión" no ayudaba. Sin embargo, el más pequeño contestatario sabía que en esos lugares malditos, las guerras civiles entre las facciones que se disputaban la supremacía en materia de libertad, eran permanentes ya que a vista de todos, se trataba de una libertad hecha de pillajes sangrientos, robos, violaciones y que favorecía de forma natural el crimen.

En en las otras cinco provincias el clima se hacía más pesado hasta tal punto que las Clases dedicadas a repartir justicia estaban desbordadas y en algunos lugares eran ya inútiles, por falta de medios, de protección hacia los Jueces; también por falta de medios preventivos, ya que los guardias no habían sido previstos en número suficiente, y que las cárceles no existían, las cámaras subterráneas no resistieron y fueron desvalijadas por los rebeldes antes de escapar y unirse al flujo en continuo aumento de los bandidos y otros rebeldes refugiados en los bosques o en los numerosos pasadizos perdidos de las ciudades. Estos diferentes clanes se constituyeron viendo, en este período tormentoso, una situación favorable para almacenar fortunas con toda impunidad. El ejército aún no estaba suficientemente entrenado para combatir unos rebeldes sin fe ni ley; la suerte fue que ninguna de las facciones quería reconocer una autoridad superior a la suya misma, de forma que el poder central aún no estaba en verdadero peligro.

Es por lo que aún pasaron diez años más con altos y bajos, a lo largo de los cuales se agrió el carácter del Maestro. Su autoridad amenazada por todas partes, no podía volver a levantarse; ya no quedaba más que intentar aguantar hasta el último momento con la esperanza que ello permitiera salvar del "Gran Cataclismo" lo que aún podría ser salvado. Geb estaba lejos de dudar que ese fuera el fin de sus penas, sabía que lo más duro aún estaba por llegar, proviniendo de sus propios hijos. En un decenio el progreso de las cualidades o de los defectos había sido constante, y en el sentido en el que cada uno fue marcado desde el nacimiento, reflejado en sus reacciones bautismales.

El primogénito Osiris, ya tenía doce años, se había convertido en un ángel rubio, siempre sonriendo a cada uno, incluyendo a su hermano menor Ousit que se volvía muy vengativo y cada vez más competitivo hacia todos, incluyendo a sus padres. Aún con más hipocresía la tomaba con sus dos hermanas, que con sus diez años eran la alegría no sólo del Rey y de la reina, sino de toda la población de Ath-Mer, que las aclamaba en cuanto aparecían en la ciudad cogidas de la mano. Ellas embellecían de día en día, Nekbet, morena con pelo de ébano, e Iset rubia ceniza. La primera jamás perdía su semblante serio, y la mirada le brillaba a menudo con extraños brillos irónicos o burlones, le dejaba el honor de reír a su hermana aunque ella también fuese feliz. Iset sabía sonreir para ambas, excepto cuando acompañaba a Osiris, del que cada vez buscaba más la compañía, y a su vez, este le enseñaba cosas de la naturaleza, de los animales e incluso de la gente. Lo que hacía enrabiar a Ousit, con el que ella jamás quería estar a solas, al igual que su hermana.

A finales de julio en 9.828, sólo quedaban 36 años y pocos días por vivir a las decenas de millones de muertos en potencia, que estaban en sus ocupaciones habituales. Geb con su barba grisácea cumplió cuarenta y seis años, acabando otro nuevo decenio, y Nut con dos años menos que él seguía estando tan resplandeciente de vida y de belleza como en los primero días de su matrimonio. Osiris había superado la mayoría de edad, pero aún no respaldaba a su padre para aprender acerca de la administración de Aha-Men-Ptah y su rechazo a dar órdenes era grande. Pero su instrucción general era tal que sus conocimientos superaban ampliamente los de sus profesores en las materias científicas, y en matemáticas para las que tenía un don innato.

Ousit, naturalmente perezoso, aprendía con más dificultad, y sólo el rencor lo motivaba a desarrollar su intelecto. Las dos hermanas eran semejantes a diosas, cada una de un tipo particular. Iset no dejaba a Osiris, al que en un principio había admirado como fuente de sus conocimientos, luego simplemente adorado como encarnación de saber y de bondad. Ousit que había intentado subjugar su hermana Nekbet como esclava, sólo había conseguido desencadenar una memorable batalla del que salió casi tuerto. Si el rey se rió de esta riña, sin profundizar en el fondo de las causas, su esposa se había estremecido reconociendo una parte maléfica en su verdadero hijo que tanto le había preocupado. También veía la unión entre Iset y Osiris sintiendo cierta aprensión, cuando tenían 17 y 15 años, le pareció divertido pero ahora le preocupaba seriamente con los veinte años de su rubia hija.

Decidió comunicárselo a su Monarca esposo, que era mucho más Sabio que ella y que seguramente sería muy buen consejero en la materia. Geb cayó de rodillas en primer lugar haciéndose daño. Estos años había tenido mucho trabajo para conservar la unión de las provincias, que aún dependían de su jurisdicción central, a menudo estuvo de viaje, y su último desplazamiento de ocho meses no ayudó para que se diera cuenta. Con los ojos grandes abiertos, adquirió rápidamente la certeza de que no sólo los dos hijos estaban en adoración el uno frente al otro, sino que Osiris no habiendo nacido de él, no cometía ningún acto reprensible para Dios tomando por mujer a una mortal proviniendo de la misma madre, pero concebida de forma muy diferente por Geb.

De todos modos ya era hora de informar al Primogénito al igual que a sus tres otros hijos de la Verdad sobre los acontecimientos pasados que les habían sido cuidadosamente omitidos. Después de comentarlo de inmediato a su esposa, el Maestro se instaló esa misma noche en su escritorio, frente a la familia reunida, para contar en grueso los hechos que habían llevado al nacimiento de Osiris, y lo que ello implicaba. El rostro de Nut se vio sonrojado frente al tiempo trascurrido, que había hecho que todo fuera normal.

La estupefacción de los hijos fue grande y fácil de preveer, al igual que sus reacciones. Osiris no dijo nada, permaneció soñador, con algún brillo profundo en el fondo de sus pupilas; Iset miraba su maestro y señor con aire extasiado, pensando que no sólo adoraba a su hermano sino al hijo de Dios, lo que simplificaba mucho las cosas. Nekbet tuvo una ligera muesca expresiva abrazando a los dos tortolitos, como para darles de antemano una bendición que sabía que les sería favorable, pero Ousit espumeó de rabia, habló de connivencia y de complot fomentado contra él, ya que el trono le correspondía a él, hijo único de Geb y Nut. A lo que el maestro se opuso vehementemente produciéndose un altercado que ya nada podría detener. Fueron pronunciadas palabras definitivas, provocando la salida precipitada de Ousit del palacio profiriendo palabras de venganza, de revancha y de crímenes.

Nut lloró largamente, consolada por su esposo y sus otros tres hijos, no se tranquilizó más que cuando Geb fijó la fecha de la unión entre Osiris e Iset, la más cerca posible, es decir en dos semanas, teniendo en cuenta lo que acababa de ocurrir. Nekbet tuvo la última palabra recordando que ese día, el 16 de mayo de 9.817 todo estaba previsto en las combinaciones de los Astros para la boda del Primogénito y la partida del Menor, y que a partir de ese momento ya nada podría evolucionar más que en el sentido "del Gran Cataclismo"... efectivamente, sólo quedaba un pequeño cuarto de siglo.

CAPÍTULO XI

SIT[29]. HIJO DE LA REBELION. «MESIT BETESU»

¡Desgracia, desgracia, desgracia! Triste está esta nación. Primogénita de Dios, cada vez más despreocupada e inconsciente. ¡Aumenta tu inconsciencia! ¡Despliega tu despreocupación! ¡Multiplica tus blasfemias, aliméntate de tu indecencia! ¡Desgraciada por tres veces, pobre Aha-Men-Ptah! ¡No podrás ni llorar tus muertos! ¡Porque no podrás contar la multitud!

Anales D'A A-NOU'B HOR
Libro del Tiempo pasado

La boda de Osiris y de Iset se desarrolló con un mínimo de fastos. Hubo pocos invitados, ya que la ausencia de Ousit había limitado las festividades, la vergüenza del escándalo desteñía algo la aureola de la familia real. Pero la felicidad de los dos esposos daba alegría de ver, y más aún porque ellos no se preocupaban para nada de los demás, viviendo un encantamiento.

La tensa atmósfera que reinaba en el palacio real, al igual que fuera de su recinto, no presentaba ocasión para alegrías. Ousit desde su partida en cólera después del inadmisible escándalo en cuanto a su herencia inmediata al trono, provocó aún más la ruptura, abandonando la capital. Nut sonreía con dificultad a los demás hijos reunidos ante ella, pero. En cuanto a Geb, su retraimiento se mezclaba con una cólera creciente, ya que se preguntaba por qué perseveraba en la vía de la sabiduría preparando activamente, a pesar de una ironía generalizada,

---

[29] También aparece en los textos como *Set*, y como *Seth*.

ese "Éxodo" para esta población despreocupada, inconsciente y que descaradamente se burlaba de su futuro...

Su mirada sin embargo se iluminó cuando vio que su hija lo observaba. Le hizo signo de acercarse para asegurarle, que a pesar de esta extraña boda; ella sería feliz, al menos antes de que las penas de los acontecimientos se presentaran y trastocasen todas las vidas incluyendo la suya y que sería sin embargo, de su unión que nacería la rama fundadora de las futuras dinastías egipcias. El "Hijo" sería la "Segunda Alma de Dios", y en un cuarto de siglo estaría apto para llevar a los enloquecidos rescatados hacia esa tierra lejana a orillas de un "Gran Río", que ya les era destinado. Y aún les llevarían algunos milenios, a lo largo de un éxodo demoledor antes de conseguirlo. Las generaciones que se sucederían, transmitirían el testigo a las siguientes hasta que la "Tierra Prometida" al fin fuese alcanzada y tomase el nombre de "Segundo Corazón de Dios", que los había salvado: "Ath-Ka-Ptah".

Nekbet frunció el entrecejo, al hacer esta última retrospectiva rápida de "varios miles de años en el futuro". No era la primera vez que se daba cuenta de que podía ver más allá del presente. Nunca comentó a nadie esta particularidad que poseía, ni la facultad que desarrollaba febrilmente y que consistía a proyectarse en el futuro. Por esa razón, su hermana Iset y su hermano Osiris, ya tenían todo su cariño, porque ya conocía sus sentimientos de bondad y de justicia no sólo entre ellos, sino hacia todos. Mientras que su hermano Ousit le había parecido en varias ocasiones no sólo como un ser despreciable y malvado; sino como el destructor de la familia, y se convirtió en objeto de repulsa mientras lo veía salir del castillo con cierto alivio.

Poco después, cuando se preguntó donde podía estar, en ese mismo momento, lo vio en lo más profundo del bosque de "Akni-Bet", en la provincia más al oeste del país, en rebelión abierta contra el Poder Central, y donde una guerra civil fraticida y sangrienta ya enfrentaba las facciones entre ellas. Ousit despeinado con la barba sin cortar, vestido de una túnica manchada de barro se dirigió a un grupo de rebeldes como él, ofreciendo un discurso belicoso, muy venenoso, en contra de los dirigentes del Reino, es decir en contra de sus propios padres y hermanos. Nekbet se erizó de desesperación y volvió a levantar rápidamente la cabeza que había agachado inconscientemente sobre su plato hondo como para observar mejor los detalles de los hechos, observó que su madre bienamada, con gran sensibilidad había percibido lo ocurrido.

La Reina, desde hacía algún tiempo se había hecho a la idea de que no había concebido un sólo hijo normal después de Osiris. Y de alguna forma, la muy gentil y servicial gemela de Iset no había escapado a esta regla. Y ese don hacía de ella más que una simple mortal, la situaba de rebote, en un plano benéfico, diferente del de su hijo Divino.

Bajo un impulso súbito la Soberana le preguntó a Nekbet:

–"Nekbet, dime, ¿dónde está ahora Ousit, y qué hace?"

Frente a esta pregunta tan precisa, que la joven mujer no esperaba, se sintió palidecer, ya que sabía que no podía rehuir sus responsabilidades y que desde ahora, todo el mundo lo iba a saber, desviando su mirada contestó:

–"Ya no se llama Ousit. Ha renegado de su descendencia ancestral, para tomar el simple nombre de Sit... ha encontrado refugio en el Bosque d Akni-Bet, donde está reuniendo en este momento, a todos los ladrones de toda índole para levantar un movimiento de revuelta contra el Rey. Es por lo que el nombre que ha elegido es aclamado por todos los lugares del bosque, se trata de: "Mesit Betesou", Sit-el-hijo-de-la-Rebelión."

Un gran silencio se hizo a su alrededor, luego en la sala y, conforme seguía hablando, los invitados se quedaron inmóviles, y el mismo Geb pareció una estatua. Cada uno se repetía las frases para mejor asimilarlas, y penetrando finalmente hasta su pleno significado, pero, sin atreverse a emitir opinión alguna o conclusión sobre lo que todo ello significaba. Osiris olvidando el curso de sus pensamientos, y apartando de su mente la que había sido la única desde la decisión de la boda; se enderezó lentamente durante un breve instante y se acercó a Nekbet, y ella le murmuró con tono desesperado:

–"Ousit entrará en lucha abiertamente contra ti, y esa lucha ensangrentará el cielo para la Eternidad..."

La Reina palideció, ya que al acercarse también oyó estas palabras y se sintió desfallecer, comprendiendo que sus pesadillas premonitorias no eran simples ilusiones nefastas. Su hija con su poder confirmó lo que ella había imaginado de terrible. Sin embargo, se inclinó hacia esta hija que se sentía tan miserable por no tener buenas noticias que dar en este día de fiesta, y que además no había deseado desencadenar el proceso. Abrazándola por los hombros para tranquilizarla, le dio un beso en la frente. Madre e hija se sonrieron, y Nut levantó a Nekbet para arrastrarla fuera de la sala de los Festejos donde ya nadie pensaba en divertirse. Geb a su vez se acercó a Osiris, haciéndole signo de seguirlo, Iset se levantó y se excusó ante sus numerosas amigas que la rodeaban para acompañar a su esposo.

Ahora los invitados estaban en esta inmensa habitación llena de alimentos, pero no se atrevieron a retomar sus conversaciones; en cuantos a los arpistas, cantantes y bailarinas que se disponían a entrar en el círculo reservado a las representaciones de los artistas, no supieron qué hacer.

El An-Nu, que se había quedado plácidamente sentado en su lugar, pero inició en el acto una seria conversación con su primogénito, situado a su derecha y que desde hacía algún tiempo asistía a las grandes ceremonias, porque su iniciación como Pontífice no tardaría. A pesar de doblar la edad de Nekbet, este hijo tenía sentimientos hacia esta morena de cabellera trenzada, que había visto nacer, crecer, y embellecer conforme pasaban los años. Su aire reservado y muy agradable ejercía, irremediablemente su atracción. Aunque sus estudios lo habían mantenido lejos de cualquier intimidad femenina y era Sacerdote antes de haber tomado esposa; luego fue Gran Sacerdote en contemplación muda frente a la casi niña tan bella y madura en la que se había convertido Nekbet. El Pontífice había seguido la evolución de los sentimientos de su hijo primogénito sin que éste sospechase, y nunca le había hablado de boda, pero el momento había llegado.

La inteligencia y la timidez de uno como del otro se aliaban admirablemente. Después de lo que acababa de ocurrir en la sala, el viejo Sacerdote estimó que era hora de abrirle los ojos a su hijo, demostrándole que su atracción era un sentimiento aún más poderoso y que gustosamente daría su consentimiento a esa unión entre esos dos seres.

Mientras tanto Nut había llevó Nekbet a su habitación, le había ayudado a desnudarse y a acostarse, como cuando era mucho más joven y reclamaba una bella historia para acostarse. Pero en esta noche memorable, el reconfortante silencio de la madre actuó con más seguridad en la hija adulta que un viejo cuento familiar. En cuanto se durmió, la Reina dejó la habitación de puntillas para volver a la sala del banquete... donde ya no quedaba nadie. Los invitados se habían ido, juzgando que los huéspedes tenían cosas mucho más importantes por hacer que divertirse, y sería indecente por su parte hacer otra cosa. Nut volvió junto a su esposo que aún estaba en su despacho con Osiris e Iset... ¡qué noche tan extraña para una noche de bodas!, pensó la madre algo alterada por el giro que tomaban los acontecimientos.

Geb estaba explicando a sus hijos que si la situación no mejoraba tenían una clara superioridad desde ahora gracias al don de clarividencia de Nekbet. Era un argumento de peso que les serviría para algunos malos acontecimientos futuros. La Reina intervino e hizo observar a su esposo que era hora de que los esposos pensaran en otra cosa que no fuese política, lo que provocó la risa del Monarca e hizo enrojecer a sus jóvenes hijos, que aprovecharon para escaparse en el acto. Así acabó la reunión íntima y poco ortodoxa de la fiesta de bodas que se había iniciado con un banquete.

A centenares de kilómetros de ahí, en el lugar preciso del que hablaba Nekbet, acababa un consejo importante presidido por Ousit, convertido efectivamente en Sit, que demostraba así a todos no reconocer a su hermano Osiris, y ser pues el legítimo heredero de la corona, a pesar de su joven edad, sin duda se había convertido en el jefe de los Hijos de la Rebelión, y ante todo, su principal objetivo era la destrucción por la aniquilación de todos los miembros que constituían la dinastía real que lo había destituido.

El bosque de Akni-Bet era sin duda el más grande y más denso de todos los que existían en el reino. Desde las primeras protestas, había sido refugio privilegiado de los rebeldes, luego de las bandas de saqueadores que aprovecharon las revueltas para arrasar con los depósitos de víveres que debían servir a los participantes del futuro éxodo, ahora vigilados por el nuevo ejército; todos se refugiaron en lo más profundo del bosque donde, aportando víveres, fueron acogidos como héroes. Ya nadie se aventuraba al lugar, ni los animales de caza que antiguamente abundaban. Varios clanes se habían atrincherado en cuevas naturales que se abrían sobre las colinas y en las que muchas batallas sangrientas se desarrollaron a la llegada de Sit.

Después de las revelaciones de su padre acerca del nacimiento de Osiris, el joven príncipe se había refugiado en este lugar del que a menudo había oído vanagloriar su inviolabilidad. Sabía pues, que ahí encontraría a los rebeldes dispuestos a todo si sabía dirigirlos. En poco tiempo consiguió reunir bajo su estandarte todas las bandas de forajidos que vivían ahí, con el pomposo nombre de "Mesit-Betesu", esos hijos de la Rebelión iban a entrar trágicamente en la historia de Aha-Men-Ptah, no sólo eran despojados y rebeldes, sino también ladrones y criminales.

Esa misma noche, todos prestaron un juramento, que se convirtió en famoso y fue escrito en los Anales, pero que por desgracia ensangrentó a la población y la separó en dos reinados irreductibles a lo largo de generaciones, incluso, hasta lo más profundo de ese segundo país que nacería a las orillas de Nilo, varios milenios más tarde.

De forma feroz, Sit presentó la conjuración como siendo el verdadero Maestro:

–"Vamos a prestar juramento, nosotros, los Mesit-Betesu, cuando el Sol aún alumbra el Reinado de nuestros Antepasados, único dios que nosotros reconocemos ya que es él quien nos permite vivir. Eso es tan cierto como su llegada por la mañana, cuando permita descansar a su vez las almas de nuestros antepasados."

Se detuvo un momento, para que cada uno se impregnara bien de las blasfemias que estaba profiriendo y que le hacía subir una extraña fiebre interior. Se oyeron murmullos de aprobación por aquí y allá, cuando retomó:

–"Sé, pues, propicio, ¡Oh Sol! Creador de todas las cosas. Inspíranos con tu fuerza victoriosa y lleva nuestros corazones con la rapidez del torrente impetuoso de tu combatividad para derrotar todo lo que podría oponerse a nuestra victoria. Esta noche vamos a jurar solemnemente que sólo dejaremos la lucha que se va a iniciar cuando Aha-Men-Ptah sea liberada del yugo tiránico de Geb, el déspota que inyecta deliberadamente a la población el miedo a un cataclismo para poder reinar con toda impunidad según su voluntad, y llenar los cofres del sudor nacido de la angustia sembrada por los sacerdotes a sueldo."

Un largo clamor de odio subió de la muchedumbre de forajidos reunidos en el claro, llenando de satisfacción y de orgullo a Sit que, extendiendo los brazos frente a él, con gesto solemne provocó el silencio; elevó entonces la voz con firmeza para la presentación del sermón. La larga letanía que selló la fundación de los Mesit-Betesu, fue:

"Que nuestros enemigos estén envueltos en las llamas del fuego que predicen.
Que sus huesos sean calcinados al igual que su carne.
Que vengan aquí, a este lugar de sus suplicios.
Que su nuevo ejército sea aniquilado por el nuestro hasta la muerte.
Que su sangre corra por ríos y forme un nuevo Gran Río
Que sean domados, vencidos y matados todos los que se opongan.
Que sean empalados y degollados todos los que nos corten el camino.
Que nuestros puños detengan el aliento de todos los que aquí no observen el sermón prestado en este instante.
Lo JURAMOS."

Después de haber salmodiado cada frase después de Sit, los gritos se repitieron por tres veces, "lo juramos", con los centenares de brazos levantados por los asistentes que desde mañana en todos los lugares informarían de los eslóganes de la nueva y terrible institución de los Mesit-Betesu cuyo jefe era Sit, el hijo renegado de Geb, que quería volver a tomar la dirección de los asuntos gubernamentales, no como Maestro, sino como "Padre del Pueblo", donde cada uno tendría una parte idéntica a la suya.

Los días siguieron en una intensa preparación militar de los efectivos rebeldes. El bosque de Akni-Bet cada vez hervía con más gente y armas practicando con puntas afiladas. El tiempo igualmente pasaba para el resto de Aha-Men-Ptah, donde el Rey intentada interesar a los hombres por la defensa de sus bienes contra los hijos de la Rebelión que lo saquearían todo, robando sin vergüenza alguna al igual que lo hacían en sus variadas operaciones de comando en las fronteras de las provincias fieles.

Iset dio a luz a un hijo, que se llamó, "Hor", y se transformó en "Hor-Our": "El Primogénito Horus", en la mitología que se estableció después del Gran Cataclismo.

Mientras la ronda de las horas parecía precipitar su movimiento, como si la espiral no tuviese más que un afán: reunir todos los elementos del desastre para que éste se produzca con todo conocimiento de causa. De tal modo que Nut, totalmente consciente del punto de no retorno, se despertaba casi todas las noches empapada de un sudor frío, y Geb que velaba hasta muy tarde estaba sujeto a numerosos insomnios, oyendo el ruido en la habitación de su esposa, en seguida iba a secarle el rostro con un paño dispuesto y perfumado, intentando consolarla como podía, y reconfortándola algo, al decirle que le prometía que pronto estaría la familia reunida de nuevo.

Un corto rayo de esperanza y de alegría recorrió toda la casa con el nacimiento de Hor, y la boda del Primogénito de An-Nu con Nekbet que tuvo lugar como ceremonia religiosa y mística, muy diferente a las ceremonias nupciales ordinarias, ya que el esposo no tardaría en ser nombrado "Pontífice Supremo".

Cada uno, inconscientemente, esperaba la fecha fatídica profetizada para el hundimiento del continente por completo, y todos los que creían se afanaban febrilmente en los preparativos de la mudanza de las cosas básicas; mientras que otros se mofaban, comentando abiertamente las desgracias, y cada vez con más impunidad, ya que el ejército no estaba, había sido enviado a las tres provincias para detener los desórdenes, donde siendo muy inferior en número a los combatientes rebeldes, había sido derrotado, en la tremenda matanza que tuvo lugar, dejando mudo a Geb. Pasaron diez años más que acabaron de blanquear por completo la cabellera del Monarca, y volvieron bellamente grises los de la Reina, pero la situación ya era muy crítica, y únicamente dos Estados permanecían fieles a Aha-Men-Ptah.

Hor cumplió diez años, y los festejó en compañía de su hermana dos años menor, y de dos hermanos uno con cinco y otro con seis primaveras. Osiris e Iset, en plena felicidad familiar contemplaban alegremente su pequeño grupo que subía la moral de Geb y Nut, felices en esta celebración sencilla, pero tal juventud, sin duda, no podría soportar el peso considerable que se les vendría encima en poco tiempo.

Sit se había convertido en el comandante en jefe de un considerable ejército que seguía llamándose Mesit-Betesu, esta denominación le había traído suerte a su promotor. Y en las provincias sometidas a su despotismo, el pueblo, mejor dicho, el ejército ya se había dado cuenta de que estaba más oprimido y de que era entrenado para convertirse en hordas destructoras. La organización permitió que las fundiciones de bronce empezaran a producir un armamento completo para las tropas, y ya que no pasaría mucho tiempo para la llegada del gran día y de la invasión de los últimos "Estados fieles". Sit, mientras tanto, vivía cultivando su odio, soñando con una venganza deslumbrante y pensaba con placer en las delicias del momento en el que mantendría a ese impostor, Osiris, a su merced, al igual que a Iset que lo había despreciado, y cuánto se deleitaría cuando ordenase cortarles la cabeza haciéndolas rodar hasta sus pies... con estos pensamientos pasaba el tiempo.

El primogénito de Nut ya tenía treinta y dos años cuando aceptó doblegarse al deseo tan expresado por su padre; convertirse en el nuevo "Maestro" tomando el poder que se tambaleaba por todas partes. La ceremonia se ofició sin invitados, únicamente en presencia del Colegio de Sacerdotes presidido por el nuevo An-Nu que oficiaba por primera vez. Y al pronunciar las palabras rituales, Osiris se sintió de pronto en la piel del Maestro, como si realmente hubiera sido invadido por Dios mismo en el instante de esta función, misión excepcional para llevar su pueblo a buen término. Escuchó con atención los coros de los sacerdotes repetidos cuatro veces, una vez hacia cada orientación del círculo de oro, la frase que había pronunciado anteriormente sin convicción; cobraba ahora realmente su auténtico significado:

–"Soy Tu Hijo, al que pones en el Trono de la Humanidad para guiarla. Tú me transmites Tú Poder sobre toda la tierra. Aceptando en este instante esta realeza, a pesar de que me has engendrado a imagen humana, me convierto en digno heredero legítimo tuyo. Haz que sea digno, hasta que mi Hijo, que también es tuyo, me sustituya."

Los primeros hechos del joven Maestro fueron consolidar con toda urgencia los contactos con los dos Estados fieles, donde se normalizaron nuevos acuerdos Principescos, aunque las relaciones empezaron a ser muy hipócritas. En este primer día de reinado el Monarca Osiris, que fue el 14 de abril de 9.805 antes de Cristo, el continente de Aha-Men-Ptah sólo disponía de trece años y tres meses para permanecer sobre las aguas.

Desde este momento, el Monarca decidió poner en pie un nuevo ejército, no suficientemente apto en combatir a los rebeldes, que ya éstos eran demasiado poderosos, sino especializado en proteger los puertos y los depósitos que se hundían bajo el peso de los víveres de todo tipo acumulados ahí, sin olvidar la ropa y las pieles. Ese año también aseguraría la vigilancia de las miles de embarcaciones que en algunos puertos estaban desapareciendo por ser utilizadas como madera para estufas, ¡fácilmente conseguida! Había que plantear una importante reorganización para facilitar la rápida evacuación de la población aún fiel al Maestro llegado el momento.

En el resto del país, donde algunos espías conseguían información que Nekbet no daba directamente al Rey, las noticias eran que el enorme efectivo de material depositado para el éxodo había sido pillado, reventado, saqueado e inutilizado por los que se habían convertido en el ejército de los Mesit-Betesou siendo Sit, el Señor, que mantenía ese título, que venía mucho mejor a la supremacía que aseguraba sobre un territorio, triple al que quedaba bajo la dependencia de Aha-Men-Path, y donde imponía una dictadura de hierro, sembrando el terror y la muerte entre los que sencillamente murmuraban que no era el heredero legítimo del pretendido trono divino.

Sit aseguraba su empresa rodeando los dos únicos Estados que quedaban, y seguro de que su victoria total estaba cerca, hasta tal punto que por ese motivo, recibió muy mal a los dos embajadores que Osiris había enviado con un ofrecimiento de paz para acabar el litigio, recuperada la comunidad y preparar los detalles de partida de todos los humanos de los Ocho Estados que no tardarían en desaparecer. Esta embajada, con este largo monólogo a favor de un entendimiento para que se realizara una partida común, puso a Sit en un estado espantoso de rabia, ya que para nada creía en esas sandeces, y consideró la entrevista como un intento para conmoverlo sobre el destino de todos los que aún no dependían de su autoridad, como un intento de conseguir una gracia total. Cuando, frente a su poder, todos se inclinaban... Así que no era cuestión de dejar impunemente un hermano expoliador con vida cuando recuperara el trono y devolvió a los embajadores reales en una caja con las cabezas cortadas.

Esta respuesta silenciosa y terrorífica presagió espantosos desastres a corto plazo, mucho más catastróficos y radicales. En efecto, pronto no quedó duda alguna sobre la horrible determinación de Sit de acabar mediante una matanza fraticida. El asedio a la capital empezó pocos meses después acentuando su aislamiento progresivamente, preludio del bloqueo total. El Señor deseaba una rendición total del Maestro e intentaba matar de hambre a Ath-Mer.

Quedando sólo tres años de engranaje en el tic-tac del reloj que marcaba el "Gran Año". Hor cumplió 24 años en el momento en el que su tío rebelde invadió el séptimo Estado, en el que su primer acto fue ordenar la destrucción inmediata de cuatro mil pequeñas "Mandjit", esas embarcaciones insumergibles que hubieran asegurado la supervivencia, de al menos treinta mil personas de esa Provincia. Sit, este Señor, en menos de una semana demostró así que no creía para nada en las predicciones.

Hor, frente a todo ese ardor combativo y vandálico no podía permanecer inactivo viendo que a los rebeldes sólo les quedaba un último asalto para ocupar la capital, la situación recayó en manos de un joven que se preguntaba con humor: si aquello podía llamarse... ¡heredero del qué trono!, pero fue a ver a su padre con un plan de defensa en mente. La táctica expuesta por Hor a su padre le pareció madurada, y Osiris hizo de su hijo su comandante en jefe lo que fue bueno. Y ya que el jefe de los rebeldes disponía en este momento, cerca de tres cientos mil hombres armados y víveres en suficiente cantidad, el ejército regular debería disponer al menos de los mismos soldados. Una reacción tan activa e inesperada tomó a Sit por sorpresa. La invasión fue rechazada en el último momento, con el temor a una guerra de desgaste de la que nadie podría preveer su fin.

Los tres últimos años de Aha-Men-Path se desarrollaron en un sin vivir continuo en los dos campamentos que se atrincheraron uno frente al otro, entre febriles asaltos y defensas que sin cesar ponían en cuestión el ataque. Hor cada vez más impetuoso y lleno de furia, deshacía muy bien todas las astucias de su tío, gracias a la ayuda de Nekbet que había aconsejado acertadamente disponer una segunda línea de defensa interior para asegurar mejor el acceso a las lindes del Palacio Real, último bastión de lo que había sido el tan hermoso Corazón de Dios. Las últimas semanas pasaron en espera del ataque final de las fuerzas enemigas, que era inevitable y parecía cada vez más cercano; además, según los informes de los últimos espías se produciría la víspera o el día anterior al "Gran Día". Nadie podría impedirlo. Hor en persona organizaba los puntos fortificados de defensas avanzadas en los jardines del castillo de tal forma que no fuesen tomados de imprevisto, y sabiendo que su tío había recibido gran cantidad de armas, no esperaba nada bueno.

Este día en julio de 9.792, cuando los gritos de espanto de los fieles guerreros indicaron la invasión por el ejército de rebeldes, en proporción de tres a uno, ya que éstos habían recibido considerables refuerzos el día anterior a la batalla solicitados por Sit observando numerosas deserciones inexplicables, tomando así todas las precauciones necesarias para un ataque sorpresa.

Ese día 26 por la noche, la capital fue presa por doquier de las incursiones que saqueaban la ciudad, a excepción de pequeños islotes de resistencia valientemente defendidos. Robos, pillajes, violaciones y orgías se realizaron a lo largo de toda la noche bajo el fuego de los incendios. Sin embargo aún, nada dejaba entrever los siniestros presagios se anticiparían a los últimos sobresaltos de la tierra: ¡el desastre sería completo!

Con los comandantes de la rebelión de Sit habían ocupado el Patio de Justicia y había improvisado una reunión del estado mayor para discutir el siguiente paso de las operaciones militares, en la que sin embargo, el Señor no indicó la invasión del Palacio Real en si mismo. Su duda era comprensible, y sus tenientes lo aceptaron a regañadientes después de una corta discusión sabiendo que sus propias tropas, borrachas de alcohol, de sangre y de lujuria, no estaban en condiciones para enfrentarse a las tropas de élite, seriamente entrenadas que esperaban de pie, soldados firmes y dispuestos a defender caramente cada pulgada de terreno, Hor en cabeza, habiendo asegurado que no habría cuartel ni prisioneros. Era pues la astucia preferible a la fuerza. Por lo que el Consejo de los Rebeldes decidió, bajo proposición de su Jefe, tender una trampa directamente a Osiris, único medio de debilitar la defensa de Hor.

Un emisario fue pues enviado, encargado de hacerle llegar que su hermano menor ya no sentía animosidad hacia su familia, que por el contrario, sentimientos pacíficos lo animaban desde ahora, y deseaba vivamente dejar esta guerra fraticida a través de un acuerdo salvando el honor de ambos. A través de este enviado, Sit ofrecía un armisticio como prueba de su buena fe, a condición que Osiris fuese en persona con el mensajero para discutir y firmar las cláusulas del cese de las hostilidades que sería el objetivo del mismo.

A pesar de todas las advertencias de Geb, y mientras intentaba consolar a Nut, en lágrimas vivas, que Iset había avisado de inmediato; el joven Maestro hizo saber que sería bueno aceptar ir a la entrevista, ya que el mínimo ofrecimiento de este hermano menor tendría quizás una oportunidad, incluso si esta hipótesis era ¡poco creíble!, era vital para todos intentar encontrar un acuerdo aunque fuera provisional, ya que los acontecimientos podrían ocurrir en cualquier momento.

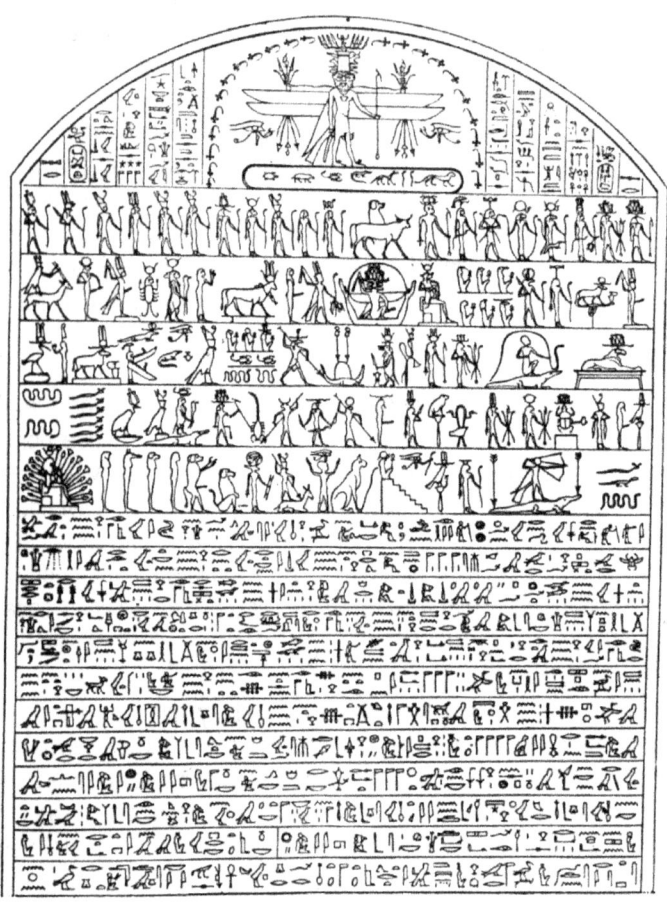

Otra estela, llamada de "Metternich", dedicada a los éxitos de Horus contra Set.

Su esposa colgada de su brazo no sabía qué decir para evitar el drama que presentía. Nekbet no estaba en Palacio para explicar lo que ocurriría en la reunión, incluso Osiris que decidió a ir al encuentro presentía el peligro, ya que todo parecía más una trampa que otra cosa, y a pesar de todo iría.

El fin de su mundo estaba demasiado cerca para que pudiera rechazar una sola oportunidad de conseguir la paz antes de que el drama ocurriese. La población así podría, con toda libertad acceder a los barcos que permanecían aún intactos en algunos lugares. El Maestro abrazó tiernamente a Iset contra su pecho, como si pronto fuera a volver, pero en el fondo de su alma, su parcela Divina le decía que era un viaje sin regreso. Aceptó en contra de su voluntad la guardia de honor que le imponía su padre a título de escolta que incluían 16 hombres y un oficial y se fue con la satisfacción de haber dejado la guardia del castillo a Hor, sabiendo que su hijo, defendería con valentía todas las instalaciones del Palacio.

En Ath-Mer, sin embargo, los jefes de los Hijos de la Rebelión esperaban impacientemente el regreso de su emisario habían apostado en las terrazas circundantes, bajo la luz de los incendios que iluminaban el cielo en todos los lugares, unos centinelas que escrutaban el horizonte para ser los primeros en indicar quién llegaría con el enviado especial. Sit, ya se veía maestro del reino.

Después de haber cruzado su capital en llamas y en ruinas, Osiris y su séquito llegaron a la carretera que llevaba a la Corte de Justicia, donde ya era anunciado. En cuanto el portal de entrada fue franqueado, antes de que hubieran podido esbozar el mínimo gesto de defensa, los guardias fueron asesinados, atravesados por las lanzas y flechas recibidas en pleno corazón o en la cabeza por los rebeldes que se habían escondido amontonados en el patio interior, fue una carnicería más que una lucha.

Osiris sólo fue herido en el hombro, las órdenes habían sido de no tocarlo. Pero fue llevado sin compasión hasta la sala donde estaban reunidos los jefes de Sit, en el trayecto su hombro roto se dislocó al ser arrastrado por ese brazo, a pesar de sus gritos.

Borracho por su triunfo total, Sit se inclinó por encima de este hermano odiado, herido y sangrando a sus pies, pero que no se quejaba y lo miraba con infinita tristeza. Eso desencadenó un furor irracional, tomando la espada de uno de sus capitanes lo atravesó varias veces. Osiris, el cuerpo herido no emitió queja alguna. Cansado en su locura, Sit ordenó a cada uno de sus jefes dar ellos mismos un golpe vengador. Lo que hicieron: algunos profiriendo insultos, otros venganzas, tres se callaron y plantaron su lanza en el cuerpo agonizante con asco.

Osiris expió sin emitir un solo murmullo, probablemente con el único pesar de no haberse equivocado acerca de su hermano, que seguía negando la necesidad de unirse frente al adversario cercano, igual que renegaba de su familia. Y sin embargo todos al igual que él, no tardarían en rendir sus almas a este Dios, ¡quisieran o no reconocerlo como Padre! Este último pensamiento, lejos del de Sit, que espumeando de rabia por haber visto este hermano maldito morir tan rápidamente y dando un aullido, miró furtivamente a su alrededor, buscando algo para envolverlo, con el fin de que se pudriese manteniendo su alma que de igual modo se descompondría para no volver a incomodarle en sus noches de insomnio. Con un grito triunfal, vio una gran piel de toro seca, dispuesta como cortina de separación entre dos habitaciones. La arrancó con mano rabiosa y tiró de ella, extendiéndola en la tierra empujó el cuerpo aún caliente dentro, hizo señal a dos de sus adjuntos para cerrar los bordes, con ayuda de un cordel de cuero de una de las cortinas, y él mismo apretó cuidadosamente el conjunto, lo amordazó lo más fuerte que pudo para no dejar paso posible alguno de aire, ni el más mínimo resquicio por el que el alma de Osiris pudiese huir.

Un suspiro de alivio se escapó de su garganta al contemplar su obra. La conquista del Palacio ya era cosa de niños y para que no quedara nada de esta envoltura odiada, Sit ordenó a uno de sus comandantes que junto a otros cuatro hombres llevara el "paquete" hasta un brazo de mar donde lo tiraría, después de haberlo lastrado. El agua lo llevaría lejos donde los cangrejos y los peces carnívoros se comieran el despojo cuando la sal hubiese distendido el cierre y abierto la piel de toro, es decir dentro de mucho tiempo.

Después de ello el Señor subió al piso superior, donde varios prisioneros esperaban el deseo de los vencedores, eligió una mujer, con la que vería amanecer, momento tan esperado en el que rompería el bloqueo que había instituido para dar el asalto final al Palacio. Los que clamaban la victoria que acababa de ser ratificada por la partida de Osiris, acompañaron su subida haciéndole soñar con su ascensión al día siguiente que sería la consagración tan esperada como Maestro de Aha-Men-Ptah.

Mientras tanto Nekbet acudió a Palacio, bajo la solicitud de Iset, describió la espantosa y trágica visión que ocurrió en Ath-Mer, y de inmediato se avisó a Hor, que velaba con los fieles oficiales que los guardias estuviesen todos en sus puestos para el choque decisivo. Cuanto llegó junto a su hermana, a solas, le pidió profundizar en sus visiones y que le dijera exactamente lo ocurrido en la Corte de Justicia. Trastornada de horror se desmayó, no pudiendo soportar más las atrocidades que veía cometer a distancia, sin poder hacer nada para evitarlas. Fue objeto de todos los cuidados de los presentes, volviendo en sí rápidamente y se ofreció para acompañar a Hor, si intentaba una salida, para ayudarle a vengar a Osiris.

En ese momento Iset que había acabado por dormirse, reapareció aturdida, vencida por el cansancio y por la ansiedad. Tuvo un sueño pesado, que la despertó de forma estridente, dándose cuenta que acababa de pronunciar el nombre de su esposo. Este grito al final de su sueño premonitorio aseguró en ella una idea: Osiris había sido asesinado. Y precipitándose fuera de su habitación y llegó cerca de Hor y de Nekbet para comprender que no se había equivocado. Frente a su estado de ansiedad, el joven jefe decidió que las dos jóvenes mujeres debían permanecer juntas en el interior del Palacio mientras que él mismo se ocuparía de la venganza de su padre.

En poco tiempo reunió dos mil hombres de tropa a quienes explicó lo que había ocurrido y lo que esperaba de ellos, todos salieron con rabia en el corazón hacia Ath-Mer formando una cohorte vengadora. Los hijos de la rebelión que aseguraron el bloqueo del Palacio, estaban malhumorados, habían oído gritos de victoria, y llevaban horas esperando el relevo en vano, para ir ellos mismos a disfrutar del pillaje, pero su paciencia fue puesta a prueba de forma dura y discutían en voz alta, gritando contra los oficiales que no enviaban a nadie para informarse. De forma que no vieron llegar la carga, cual martillo pilón, aplastando todo a su paso: los dos mil guardias pasaron sin dificultad por el frente de los rebeldes, matando sin piedad todos los que estaban en su paso. Hor como sus compañeros, se abrió paso a golpes de hacha cogida en el propio lugar ya que había roto su lanza hundiéndola con demasiada violencia en el pecho de un enemigo.

Con su tropa prácticamente al completo, llegó rápidamente frente a la Corte de Justicia donde tuvo que rendirse a la evidencia con horror: el lugar estaba vacío de vivos, los cuerpos mutilados de las mujeres asesinadas, eran vestigios bestiales del paso de los Hijos de la Rebelión, embriagados de furor. Los exploradores se adelantaron y en seguida supo qué camino tomar para perseguir los asesinos de su padre, hacer justicia y traer su cuerpo a Palacio.

Su pequeño ejército acabó por el camino con varios rebeldes que habían decidido pasar la noche en las casas de los habitantes de la ciudad. El efectivo de Hor se vio así doblado, porque los hombres aún válidos decidieron unirse a su tropa regular. Sit que había sido avisado por vigilantes de la llegada de un verdadero ejército, había huido por primera vez a toda prisa, decidiendo replegarse en el bosque cercano; y poco antes del alba, la capital entera se vio liberada pero totalmente devastada.

Hor reagrupaba las fuerzas disponibles, sabiendo que su tío haría lo mismo en el claro del bosque donde parecía tomar ventaja por tener costumbre de vivir ahí.

En el momento en el que el Sol debía aparecer... nadie lo vio, cuando se elevó sobre el último día que debía vivir esta humanidad. Los Tiempos se habían agotado en este 27 de julio de 9.792. Un alba irreal despuntó, la última de esta era donde el Sol evolucionaba en la constelación de Leo, brillante, con un brillo dorado resplandeciente, preludio de un bello y hermoso día de verano. Sin embargo, aquella mañana el astro del día parecía ausente del cielo... al igual que el mismo cielo, ya que una niebla espesa de una claridad difusa y rojiza lo oprimía todo por su densidad. No sólo absorbiendo los ruidos, sino igualmente la claridad del día y del aire, lo que pronto hizo la respiración silbante y difícil. Un olor amargo y picante semejante al natrum que cubría los cuerpos de los muertos, flotaba haciendo temblar a los vivos que reconocían este sabor fétido.

Cuando el pueblo despertó, todo el continente comprendió que un acontecimiento inhabitual se estaba produciendo, y la profunda naturaleza del hombre resurgió, engendrando un temor irracional frente a este desconocido y dramático hecho. En la capital, donde nadie había podido dormir por la sangrienta noche, cada uno supo que el día había llegado para rendir cuentas a Dios, y que nada se dejaría a crédito para esta humanidad despreocupada e inconsciente. El sacrilegio fraticida de la noche iba a tener castigo divino. El pánico que siguió a continuación fue indescriptible. Los Anales lo cuentan de forma extensa, pero en realidad es semejante a cualquier otro temor engendrado por unas circunstancias tan terribles.

Una gran parte de la población corrió hacia el Palacio Real para buscar refugio junto al Maestro para quien todo era posible. Las pobres gentes, ya no se acordaban cómo el día anterior se mofaban abiertamente del que ahora buscaban como protector, y que intentó varias horas antes incitarles a acelerar los preparativos del éxodo. En el Castillo, mientras tanto, una tristeza fúnebre se extendía esperando la aparición de la luz solar. Geb y Nut estaban en compañía del An-Nu Padre, los otros miembros de la familia se ocupaban de los refugiados que a lo largo de toda la noche se habían presentado. Iset llevó a Nekbet para unirse a Hor y encontrar Osiris, incluso muerto.

Habiendo llegado demasiado tarde a la Corte de Justicia, las jóvenes mujeres mantuvieron un breve consejo sobre la conducta a seguir. Iset deseaba alcanzar a su hijo en la linde del bosque, pero su hermana le indicó que su esposo no estaba en esa dirección, sino en la opuesta, a orillas de la playa. En ese mismo momento ambas tomaron consciencia de la extraña niebla y atmósfera que les estaba enturbiando la visión. De inmediato comprendieron y cambiaron de opinión, pensó al menos morir junto al mar con su esposo. Este sentimiento egoísta no la sorprendió. La mañana avanzaba pero nadie podría saber qué hora era, ya que el Sol aún era invisible, el rojo oscuro empezaba a alumbrarse con la sombra rojiza impalpable de esta niebla extraña que tenía color sangre.

Hor comprendió igualmente que no sólo había llegado la hora de ajustar las cuentas a su tío Sit el día anterior, sino también la del contencioso entre Dios y las criaturas que había modelado a Su imagen. De repente, sintió la carne de gallina y tuvo dificultad en disimular su propio temor frente a sus tropas ya enloquecidas. Si sus soldados hubieran sabido hacia donde huir, ya haría tiempo que no quedaría ni uno, pero el joven jefe les había asegurado que se ocuparía de hacerlos partir a tiempo junto a sus familias.

Hor no perdía la esperanza en su espíritu de que el mismo estado de espanto y desconcierto en el seno de su ejército, igualmente estaría en el de los rebeldes o aún peor. Debía, pues, aprovechar y dar el golpe decisivo. Reunió sus comandantes para dar la orden de asalto general para penetrar en el bosque y exterminar todo lo que se moviese, sin distinción alguna. Sólo deseaba ser avisado con tiempo del lugar donde estaba Sit, para saber por su propia boca lo que había ocurrido a su padre antes de matarlo. Ese estímulo motivó a todo el ejército en este insólito silencio, absoluto y asfixiante. Fue una irrupción de hombres fantasmas que no veían a los que les precedían a dos metros, ni a los árboles que evitaban por los pelos.

En este hedor rojizo el choque cara a cara de los dos ejércitos fue muy violento y lo largo, de más de una hora con un resultado incierto. La figura desgreñada de unos apenas daba tiempo de ver los rostros asustados de los otros. El furor de los hombres era absoluto en destruir toda la obra de los siglos de civilización, mientras que no quedaban más que pocas horas de supervivencia a esta tierra maldita.

El furor divino se desencadenó con todo su poder. Los primeros rugidos de la corteza terrestre se produjeron, ligeros, pero suficientemente perturbadores para cesar cualquier combate sangriento y grotesco en ese momento en los que los guerreros de ambos bandos vivían su última hora.

CAPÍTULO XII

EL GRAN CATACLISMO

Las fuentes del Gran Cataclismo surgieron de los cielos reventando las exclusas divinas del León.
Texto de las Pirámides

En aquel día, brotaron las fuentes del gran abismo, y se abrieron las exclusas de los cielos.
Antiguo Testamento
Génesis VII, 11

Los tiempos se habían cumplido. Mientras que caminaba a lo largo del muro del recinto, el An-Nu intentaba atravesar la desagradable oscuridad rojiza para poder contemplar por última vez la dorada serenidad del Templo de Dios. Pero ya nada se translucía en el hedor pegajoso de esta espantosa bruma. Consiguió llegar junto al doble batiente del gran pórtico, arrodillado y prosternado, desamparado sobre las mismas losas pringosas, el viejo pontífice hubiera podido triunfar fácilmente, pero en verdad no sacó ninguna vanidad de la desesperación general. Todos iban a morir. Ya no daba tiempo a disfrutar de ninguna ventaja, los tiempos habían terminado.

Con el todo su poder, el Dios de la eternidad iba a castigar sus criaturas por los innumerables errores que habían cometido, y él, que no había cometido ninguno, pero no supo impedirlo, padecería la misma suerte. Los siniestros crujidos del suelo se amplificaron, subieron de las profundidades haciendo temblar todo su cuerpo. Los gritos y los llantos de piedad, la angustia de toda una masa de gente que imploraba lo que antes renegó y blasfemó, parecían totalmente en vano. Crujidos sordos provocaron perturbaciones en la bruma rojiza que tenía tendencia a iluminarse encima de sus cabezas, sus vibraciones pusieron a prueba los tímpanos reventando la mayoría de ellos. Geb apareció en ese momento, cansado y encorvado, pero deseando hacer acto de presencia ya que su hijo, el Maestro, estaba ausente, mirando un pueblo que esperaba auxilio.

Los clamores de satisfacción se elevaron a su llegada, ya que aparecía de nuevo como el Hijo de Dios, es decir el Salvador. El viejo Monarca consiguió aliviar algo el peso de las tonterías de la gente que esa mañana lo aclamaban, y que tuvo que soportar a lo largo de tantos años. Ya no se sentía con la autoridad que fue la suya, y solo sentía la cólera de Dios. La situación hubiera sido ridícula si el desarrollo trágico no hubiera sido tan previsto y tan a menudo repetido, madurado, organizado antes de su realización final...

Así que el viejo hombre, llegando cerca de su amigo An-Nu, elevó los hombros en signo de impotencia, la salvación de su pueblo que ha sido tan inconsciente, egoísta, impío se hacía cada vez más aleatoria. Sin embargo, tomó la única la decisión posible: decretó el Éxodo de inmediato: todo el mundo debía abandonar sus hogares, dejar todo el resto al igual que su tierra sin esperanza de regreso. Con orden debían dirigirse al puerto, embarcar con rigurosidad y tranquilidad bajo pena de una excesiva prisa que podría hacer fracasar la parte la más delicada del programa que con tanto cuidado había sido elaborada para evitar cualquier pánico. Los soldados reales les indicarían dónde ubicarse el muelle a los que llegaran. Sin demora, la muchedumbre aterrorizada se dispersó rápidamente a pesar de las palabras del monarca para preparar lo antes posible el mínimo equipaje de objetos de primera necesidad.

EL GRAN CATACLISMO

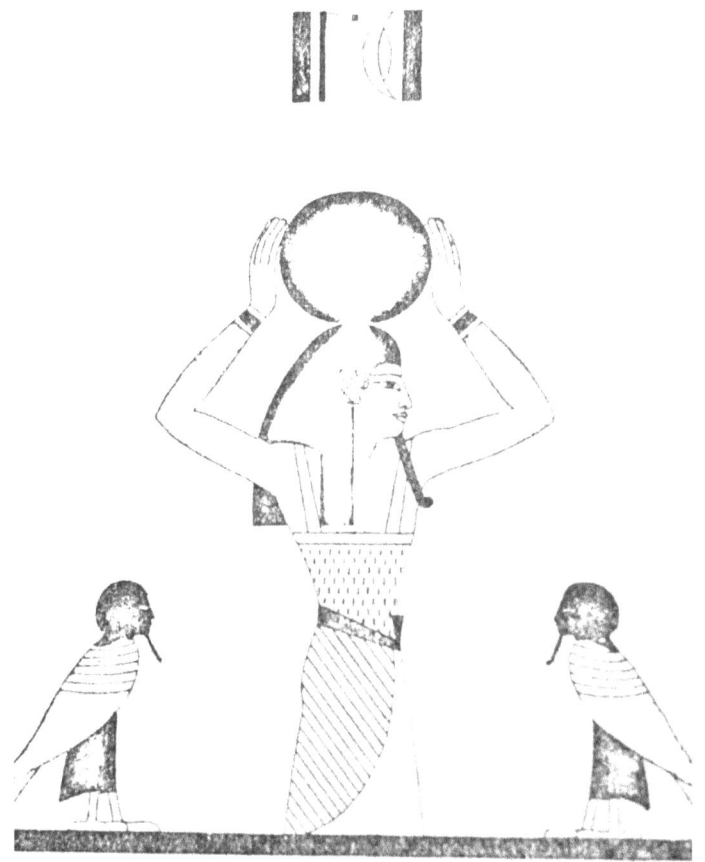

Los Tiempos están acabados. Osiris carga con el peso de las culpas de la humanidad coronándose con el Sol difunto, con el fin de que el nuevo Sol que aparece en el este sea el nuevo instrumento de Dios.

En la ensenada del puerto real, miles de barcos" Mandjit", reputados por su insumergibilidad, habían sido almacenados, equipados completamente con los víveres necesarios: galletas de cebada, equipamiento completo de carne seca y salada renovada cada año, cántaros de agua estancos... El viejo Rey envió de inmediato emisarios a los cuatro arsenales marítimos a fin de que abrieran las puertas de par en par y que los militares se apostaran en sus posiciones para la salida inmediata en el mejor orden posible.

Estas primeras disposiciones, en ausencia de Osiris y de Hor, deberían permitir la salida ordenada de varios centenares de miles de personas. Al tiempo que la evacuación se organizaba en el Palacio para todas las familias que ahí vivían, al igual que la de todos los Sacerdotes. Todos se mudaban a los barcos que les habían sido asignados varios años antes, recogiendo lo que les quedaban por llevar, para ellos todas las precauciones tomadas desde hacía decenios se revelaron ser acertadas.

El An-Nu en título, hijo primogénito, daba igualmente la orden desde un lugar especial de la ensenada real, donde esperaba su armada. Todas sus directrices era seguidas al pie de la letra, y los tesoros de todo tipo se amontonaban en las bodegas de las más grandes galeras, que las profundas sacudidas empezaron a balancear. Y la bruma, aún densa impedía darse cuenta con exactitud de la amplitud del eventual desastre, incluso los ruidos se vieron ensordecidos; su familia embarcó con tranquilidad, excepto Nekbet aún ausente, aunque ello no le preocupaba mucho, convencido en su corazón que su esposa no debía temer nada, y que la volvería a ver.

El grueso del pueblo bajaba a empujones, corriendo, intentando arrastrar su cúmulo de baratijas increíbles. El pánico se apoderó de esta pobre gente que de pronto se enfrentó a una realidad tanta veces ignorada y mofada que les era imposible comprender en su verdadera envergadura.

A un centenar de kilómetros, los volcanes dormidos desde milenios ya sufrían sacudidas, fuegos subterráneos fluyeron poderosos hasta salir a la luz y su presión fue tal que lanzaron al cielo una verdadera lluvia de tierra pulverizada que se añadió a la niebla y caía sobre Ath-Mer. Esta lluvia de pequeñas rocas solidificadas y de desechos de todo tipo, se abatió sobre la muchedumbre en marcha hacia los puertos, aplastando algunos, y desmayando a otros; de repente el infierno se desencadenó.

Fue una riada de gente la que abandonando todo lo que llevaba de preciado corrió lo más rápido que pudo hacia el puerto, un miedo animal sencillamente barrió todo sentimiento humano, los militaron que resistían con dificultad su propia angustia, fueron en un momento aplastados por los pies de una horda despavorida tomando por asalto las frágiles embarcaciones de papiro trenzado extremadamente apretado, luego cubierto de resina y al fin de alquitrán para que no se pudriesen y no se destruyesen. Pero el terror que les atenazaba y el horror de los acontecimientos increíbles que se produjeron por parte de su propia gente, les hizo perder toda noción de seguridad. Y en lugar de subir diez personas por embarcación, a lo sumo quince, la primera flotilla de "Mandjit" tomadas al asalto se hundieron con veinte o treinta personas a bordo en el mismo puerto y muchos perecieron antes de dejar el embarcadero de lo que, por poco, seguía siendo Aha-Men-Ptah.

Los volcanes volvieron a activarse, crujiendo de cólera Divina y cubriendo de lava los pueblos cercanos. Los aterrorizados habitantes que se habían refugiado en sus casas fueron engullidos en pocos segundos por un río incandescente. Miles de toneladas de lava fueron vomitadas en pocos segundos por unas decenas de bocas recién abiertas, marcando nuevos caminos constantemente en cada derrumbe.

Las montañas más sólidas, no resistieron a las sacudidas del suelo, y sus flancos se desgarraban por todas partes, mientras que otras estallaban y se volatilizaban.

Dos pobres mujeres, lejos de ahí, aisladas, intentaban dar la vuelta a un cadáver. Nekbet guiaba a su hermana en los meandros fangosos y malolientes de la orilla apenas visible, de los soldados que las acompañaban al principio casi todos habían huido y sólo quedaban tres pensando en hacer lo mismo si les daba tiempo de llegar a algún embarcadero, ya que la vidente tenía muchas dificultades en concentrarse para ver "exactamente" el lugar que había descrito y donde una rama retenía la piel conteniendo el cuerpo de Osiris asesinado. Sabía que una rama baja de un grueso sicomoro, al límite de la orilla, con un asa de forma muy característica sujetaba e inmovilizaba el cuerpo de Osiris. Pero era evidente que los terribles remolinos que se manifestaban en el mar bien habían podido romper esa frágil amarra y dejar que el cuerpo se alejara en el mar definitivamente, además, no podía asegurar una buena visión debido a la apocalíptica atmósfera.

Nekbet sabía que lo que le impedía ver era su propia ansiedad en cuanto a la suerte que corría su marido y sus hijos. Desde que supo que estaba en el puerto con toda su familia había perdido todo contacto. El pánico del lugar y la multitud de cadáveres que se amontonaban no le permitía tener visiones correctas. Lo que aún era peor para el pequeño grupo que erraba en un perímetro limitado, ciertamente, pero en el seno del cual pequeñas y profundas pozas estaban ocultas por la espesa niebla. Iset empezó a desesperarse y su hermana ya no podía asegurarle el resultado, sin embargo eran los últimos seres vivos en el lugar ya que los animales y los pájaros habían huido desde hacía tiempo ¿Valía la pena seguir la búsqueda si ellas también iban a morir?

También Sit se hacía la misma pregunta en medio de la lucha que mantenían los hijos de la Rebelión, sabiendo que la mayoría de los bandidos habían huido en todas direcciones a los primeros temblores de la tierra bajo sus pies. Con dolor habían sentido esta severa advertencia, en la que toda noción de equilibrio y de justicia se desvaneció. El suelo se elevó, se hundió, se abrió prácticamente en un crujido asfixiante, sirviendo de preludio al infierno cuya existencia habían negado. Ellos, que no habían dejado de mofarse de las supersticiones que anunciaban el fin de Aha-Men-Ptah, se sintieron de pronto culpables y no pensaron más que en alcanzar un lugar más sereno, donde podrían recuperar sus espíritus y entregarse a Dios.

Fue el momento elegido por Hor para lanzar el último asalto desde un cúmulo que no pedía más que ser tomado. Apareció él mismo de repente a menos de tres metros de una reunión de jefes de los rebeldes. Abrió a uno, golpeó a otro, como Dios vengador. Y todos esos guerreros sin causa ni ley, abandonaron su jefe, corriendo hacia lo más profundo del bosque por senderos ascendentes a las montañas durante más de una hora, hasta toparse sin darse cuenta con el gran río dantesco, en su camino ardiente del fuego del infierno. Todos fueron tragados y reducidos a cenizas antes de haber tenido tiempo de volver atrás.

Su jefe, que se había aislado de su estado mayor unos instantes antes del ataque, con dos oficiales, para preveer los lugares donde situar las emboscadas, nada supo de la corta batalla entre los dos clanes y ni aún por ruido, ya que esta espesa niebla roja absorbía todo sonido.

Al regreso su estupor fue grande cuando sólo encontraron a los heridos y muertos, rodeados por múltiples mazas y espadas abandonadas. Sit comprendió la vanidad de su rebelión frente a Dios, y que de alguna forma, había participado en la aceleración de un proceso que desde ahora sería irreversible. Todo se había perdido, incluso el honor. Se quedó solo, atónito, aturdido, dudando, intentando recuperar su parcela de luz Divina que antaño tiró a la basura porque venía de su madre Nut. La atmósfera se apoderó de todas las conciencias.

Mientras la soldadesca, que había retrocedido hacia abajo y hacia el mar, se topó con el grueso de las tropas de Hor, cuyos jefes habían convenido detener su avance para poder evacuar lo más rápidamente posible y una última lucha enfrentó los dos ejércitos. La tropa gubernamental perfectamente ordenada cortó los rebeldes a trozos, después, los jefes avisaron al hijo del Maestro difunto que más valía dejar al jefe morir en soledad para poder guiar a los cobardes hacia su nuevo destino. Hor dio libre albedrío a cada uno para partir con orden, pero él decidió permanecer para encontrar a su tío y matarlo, para vengar a su padre. Y con orden, una nueva avalancha de soldados se precipitó en sentido opuesto, hacia los puertos donde sabían que quizás encontrarían a sus familias.

En el bosque, no muy alegados el uno del otro, había aún dos hombres cada uno bajo un árbol meditando tristemente sobre los acontecimientos trágicos y los elementos desencadenados.

Los Mesit Betesu, ya no existían, y su nombre se perdería para siempre. Sit, pensó con amargura admitiendo a su pesar el poder Divino, abandonando todo lo que había acumulado. ¿Pero a dónde huir? Bien sabía que Hor lo acechaba, no lejos de ahí, dispuesto a vengar la muerte de su padre. Si quería escapar debería tomar la delantera y matar con sus propias manos a su sobrino que sin duda no le daría descanso alguno, si es que permanecía con vida.

Hor, no lejos de ahí, llegó a la misma conclusión: perseguiría su mortífera venganza. Todo sentimiento de prudencia lo abandonó, y armó su mano con una pesada espada de bronce. El último choque humano, ya inevitable, pareció suspender la marcha de los elementos enfurecidos.

No ocurría lo mismo en el puerto real, ni en las ensenadas aún protegidas en el puerto de la capital. El tumulto alcanzó su paroxismo, ya que no eran unos cuantos miles de personas las que acudían con pavor, sino que eran centenares de miles que se apretaban, se asfixiaban, se defendían y se mataban unos a otros, ya que ningún soldado podía asegurar la salvación de tantos, ni de los bienes públicos, es decir de los barcos, y la falta total de visibilidad que paralizaba a la gente, favoreció que cayesen por los bordes del malecón, ya que un empuje irresistible se producía arrojando las primeras filas al agua, las primeras Mandjit también se hundieron por el exceso de pasajeros.

Otros, habiendo conseguido superar la marea humana embarcaron lejos del cuello de botella, con cuidado dejaron caer sus frágiles barcos antes de soltar las amarras. En ese momento preciso llegó una horda de rebeldes al puerto y como un martillo pilón rechazó a derecha e izquierda todo lo que encontró a su paso hacia los barcos. Todo fue tirado al agua, y sólo más tarde supieron que corrían hacia su propia muerte mucho más rápidamente que si se hubiesen tomado el tiempo con tranquilidad de llegar a las famosas Mandjit.

Efectivamente, cometieron el mismo error que los que les habían precedido, sobrecargaron demasiado las embarcaciones y en la prisa de embarcar no observaron que al mismo tiempo el barco se hundía por su peso, llevándolos así al fondo, formando la segunda capa de cadáveres amontonados sobre la primera. Otros que se creyeron con mejor inspiración, habían dirigido sus pasos hacia el puerto real donde las grandes galeras amontonaban sus cargamentos con toda prisa. Su llegada provocó una matanza que dejó sólo a los más fuertes, es decir a los Mesit Betesu.

Por suerte el An-Nu y su familia, al igual que varios otros barcos de sacerdotes, ya habían dejado el muelle, y todos estaban preparados, aunque escondidos por la niebla rojiza. No vieron nada, ni oyeron nada del episodio que ensangrentó el último día de Aha-Men-Ptah.

En el bosque, los dos jefes se acercaban el uno al otro sin saberlo. Sit, sin embargo, más acostumbrado al bosque, sentía que su sobrino no podía estar muy lejos. La niebla que parecía espesarse, lo protegía haciéndolo invisible, y el Hijo de la Rebelión se detuvo par escuchar en ese silencio total, esto favoreció sus intenciones, ya que en ese mismo momento una nube de esa espesa bruma se disipó, empujada por el viento, dejando ver un pequeño montículo que estaba por encima del sendero por el que avanzaba apenas y a unos veinte metros más adelante y en altura, Hor estaba sentado meditativo y por desgracia para él, vigilando el lado opuesto.

El tío de pronto, se sintió de nuevo preso por su sed de aniquilar los miembros de esta familia odiada, olvidando que formaba parte de ella. Mataría al sobrino como conseguiría hacerlo con sus dos hermanas. En cuanto la bruma borró la silueta de Hor; Sit se acercó sigilosamente a su joven pariente.

Unos crujidos de la corteza terrestre reiniciaron su terrorífica sinfonía, sonando con un eco siniestro y fuerte. Los ríos de lava, que habían progresado lentamente, alcanzaron la linde del bosque y empezaron su obra destructora, rompiendo árboles centenarios como briznas de paja, los quemaba a su paso destruyendo toda la parcela de vida vegetal o animal bajo una capa de materia ardiente. El cielo a su vez, también pareció hundirse, sonaron explosiones tronadoras cuyo resplandor repentino hacía sobresaltar tanto al tío rebelde como al hijo menor, que esperaba su venganza: el trueno contribuía con sus rayos a demostrar de nuevo a los dos protagonistas que iban a luchar, que la Eternidad sólo pertenece a Dios.

Pero esta advertencia celeste no tuvo reacción y un vapor nauseabundo precedió antes del desastre provocado por el río en fusión. Las narices de pronto picaron, ese olor agrio y amargo provocó el hipo en los dos hombres. Sit que ya sólo estaba a tres pasos por debajo de su sobrino, de pronto fue invadido por un miedo irracional, por lo que sin más demora lanzó rápidamente su masa al vuelo, apretándola fuertemente en la mano, golpeó con fuerza al descendiente de Osiris en el hombro derecho, rompiéndoselo en el acto. Su grito de dolor se perdió en los chillidos del bosque consumiéndose; se derrumbó de golpe soltando su espada y su rodilla golpeó una arista de roca dura, impidiéndole caer más abajo, y al tiempo rompiéndole la rótula. Respirando con fuerza, intentando recuperar su equilibrio par ver donde estaba el inmundo que lo había golpeado por detrás, se levantó pero volvió a caer pesadamente.

Borracho de rabia, a la vista de Hor aún vivo, Sit recogió la espada caída a sus pies, y avanzando con paso rápido, lanzó la lama con ojo ajustado y con todas sus fuerzas. Está alcanzó el rostro, clavándose en un lugar que el rebelde no pudo ver, pero si vio que las dos manos al tocar el bronce se llenaron rápidamente de sangre. Sin más, Sit, sin demora, ahora seguro de ser el vencedor, huyó a toda prisa, ya que observaba una enorme ola negra e incandescente cuyas brazas fantasmagóricas se acercaban bajando de las alturas circundantes. Ahí, Hor no tenía posibilidad alguna de salir ni vivo... ni muerto. Su alma tampoco podría venir a perturbarlo.

La lava corría con un silbido monstruoso, elevando enormes nubes de vapor ardiente, cada vez más cercano al hijo de Osiris, solo, abandonado a su suerte y voluntad Divina. Un hombro roto, una rodilla rota, el ojo derecho reventado y el otro inyectado de sangre, parecía que a Hor sólo le quedaban minutos de vida, pero aún seguía vivo, inmovilizado en su montículo y sin poder ver.

Su tío parecía haberse ido, creyéndolo probablemente muerto, por lo que dirigió una última oración de agradecimiento, rogando a Dios salvar a Iset y a los otros miembros de la familia. Aceptó voluntariamente desaparecer para siempre a cambio de la vida de los demás. La sangre brotaba de sus heridas y no le quedaba tiempo para apiadarse de su dolor. Oía muy bien el ruido infernal que aumentaba cerca de él, pero no quería ceder al invisible pánico.

El río de lava tumbaba los árboles cercanos y el vapor ardiente lo superaron, envolviéndolo por completo, solo un leve sonido salía de su garganta donde el aire ya no pasaba, y se desmayó. Si se creyó muerto por un momento, pero Dios se preocupó de que esa impresión no durase mucho. El Creador había elegido este tipo de cauterización para cerrar todas sus heridas abiertas e infectadas, impidiéndole al tiempo realizar una acción no pensada y caer al fondo de la colina muriendo carbonizado. Ya que la lava al no poder superara este bloque de granito duro, lo rodeó en su bajada, preservándolo. Hor estaba a salvo.

En la orilla del mar, siempre triste Nekbet consiguió al fin llegar al lugar tan buscado. Ahí estaba la pequeña bahía, entre brumas ciertamente, en la linde de la orilla se destacaba un enorme sicomoro, bien visible, ya no había más que acercarse y buscar la rama baja que debía estar en el agua, para encontrar la piel de toro que contenía el cuerpo de Osiris, lo que realizó en poco tiempo, Iset dio un grito de alivio, el retraso añadido para dejar esta tierra maldita no habría sido en vano. Las dos hermanas pusieron en tierra con cuidado la piel, que los soldados colocaron en una de las pequeñas Mandjit vacías que, habían varado en este lugar, probablemente rotas sus amarras, habían sido llevadas por la corriente que se estaba levantado.

Después de una corta discusión la Reina ordenó a su hermana dejar la orilla con el cuerpo muerto y los soldados, para intentar unirse a su propia familia, era hora de que pensase en ella. Iset se quedó, y decidió ir sola en busca de su hijo. Habiendo muerto su esposo, y ya envuelto en esta piel, le tocaba a la madre y a ella sola intentar salvar su primogénito, si es que era posible.

Por ello volvió sola al Palacio Real, con el fin de que Geb y Nut supieran el desarrollo de los acontecimientos y pudieran a su vez salir de Aha-Men-Ptah. Llegó en el momento en el que el último bastión de fieles suplicaba al viejo Monarca acompañarlos en su huida. Pero el Maestro pretendía tener aún muchas cosas por hacer y su propia esposa dudaba en presionar, esperando con ansiedad noticias de su hijo y de Hor desaparecido tras él, Iset llegó en estos momentos.

Frente a la voluntad de su hija de ir al bosque para buscar su hijo, e informado sobre Nekbet, el Monarca volvió a recuperar su autoridad de antaño para dictar la conducta a cada uno. Nadie se atrevió contradecir al antiguo Maestro, ni su propia esposa, que supo por el pellizco que sintió en su corazón, que no volvería a ver su bienamado Rey. Geb ordenó a Nut salir con los notables y los fieles sin más tiempo que perder para alcanzar el canal en el extremo del parque, donde estaban amarradas las dos grandes galeras especiales dispuestas para alcanzar el brazo de mar y el mar abierto. Otra tierra necesitaría una Madre, Dama de un nuevo Cielo, que deberá enseñar a los supervivientes, en ausencia de Osiris y de Hor, como rehacer un segundo país, una segunda Alma, que después de Aha-Men-Ptah, sería: Ath-Ka-Ptah.

La violencia de los elementos, superaron en este instante las dudas de Nut, que asintió con un breve signo de cabeza par esconder su desesperación y salió rápidamente para no estallar en lágrimas vivas frente a su esposo. La enorme explosión oída por todos provenía de un gigantesco cráter que se había abierto repentinamente bajo los pies de numerosos fugitivos de la ciudad que, en ese momento franqueaban la "Puerta del Olvido" para llegar a la Estancia de descanso de los Bienaventurados y bajar hacia el mar. El enorme agujero abierto engulló de golpe toda la puerta de bronce con centenares de vivos y los miles de muertos del cementerio.

Geb, que había decidido acompañar a su hija hasta el fondo del bosque, en su última salida había cogido un semental para ir más rápido. Viendo que los elementos se desencadenaban velozmente y que el caos que instalaba por doquier, pensó que quizás era demasiado tarde para salvar a Hor. Pero Iset no quiso renunciar; con valentía subió a su montura para obligarla a dirigirse hacia una colina bastante alta, para protegerse y permitirle vista más amplia. El viejo Rey hizo lo mismo, no deseando volver atrás. La niebla se levantó un poco, en la cima, un sicomoro se erguía, aún majestuoso como invitándolo a una oración; ella bajó a toda prisa de su caballo y se postergó al suelo llorando desesperada.

–"Oh Tú, Sicomoro, que hizo nacer a Hor, el hijo. Haz que esté a salvo en este día que Tú maldices. Tú eres el Maestro de la Luz, y de las Tinieblas que hoy nos ciernen: haz que el Sol reaparezca y que nos permita recuperar a mi hijo Hor."

Con la frente pegada a la hierba pegajosa, con todo su dolor y sus súplicas, Iset no levantó la cara hacia su viejo padre que sentía estar detrás junto a ella de pie. Ella esperaba una respuesta de Dios tal como tuvo su madre una vez, bajo otro sicomoro. Apenas tuvo tiempo de relacionarlo cuando una gigantesco rayo surgió del nubarrón que se despejando poco a poco el árbol en una majestuosidad cegadora, como en respuesta, sintió la tierra bajo ella moverse violentamente. Se enderezó y se tiró a los brazos de su viejo Monarca su padre, que siempre estaba ahí cuando hacía falta para dar consuelo. La tranquilizó diciéndole:

–"Ahí tienes la respuesta Iset, Dios te ha escuchado."
–"¿Qué debo hacer, padre, el tiempo apremia?"

Lo que no podía saber es que, efectivamente, había recibido una respuesta eficaz. A pocos kilómetros de ahí, un poco por encima del lugar donde estaba tendido Hor, la tierra abrió un gigantesco precipicio que engullía miles se toneladas de lava que seguían eyectando decenas de volcanes en actividad. La lava ya no amenazaba con engullir el montículo en el que estaba el hijo de Osiris, hijo de Dios. El nivel de la masa de fuego bajaba, el río incandescente dejó de fluir, pero quedaba poco tiempo antes de que el todo desapareciese. El silencio el mismo que rodeaba a Geb e Iset, había vuelto cerca del cuerpo dolorido e inerte.

El sicomoro apareció en todo su esplendor en esta tranquilidad recuperada, pareció que la oración había calmado la cólera de los elementos para permitir recuperar a Hor más fácilmente. Ella elevó las dos manos en signo de imploración hacia la cima de este árbol que estaba segura le permitía el diálogo con el Supremo. Su oración brotó de lo más profundo de su ser, instantáneamente, antes incluso de que pudiera pensar en las sabias frases, ya que se dejaría inmolar en ese mismo lugar si era necesario para que su hijo volviese.

–¡Oh Ptah-Hotep,[30] Rey del Cielo!: Abre tus esclusas, con el fin de dominar el fuego que Tú has desencadenado en la Tierra. ¡Salva al hijo de Tu Hijo! Ordena que este día del Gran Cataclismo no sea el del Gran Duelo. ¡Oh Ptah-Hotep, Rey de la Tierra!: llena la sed del suelo, para que satisfaga la sed que Tú has desencadenado en la Tierra. ¡Salva al Hijo de Osiris! Ordena al Gran Río abrir todas sus reservas..."

---

[30] Dios-de-la-Paz, es la pronunciación de los dos opuestos: **PTH+HTP** que forman el UNO.

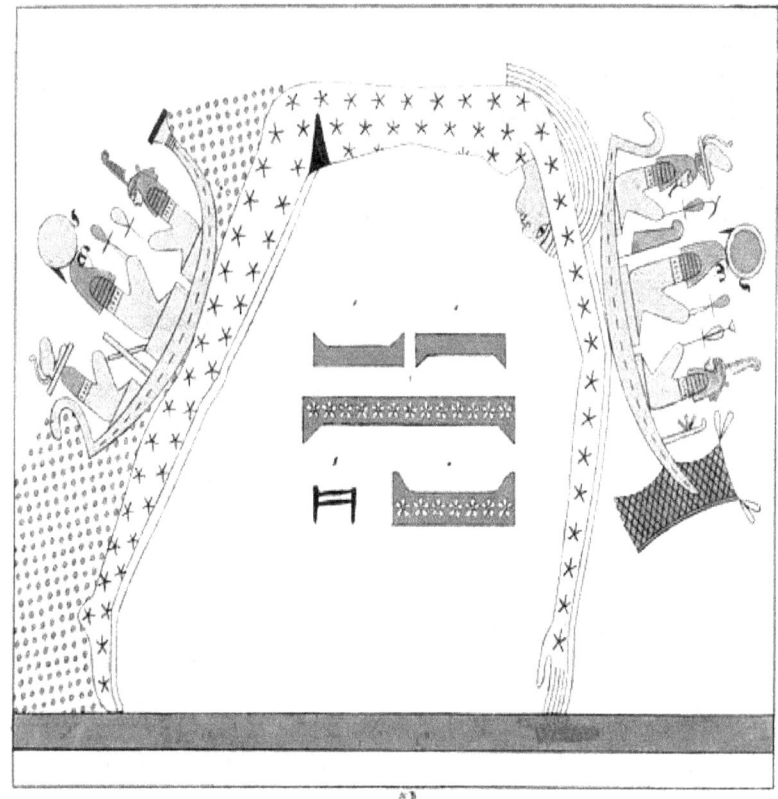

Iset asegura la protección de la nueva barca llegando a oriente después del Gran Cataclismo.

Seis milenios más tarde, esta oración aún está grabada en varias tumbas del Valle de los Reyes, en Luxor, en Saqqara y en Dendera. Y los anales del libro de los Cuatro Tiempos precisan además:

-La tierra se oscureció sobre todo el país, la oración de Iset había sido escuchada, una lluvia empezó a caer, y pronto aceleró su ritmo demostrando al golpear el suelo que las propias fuentes estaban vaciándose...Lluvia de día, lluvia de noche, acompañada aún por algunas llamas inmensas que crepitaban por encima de las cabezas. Y se vio una segunda ola humana: hombres y mujeres más fuertes pisoteando a los más débiles y a los niños para poder huir más rápidamente. Su mirada despavorida, los ojos llenos de desesperanza por ver toda la tierra sucumbir, olvidando que fueron hombres. Ya era demasiado tarde, algunos estaban subidos a los edificios públicos más altos aún en pie, que de golpe se derrumbaron, otros agarrados a los antaño orgullosos sicomoros, también sucumbieron, los que estaban escondidos en cuevas se quedaron enterrados en ellas, aplastados y asfixiados. De tal forma se dibujaba el primer acto de la destrucción del pueblo Primogénito de Dios, en este primer día de torbellino del Gran Cataclismo."

Los textos sobre los horrores diluvianos abundan, fueron transmitidos como signo de advertencia a las futuras generaciones, pero la interpretación de los imitadores de Champollion, nos los transmitieron muy deformados.

Ath-Mer, la orgullosa capital cuyo significado es el Corazón-del-Hijo-Primogénito, se ha hundido y ha vuelto a la nada del olvido, así, la impiedad había hecho de ella un abismo de incomprensión. La humanidad a través de sus millones de voces expresó pesares y remordimientos demasiados tardíos para ser oídos por el Padre. No quedaba rastro de vida en este mundo que había estado tan vivo. Con su dedo Dios borró la multitud que engendró. Porque la tormenta desencadenada por las innumerables blasfemias era irreversible.

Las batallas fraticidas no podían más que encadenar a los hijos malditos en el abismo sin fondo de Amenta, pronunciación de lo que quedó de Aha-Men-Ptah, es decir el Reino de los Muertos. Las futuras generaciones, salidas de los supervivientes, ni se harán esta pregunta: ¿Dónde está el Elíseo de Oriente?, ya que a lo largo de los milenios del propio futuro se perderá hasta el recuerdo de esta gigantesca tumba submarina; y olvidarán hasta el pseudónimo de Amenta, que se implantó después del cataclismo en occidente.

Únicamente durante un tiempo, los Sabios descendientes de los sucesivos An-Nu, elogiarán a los descendientes de los rescatados, perpetuando incluso este período de advertencia, para que nadie vuelva a desafiar el Poder Divino, y la época de Espanto y de Temor que vivieron cuando el Sol, entrando naturalmente en Leo, cambió el curso de su navegación en ese mismo día del Gran Cataclismo.

Pero ellos, a su vez, se apagaron, y con ellos la Historia comprensible de Aha-Men-Ptah. Desde este mismo momento se desencadenó el proceso del Eterno Regreso de las cosas. El olvido llenó la Tierra entera, y cada uno hacía lo que debía para que un nuevo Día de "Gran Cataclismo" se reproduzca. Una última elección aún deberá hacerse que agrandará aún más el Lecho de la Desesperación, o bien desencadenará al fin esos mil años de paz en una Edad de Oro.

Volvamos a este 27 de julio de 9.792 a.c. cuando la lluvia torrencial cubría con un rojizo manto líquido la tierra del Corazón-Amado. En un par de horas, la capa de lava, suficientemente solidificada y enfriada, para que Geb e Iset volvieran a montar a caballo, dirigiéndose hacia lo más profundo de los árboles calcinados. Las monturas por instinto elegían el camino más seguro lo que los llevó al pie de la colina donde Hor aún permanecía inmóvil, e invisible al estar tendido.

La reina desesperada, no sabiendo dónde buscar, frente a esta total desolación reinante, decidió subir a este montículo con la esperanza de poder situarse. Como su padre, le costaba avanzar, empapados y con dificultad para coordinar sus movimientos. Geb sujetó su hija durante este duro ascenso y a pocos metros de la cima vieron el cuerpo tendido que se movía. Iset gritó de alegría, reincorporando al joven hombre que hablaba solo con Dios, pidiéndole que no lo abandonara y creyéndose preso de una alucinación, su madre no podía estar tan cerca de él, pero Iset poniendo una mano segura sobre su hombro le dijo:

–"No temas nada más, hijo mío que ha vengado a su padre, Dios me ha guiado hasta aquí para salvarte."

En el hueco de sus manos, delicadamente, la madre tomo agua de lluvia que corría de la roca, y limpió el ojo derecho reventado, luego ayudada por Geb limpió cuidadosamente el ojo izquierdo antes de lavarlo, gracia a lo que Hor pudo vislumbrar el rostro rojizo de su madre transfigurado, y emitió un grito de alegría, a la vez que se echó a llorar, mezclando las lágrimas con la lluvia que chorreaba por todas partes. Intentó levantarse, pero hubiera caído pesadamente si su abuelo no se hubiera precipitado para sostenerlo y mostrar a su hija el estado de su rodilla. Ayudándose cargaron al joven sobre sus hombros y bajaron hacia los caballos que por suerte esperaban bajo el diluvio incipiente.

Ayudado por su abuelo, Hor se agarró a la crin y quejándose consiguió deslizarse hasta el lomo del semental que no se movió. Geb obligó luego a su hija a montar en el otro caballo, antes de decirle con voz autoritaria y sin réplica posible:

–"Iset, ahora vas a obedecer de inmediato, ya que el Tiempo para los supervivientes está contado. Osiris había dispuesto una Mandjit en el pequeño puerto escondido en el Lago Sagrado en caso de urgente necesidad. Quizás sabía que llegado el momento sería útil. Id los dos ahí y salid lo antes posible hacia el mar abierto. Sólo hay un par de remos y es una embarcación muy ligera. Yo sería un peso muerto demasiado grande, y aún me quedan cosas por hacer en Palacio, atajaré por aquí, ¡no os ocupéis más de mi, es una orden! Piensa sólo en tú hijo, id."
–"Pero, padre..."
–"¡Ve!"

Sin nada más que añadir, Iset se fue enseguida por el otro caballo, por propia iniciativa se puso junto al de ella. A lo largo del camino habló a su hijo reconfortándolo con sus palabras con el objetivo de hacerle olvidar la presencia de Geb, al igual que su propio dolor, ya que el estado de su rodilla, sin hablar de sus ojos debía provocarle dolores insoportables. Embarcaron sin más dificultad. Iset remó vigorosamente hasta llegar antes de que cayera de la noche a las "Bouches de la Fente"[31], el brazo de mar, ahí, estarían a salvo y quizás, podrían subir a algún barco mayor con otros supervivientes y poder curar a Hor.

Se habían alejado de la costa hacía apenas unos diez minutos, después de haber superado con valentía el pequeño canal y el más grande, cuando el verdadero primer seísmo se desencadenó, removió toda la tierra e hizo desaparecer la mayoría, mientras que los rayos tremendos arañaban el cielo antes de perderse en la superficie del agua con dantescas emanaciones. Hor, apoyado en el banco donde luchaba su madre para poder mantener el rumbo, era insensible a las convulsiones del entorno al borde del abismo, los últimos supervivientes

---

[31] Lugar geográfico, ubicado en algunos mapas, como en el libro de M. Weissen Szmulanksa (*Origines Atlantiques des anciens Egipciens*), representa un pasaje agreste entre acantilados en el mar, entre la isla y África occidental (las Bocas del estrecho).

salían despavoridos de la tierra que había buscado su destrucción y que expiaba en ese día.

Los Tiempos habían acabado tal como el Hombre lo deseó. Los textos de los Anales lo precisan sin ambigüedad alguna:

"Hombre: tales fueron tus pensamientos; tales fueron los pensamientos del Cielo."

CAPÍTULO XIII

MANDJIT

Navegando siempre hacia Occidente.
El mazo fue amarrado, la estaca hundida,
el cordaje delantero puesto a tierra,
El Occidente fue alcanzado:
¡Hor-Our estaba salvado!

Llegada a Ta Mana
Texto de Oumbos

La noche no parecía acabar, estamos en la del 26 al 27 de julio, el infierno se desencadenó en las aguas del estrecho, al sur de Aha-Men-Ptah, donde el continente se estrechaba y casi tocaba la tierra de la actual África occidental. Estaban las famosas "Bocas del Estrecho", que conectaban las dos partes del mar oriental, y sobre la que navegaban las Mandjit reputadas por su ser insumergibles, a merced de enormes olas, debían llegar sin más problemas, a la orilla occidental siguiendo la trayectoria del sol. El horizonte oeste estaba abrazado por incendios, de color rojo sangre, ¿Pero era realmente en el oeste?

El tsunami, amplificado por el viento tempestuoso reventaba literalmente las olas cavando grietas de varios metros, llevándose algunas Mandjit al fondo, otras desaparecían doblegadas por el peso de las aguas, aunque algunas se volvían a enderezar cada vez con más dificultad.

Después, una relativa calma, en la que los rescatados aterrorizados vieron la costa hundirse y luego desaparecer en el mar en innumerables remolinos. Hubo una sacudida más profunda y sentida, ya que era submarina, y desencadenó un espantoso ciclón, que en los rugidos de los remolinos cada vez más violentos, pulverizó todas las embarcaciones frágiles.

Solos en esta inmensidad líquida, los navegantes supervivientes, exhaustos, medio locos de terror, aún no habían llegado al límite de lo imposible. En el cielo aún rojizo, pero relativamente sereno, vieron de pronto el Sol desplazarse, bruscamente precipitándose hacia adelante, acompañado por el "Gran Día", pasó por encima de las cabezas enloquecidas, mientras que los brazos apretaban fuertemente los bordes de las embarcaciones como para pedirles consuelo, antes de desaparecer en el horizonte en pocos minutos volvió a caer la noche en el seno de la cual las estrellas rápidamente siguieron el mismo ritmo, entonces, la luna apareció y rápidamente cruzó el cielo para hundirse en las aguas y la locura pareció calmarse, como el desorden terrestre. La noche total volvió en el espacio de una hora. Nadie hubiera podido decir aunque se lo hubiese propuesto, ni determinar el tiempo de este extraordinario día, y aún menos si sería seguido por otro. El horizonte permanecía chamuscado y lleno de una sonoridad de otro mundo, fantasmagórico e indefinible, los náufragos gritaban a pleno pulmón su angustia insuperable, creían que su última hora había llegado, como la del mundo que había sido el suyo y del que ya no reconocían nada. Todo había desaparecido, excepto la noche.

El mar se había extendido singularmente; y el estrecho que unía los dos mares y que no se había franqueado, ya no estaba, había desaparecido, a lo lejos se dibujaba una costa en ebullición pero que no era identificable. El vapor y las llamas bajando hasta las aguas transformaron todos los perfiles; los incendios de punta a punta del horizonte dejaban oír sus siniestros crujidos sobre esta pobre humanidad errante y derrumbada cuya vida dependía exclusivamente de las Mandjit que ocupaban esperando, ya no una tierra acogedora, sino su última hora. Un chorro de ascuas ardientes subió a kilómetros de altura sobre el horizonte, iluminando el mar desencadenado. Una lluvia de fuego cayó, en un haz resplandeciente, mientras que los sonidos discordantes e infernales de la deflagración aterrorizaban a estos seres desamparados. Los que tenían aún buena vista, observaron como sobre el fondo, la mole negra de los últimos macizos montañosos, se hundía y desaparecía a lo lejos bajo el elemento del agua: ¡Nada, no quedaba nada!

Era realmente el final de Aha-Men-Ptah, lo que era muy difícil de imaginar para todos los que, como ellos, habían vivido ahí a lo largo de generaciones innumerables en toda quietud, en el mejor y más apacible y maravilloso de los mundos. Y, sin embargo, esta tierra se disgregaba, se dislocaba, se licuaba totalmente mezclándose con esta agua indefinida para no ser más que una con ella.

Un nuevo maremoto siguió al desastre submarino y alcanzó a las Mandjit media hora más tarde, cuando la tranquilidad parecía haber vuelto. El mar fue laminado por una primera ola enorme, alta de una docena de metros, ancha de varios kilómetros que arrasaba a una velocidad vertiginosa, todo lo que estaba a su paso, se vio una tormenta espantosa; el viento violento tiró centenares de personas al mar, salvándose muchos que tuvieron la sabia idea de atarse a los mástiles, con los cordajes de las velas que hacía tiempo habían desaparecido. Tal fue el caso de Iset y Hor, atados juntos al poste de amarra de su desamparada embarcación, y también fue el caso para Nekbet, Nut y su séquito; al igual que para Sit, que había conseguido embarcar en solitario deseando atracar en algún lugar y volver a encontrar a los Hijos de la Rebelión escapados del yugo como él.

Hor, reducido a una inercia total a causa de su rodilla rota y la moral muy baja por los intolerables dolores que le causaban sus ojos reventados, se daba sin embargo cuenta, de la gran suerte que tenía al estar vivo en compañía de su madre bienamada. La Mandjit les permitiría navegar esperando llegar a una costa. ¿Pero quedaría alguna? De esta forma pensaba el joven olvidando de ese modo sus heridas. Si hubiera tenido que morir, no hubiera sido salvado, ni llevado a esta embarcación insumergible que los balanceaba en todos los sentidos, ciertamente, pero que permanecía y les llevaría a algún lugar.

Intentó recordar cómo fue posible tal cataclismo. Había aprendido por el "Maestro de las Combinaciones del Padre" que la Tierra era una bola gruesa, semejante a la Luna cuando estaba llena. La observación acompañada de minuciosos cálculos sobre las figuras geométricas compuestas por los planetas y los astros, le mostraban una serie de movimientos celestes muy diferenciados, pero conectados entre ellos por una amplia y única Ley Universal. Un pensamiento lógico debería ciertamente demostrarle que la tierra firme no podría desaparecer en todos los lugares.

El pensamiento científico, que es el nuestro en 1975, demuestra que nuestro globo gira con varios movimientos diferentes, es decir sobre él mismo, alrededor del Sol a velocidades considerables, aunque todo parezca inmóvil. Resulta que la rotación difiere entre el diámetro más grande, en el ecuador, y los más pequeños en los polos. Una constante hace que una progresión creciente en el sentido giratorio, no puede dejar de producir un efecto contrario al que lo atrae hacia el sol. Hor, aprendió de sus profesores el clásico ejemplo que, además, nos ha llegado a través de la noche de los tiempos: "Si vendas un arco, tirará más lejos que con tu mano, porque la tracción emitida a la cuerda será más fuerte". Esta propiedad permitió deducir desde la más remota antigüedad que había un desfase en el movimiento general de las bolas circulando en la bóveda celeste, incluido el de la Tierra.

Los textos de Dendera sobre las "Combinaciones Matemáticas" no dejan duda alguna sobre ello y se observa entre otras cosas: el tiempo que el Sol toma para volver a un lugar rigurosamente anotado, de un amanecer a otro, en el instante en el que justo aparece delante de la estrella la más brillante de la constelación de Leo: el "Corazón", hoy "Régulus", que dura 365 unidades, más 1/242 unidades, y este tiempo es menos extenso que el de las estrellas efectuando el mismo ciclo: 365 unidades, más 1/256 de unidad. La diferencia anual de este tiempo son esos 50 segundos de arco del gran círculo celeste que, atravesando las doce constelaciones zodiacales las une. Lo que hace que, necesariamente, por un motivo que aún es desconocido para los humanos, hay precesión[32] del Tiempo en el Espacio al inicio de cada primavera. Especifiquemos mejor en nuestro idioma moderno estos datos, con los desarrollos que comportan, y que aún están en continúa contradicción con las tentativas científicas de explicación tanto de los astrónomos como de los físicos. ¿De qué se trata?

Según Newton, que intentó abordar esta pregunta cuando los tratados antiguos de las "Combinaciones Matemáticas Divinas" se perdieron, o se

---

[32] La precesión o movimiento de precesión nutación es el movimiento asociado con el cambio de dirección en el espacio, que experimenta el eje instantáneo de rotación de un cuerpo. Un ejemplo de precesión lo tenemos en el movimiento que realiza una peonza o trompo en rotación, la precesión de los equinoccios es el lento cambio de dirección del eje de rotación de la tierra.

escondieron, la causa no puede ser más que la hinchazón del globo terráqueo en su zona ecuatorial.

Resulta que esta parte del mundo gravita con más fuerza hacia la Luna y el Sol comparada al resto de la esfera. Y este exceso de gravitación en este lugar tiene el efecto de desviar continuamente el plano del ecuador terrestre y forzar el retroceso en el plano de la eclíptica[33], justamente en cincuenta segundos de arco al año. De modo que, concluyó Newton, si la Tierra fuese exactamente esférica, los equinoccios responderían siempre a los mismos puntos de la eclíptica, y el equinoccio ¡nunca hubiera tenido lugar!

En un principio, los astrónomos adoptaron en su conjunto esta teoría más bien simplista, y en cierto modo como un "oráculo", ya que eliminaba los puntos de interrogación ¡muy embarazosos! Alembert intentó traducirla algebraicamente contra toda lógica y el resultado conseguido fue el opuesto al de las observaciones reales. Lleno de perseverancia retomó su trabajo pensando que había omitido algún dato vital, pero ningún resultado cambió, fuera de quicio lo echó al fuego, después de esta desilusión volvió a retomar el asunto, imaginando una causa para este movimiento precesional que pusiera sus cálculos en armonía con la observación. La rotación diurna del globo, que ni Newton, ni ninguno de sus colegas pensaba en poder dar la causa. Llevó a Lalande a decir:

"La solución a esta pregunta es una de las partes más difíciles de calcular acerca de las atracciones terrestres y celestes."

Newton lo había desdeñado y Alembert resolvió el problema. Euler, Simpson y otros más se han ejercitado en esta materia, y yo mismo lo ofrezco con gran claridad en mi "Astronomía"[34].

¿Pero, realmente Alembert lo había resuelto? Si el problema fuese exclusivamente matemático, es incontestable que su solución hubiera sido satisfactoria. Pero no se trata aquí de una simple cuestión de

---

[33] La eclíptica es la línea curva por donde «transcurre» el Sol alrededor de la Tierra, en su «movimiento aparente» visto desde la Tierra. Está formada por la intersección del plano de la órbita terrestre con la esfera celeste.

[34] Abrégé d'Astronomie, pág 1.064 (Compedio de Astronomía).

números, se trata de combinaciones matemáticas organizadas y predestinadas que los Antiguos "Maestros" habían resuelto con "exactitud", de forma totalmente diferente. Efectivamente, como consecuencia de sus extensas y pacientes observaciones, los Ancestros habían reconocido sin error alguno que la revolución anual de las estrellas no era más que mera ilusión óptica, al igual que la del Sol aunque bajo un aspecto diferente. Ya que en realidad la Tierra, y sólo ella gira con varios movimientos, provocando que se observen aparentemente unas configuraciones circulares de varias amplitudes diferentes en referencia al Sol y a las estrellas, que aún animados ellos también en sus peculiares sistemas, permanecen inmóviles y fijos en relación a nosotros.

Ahora bien, a pesar de que la Tierra sea retrasada en su movimiento anual, y de que el plano de su ecuador continuamente se vea desviado y obligado a retroceder sobre la eclíptica, no por ello, la Tierra deja de realizar todos los años su misma revolución en el Tiempo. Por lo que no podemos más que admitir que la "ilusión" producida sobre las estrellas inmóviles, puede ser diferente para la idéntica a la del Sol en el Espacio.

La pregunta era pues comprender cómo podía ser que la revolución ilusoria de las estrellas, y la revolución, igualmente ilusoria del Sol, no sean isochrones, es decir idénticas, siendo la única rotación real de la Tierra siempre la misma e igual. En otras palabras: ¿Cómo puede ser que una única y misma causa, que es constante, produzca unos efectos diferentes de movimiento sobre unos cuerpos inmóviles? ¿Por qué las estrellas en consecuencia, acaban su revolución completa mientras que el Sol aún está a unos cincuenta segundos de arco, sobre la misma circunferencia, pero hacia atrás, en retroceso? Bueno, ...esta pregunta, aún se plantea hoy.

El simple sentido común demuestra que estas dos revoluciones, la estelar y la solar, pura ilusión, deben ser realizadas en el mismo tiempo, pero entonces: ¿Cómo que la línea equinoccial retrocede sobre el plano de la eclíptica? La respuesta es fácil, si nombramos a Palice:

"...porque retrocede, por el mero hecho aparente, ya que la vemos retroceder".

Pero sólo es una proposición de principio flagrante, y más valdría enunciar este sin sentido de otra forma:

"Ella retrocede porque la revolución ilusoria que la anima es discordante con la de las estrellas y con la del Sol, ya que si todas coincidiesen, entonces, la línea de los equinoccios no retrocedería".

La pregunta vital reside pues, en esta falta de coordinación entre la revolución anual del Sol y la de las estrellas, y no en los números ya que no son más que los resultados secundarios que reflejan el inexplicado acontecimiento. Pero no debemos apartarnos del principal aspecto de esta grave pregunta por consideraciones que sólo son apariencias. Pero justamente, sólo fue calculando las combinaciones matemáticas y Divinas primordiales de los días de la Creación de los movimientos celestes, que los Sabios de Aha-Men-Ptah pudieron preveer las consecuencias de ciertas configuraciones geométricas desastrosas y preveer por consiguiente, el lugar y la fecha del "Gran Cataclismo".

Conviene pues hacer la pregunta de forma correcta, no sólo bajo forma algebraica como Alembert la planteó, sino igualmente bajo un aspecto que permita alcanzar un resultado positivo en todas sus combinaciones, es decir: siendo a rotación de la Tierra, la única causa de la revolución ilusoria de nuestro sistema solar, ¿Cómo puede ser que aparezcan dos revoluciones anuales diferentes la una de la otra, de tal forma que las líneas de los equinoccios retroceden anualmente sobre la eclíptica de cincuenta segundos de arco de círculo?

Las dos revoluciones diferentes provienen de que la marcha anual de la Tierra es una elipse, aún siendo de amplitud débil, mientras que la marcha aparente de las estrellas tiene lugar en el seno de una circunferencia perfectamente circular, como las doce constelaciones zodiacales en un ecuador celeste de 360° perfecto. La precesión equinoccial no es el efecto de una perturbación provocada por la gravedad de atracción de los planetas de nuestro sistema solar, sino un efecto mecánico normal de la "eclipticidad" de la órbita terrestre, debido a sus desiguales anomalías. La gravedad no interviene más que el sector de Tiempo, y no en el del Espacio, lo que es primordial para toda vida humana sobre la Tierra y genera todas las diferencias.

Así cuando el Sol realmente haya realizado su revolución anual en lo que llamamos Cielo, es decir una vuelta completa en apariencia, "su doble", que es en realidad la "Combinación" dejada por la revolución terrestre, se sitúa en retroceso referente a la famosa duración de retrogradación precesional, de 50" (segundos) de arco, matemáticamente irrecuperables en el Espacio.

De forma que, en un momento dado, "M", "el doble", en lugar de anteceder lo real, se verá adelantado. La línea de los equinoccios se verá proyectada hacia adelante, hasta el mismo punto en el que se situaba el año anterior, creando de esta forma evidente la ruptura fácil de comprender.

Los puntos equinocciales, una vez llegados a su curso retrógrado hasta estar sobre el gran eje de la órbita elíptica, se ven impulsados a ir hacia adelante por el hecho de la acción de los planetas de nuestro sistema, y sin embargo son llevados aún más hacia atrás por el efecto de la desigualdad "anomalística", y no pueden más que oscilar a ambos lados del perigeo[35] y del apogeo sobre el plano de la eclíptica dibujado en el momento, en el que la ruptura del equilibrio se transforma en catástrofe. Fue claramente calculado y combinado en el caso del "Gran Cataclismo".

La rotación o el giro, más o menos, acentuado sobre el eje invisible, pueden llegar hasta la oscilación total según las configuraciones, llevando el "este" al "oeste", y viceversa. En consecuencia la Tierra que ha oscilado, ofrece "su doble" al Sol, la misma apariencia, éste en lugar de seguir elevándose en el oeste, hizo lo contrario, y apareció en el este cada mañana, mientras que seguía manteniendo estrictamente el mismo curso que antes. Pero esto aún no lo sabían los supervivientes atados a las Mandjit esperando el nuevo día, únicamente Hor había adquirido este nivel de Ciencia que conectaba las Combinaciones y su poder. Lo que determinaba que el Gran Año de 25.920, no era más que una quimera, el globo terrestre difícilmente podría seguir su evolución en el Espacio en

---

[35] Se denomina **perigeo** al punto de la órbita elíptica que recorre un cuerpo natural o artificial alrededor de la Tierra, en el cual dicho cuerpo se halla más cerca de su centro. En el perigeo la velocidad orbital es la máxima de toda la órbita. El punto opuesto, el más lejano al centro de la Tierra, se llama **apogeo**.

más de 180°, es decir de 12.960 años. Lo que nos lleva sin más remedio a hablar de otra "coincidencia" vital: la que desencadenó los fenómenos precesionales justo en el momento propicio, para la aparición de los primeros humanoides, permitiéndoles un desarrollo y una lenta evolución cíclica, pero progresiva en este espacio de tiempo de unos 12.000 años sobre 180°, aproximadamente.

Plutarco, en su "Vida de Platón", entregó a Copérnico su primera idea sobre el sistema que erróneamente atribuimos a este sabio. Aprendió efectivamente por este libro, que los "discípulos de Pitágoras", entre otros "Filolao de Crotona", habían puesto el Sol en el centro del mundo, y a la Tierra en movimiento alrededor de este fijo.

Cada uno puede leer ese extracto en cualquier edición de la "Historia de las Matemáticas, (libro III, 4)" que fue compilada por los mismos griegos, sin vergüenza alguna, el sistema heliocéntrico de las "Combinaciones Matemáticas" en uso en Heliópolis, nombre heleno de esta época que además significaba exactamente el valor jeroglífico de: la "Ciudad del Sol". Ahí el globo solar era divinizado como Maestro del sistema solar, lo que se comprendía bien ya que si el astro diurno hubiese desaparecido otra vez más, no hubiera existido vida alguna en la tierra.

Es cierto, y los griegos reconocieron que esta ciencia combinatoria les venía de Egipto, y que los Sacerdotes de este país lo atribuían a unos textos de tradición antediluviana. Ningún otro pueblo hasta nuestros tiempos llamados modernos, poseyó suficiente conocimiento en esta ciencia llamada astronómica, para comprender y demostrar que dentro del mecanismo natural que regula los movimientos cósmicos, existían anomalías Divinas que permitían a los hombres armonizar sus actos con Dios y el Cielo.

Hagamos una observación curiosa aquí, y es que Pitágoras enseñaba a sus discípulos más cercanos, que las estrellas eran semejantes a nuestro Sol, y que todas poseían probablemente un sistema planetario parecido al nuestro. Pero el conocimiento de esta Verdad supone una ciencia particularmente en vía de desarrollo, ya que sólo se supo con certeza en la actualidad gracias a la puesta en marcha del gran telescopio de Monte Palomar, donde se puede ver sistemas muy alejados del nuestro, que hasta entonces eran totalmente invisibles para nosotros.

Si acabamos por admitir ahora con qué exactitud fue definida la aparente revolución del Sol, esta revolución retrógrada de los puntos equinocciales, no podría ser menos azaroso considerar como cierta la veracidad y la realidad del famoso planisferio zodiacal del "Templo de la Dama del Cielo" en Dendera que a pesar de habernos llegado después de varias reconstrucciones del Templo, ha conservado su configuración original, en la que todos los astros están situados de tal forma que sólo pueden representar un único día de julio de 9.792 a.c., el del" Gran Cataclismo". Esto será objeto de un estudio particular.

Volvamos pues a las Mandjit, que por centenares erraban en busca del día, de cualquier claridad que les permitiera ver al fin si por alguna parte quedaba alguna costa donde pudieran atracar. El tiempo que pasaba aumentaba los peligros, ya que las pequeñas embarcaciones ligeras, a pesar de ser insumergibles, lo que estaba ampliamente demostrado, daban signos de evidente fatiga y no podrían aguantar mucho más ya que el alquitrán que mantenía la resina sólidamente pegada al papiro se resquebrajaba. Hor pensaba en ello, mientras sentía las gotas de agua que le golpeaban con violencia el rostro, donde la sal depositaba le dolía. ¿Pero de qué servía lamentarse en tales circunstancias? Cuando el hombre era el único responsable de sus problemas y de la catástrofe, habiendo hecho abstracción de su inteligencia, perdida durante siglos. Por ello, debería volver a aprenderlo todo con paciencia desde el inicio, ya que no era más que un animal como los demás. La imagen que Dios había modelado provenía de lo que el Creador había infundido, un Alma a esta envoltura carnal, tal como lo había aprendido en sus estudios. ¡Que lejos quedaba todo ello, debía volver a enseñarlo todo para poder vivir! Volver a reiniciar.

De pronto el grito de su madre le recordó la realidad. Aprovechó para abrir lo más que pudo su único ojo válido, aún tan hundido e hinchado por lo que sólo vio la forma muy difuminada del perfil de su madre, y preguntó:

   –"¿La Mandjit tiene problemas, Madre?"
   –"No. Es el día que parece querer amanecer a la derecha."
   –"¿A derechas? ¡Pero es imposible! Vamos en sentido contrario. Madre, de otro modo el ¡Sol aparecería en el oeste!"
   –"Es seguro, está a la derecha, Hor, y por ello es el "este", ya que es en el oriente donde habitualmente la costa es visible."

Este nuevo enigma lo dejó sin voz: ¿Que podía esconder esta burla Divina?; que ahora desafiaba todas las leyes naturales de las "Combinaciones Matemáticas"? Era hora de que una solución se presentara ya que todos los espíritus se estaban perdiendo en los meandros apocalípticos. De todas y de cada una de las barcas se elevaron lamentaciones en vista del inexplicable movimiento solar. Y una ansiedad muy comprensible agitó a los supervivientes, pero a medida que el día se levantaba, con normalidad, justo al opuesto de la víspera, la costa escarpada cada vez más visible, fue reconocida por algunos navegadores y fue un gran alivio.

Desde la aparición de la gran bola escarlata por encima del horizonte terrestre, aún morado por los restos de la noche, los gritos de alegría salieron de todos los puntos habitados del mar, resonando de Mandjit en Mandjit. La vida estaba retomando sus derechos con el amanecer del astro resplandeciente, apenas si recordaban el horrible día anterior. Esta explosión de entusiasmo duró poco tiempo, y si el día seguía su curso normal, ¡alabado era Dios!, por cierto. ¿Pero porqué haberlo desplazado de esta forma el espacio?

Iset se arrodilló, apoyando su frente sobre el fondo de la embarcación, lleno de agua, antes de volver a levantar la cabeza, para decir en voz alta:

–"¿Cuántos han desaparecido, Oh Dios de la Eternidad? Tú nos has castigado severamente, pero te agradecemos humildemente que nos permitas vivir hoy. Para demostrarnos tu Poder, y que recordemos sin cesar, con el fin de que vivamos en el Temor de infringir Tus mandamientos. Tú has cambiado el curso del Sol. Desde ahora, navega siguiendo otro camino, que nos recordará hasta el fin de los Tiempos, tu Cólera. Y el Sol que sale por la tierra del Este, se acostará desde ahora sobre el mar, en este lugar que fue Tu Corazón: Aha-Men-Ptah, y que a partir de hoy será para siempre "Amenta", el "Reino de los Muertos",... de millones de muertos".

La Reina de la tierra hundida se levantó y se apoyó sobre los hombros de su hijo, antes de gritar hacia las embarcaciones que se acercaban, ya que todos reconocieron a Iset, su "Dama Celeste":

–"A todos vosotros os digo en verdad que si estáis dispuestos a volver a vivir en acuerdo con Dios que os ha hecho a Su imagen, pronto el mundo se iluminará en una "Segunda Alma: Ath-Ka-Ptah", que será nuestra segunda patria purificada, calentada, resucitada por este segundo Sol. Ya que sus rayos serán las fuerzas vivificadoras que asegurarán nuestra resurrección."

Y en pocas horas, centenares de Mandjit llegaron a una tierra que todo el mundo, de común acuerdo, llamaron, como recuerdo imperecedero de esta época; "Ta Mana", o "lugar del Sol Poniente", ya que desde ahora, el Sol no se elevaría ahí. Las Mandjit fueron las barcas que habían acompañado su "doble marcha", igualmente las Meskit fueron las del nuevo día, reconquistado gracias a las Mandjit.

En menos de doce horas de reloj, todo había sido consumido. La Tierra había oscilado de forma brutal giro sobre su eje, helándola una región tropical, a la vez que se tragaba el continente de Aha-Men-Ptah, haciendo reventar bajo un calor tórrido los glaciares que cayeron hacia el sur marroquí.

Los textos que relatan todos estos acontecimientos, hacen del Sol el elemento primordial, cuya sola presencia permite toda la vida. Elevándolo incluso al rango de instrumento de Dios:

"La Majestad Râ vuelve sobre lo que fue el "Primer Corazón", pero lanzando sus rayos desde el horizonte opuesto, ya que sólo alcanzan a los muertos. Hor el Ancestro recreó la Vida ahí donde el Sol se eleva desde ahora, en un Segundo Corazón".

Las Mandjit que transportaron a término los recatados en su éxodo marino, fueron celebradas como se merecían. Los supervivientes les hicieron una fiesta especial, destinada a perpetuar sus recuerdos imperecederos. Por ello, siglos más tarde fueron edificadas unas embarcaciones gigantescas de piedra con las proporciones exactas, todas mirando hacia occidente. Algunas ya han sido excavadas como en Abusir y en Saqqara, a orillas del la meseta desértica bordeando la carretera cerca de Giza. Donde una Mandjit real, con su madera original, fue desmontada pieza por pieza y enterrada bajo la gran "Pirámide, el Amado-hacia-quién-baja-la-Luz".

La de Abusir mide unos treinta metros, y es monumental. El nombre mismo del lugar donde fue erigida es significativo: "El Padre de Osiris", es decir, "Dios". La Mandjit fue reconstruida bajo las órdenes de Ni-Ousir-Râ, faraón de la V dinastía, cuyo nombre es el "Descendiente de Osiris y del Sol", que deseaba perpetuar Amenta.

La orientación evidentemente de la barca es este-oeste, la parte delantera hacia el poniente actual. El puente al igual que diferentes accesorios han desaparecido, victimas de vándalos y de la arena. Pero la embarcación en sí aún mantiene su superestructura como su notable carena, renombrada insumergible, con líneas ingeniosamente flexibles, como lo eran las de las Mandjit de papiro trenzado y alquitranado. La barca en piedra de Abousir, a orillas mismas de la meseta es probablemente una maravilla arqueológica tan importante como las más famosas, aunque siempre ha sido despreciada por los egiptólogos que jamás comprendieron el alto valor simbólico de este monumento. Se eleva orgullosa y victoriosa, ahí mismo donde el Sol va a desaparecer, y hundirse de golpe bajo el horizonte a los ojos de todos los turistas que han venido a admirar en este lugar, es un espectáculo inolvidable. Y con algo de imaginación suplimos los textos, y la sugestión de esta Mandjit es perfecta, hundiéndose irresistiblemente en la sombra de la noche del "Gran Cataclismo".

Lo que además sugiere a los nuevos iniciados de esta nueva tierra, de esta "Segunda-Alma-de-Dios", es que la Mandjit fue igualmente la barca que salvó a Iset, Hor-Our, Nekbet, al igual que a muchos más como al An-Nu, sin olvidar Osiris, Sit... sin los que Ath-Ka-Ptah, no hubiera podido nacer tal y como la conoceremos.

Osiris, Maestro se las Dos Tierras: Aha-Men-Ptah y Ath-Ka-Ptah.

CAPÍTULO XIV

CRONOLOGÍA DE AHA-MEN-PTAH

¿Dónde está el hombre que sepa apreciar el tiempo, estimar el día, y comprender que muere en cada momento?
Séneca
Carta a Lucilius

Intentar vencer los errores que nos impiden lograr el conocimiento de la verdad es ciertamente librar una batalla; y perderla es recibir una falsa opinión referente a una materia importante.
Descartes
Discurso del Método

Los textos antiguos ofrecen los elementos claves para la reconstitución de la Cronología de Aha-Men-Ptah. Las referencias bibliográficas están adjuntas al final de este volumen. Si no abundan sobre este tema, muchos autores griegos del inicio de la era cristiana aportan informaciones complementarias que, sumadas poco a poco después de haber suprimido las fantasías, forman un todo coherente.

Desde hace poco, se ha establecido, y especialmente desde los recientes descubrimientos de Nagada, donde las tumbas anteriores a Menes son legiones demostrando que el origen mismo de los primeros que llegaron al este territorio que iba a ser Ath-Ka-Ptah o Egipto, remontaba a una época mucho más anterior al primer Rey de la primera dinastía, al menos, a más de un milenio antes, lo que aportó un elemento complementario a esta cronología.

Las joyas enterradas con los cuerpos bastante mal momificados, las cerámicas y otros objetos de lujo que acompañaban a los muertos en el más allá de la vida, datan indudablemente de este tiempo tan remoto, demostrando ampliamente la cultura y el Saber de este pueblo llegado a este lugar con su "Conocimiento", absorbiendo en poco tiempo a los autóctonos que vivían ahí aún en la edad de piedra, semejantes, según los arqueólogos, a los que vivían en el período Chelléenne[36], en la Somme, en Francia.

Es pues, a través de grabados rupestres y de tumbas postdiluvianas como se pudo establecer la continuidad cronológica de los antiguos "Maestros", monarcas, "Hijos de Dios", sobre una Primera tierra. Pero también existen las famosas tablas de Abidos, los textos de los cimientos de Philae, de Esna, los textos de Dendera, el "Canón hierático" del que un fragmento encontrado está en el museo de Turín. Por fin está la famosa cronología de Maneton, que fue el punto de partida de todas las elucubraciones posibles durante dos mil años, antes de que se observara que la matemática empleada no necesitaba ninguna interpretación para ser bien legible. En efecto, la fecha remonta al inicio de este pueblo, en su primer país, hace 26.000 años. La llegada a Egipto se situa mucho antes de la primera dinastía que, efectivamente, había iniciado Menes 4.241 años antes de la era cristiana, y sin embargo, hasta hace poco este dato histórico era aberrante según la Biblia.

Maneton, a pesar de su nombre griego, era egipcio. Sacerdote además de historiador, nativo de Sebennito, en el delta, vivió en el siglo III antes del nacimiento de Cristo, bajo el reinado de Tolomeo Filadelfo. Este sabio emperador, letrado, pidió a Maneton cuando fue nombrado Sacerdote de Heliópolis y guardián de las obras Sagradas de la Antigua Patria, redactarle la historia completa de los Faraones, es decir la de los Descendientes del Primogénito en una cronología lo más exacta posible.

Debemos comprender bien que la función misma del Sacerdote, era la de "Guardián-de-los-Textos-Sagrados-del-Primogénito", siendo muy relevante, ya que reglamentaba los Ritos Solares de Heliópolis, dependiendo del contenido de esos mismos textos. Era uno de los

---

[36] Los términos "**Chellean**" o "**Abbevillian**", ahora obsoletos, se referían a una industria lítica temprana del Paleolítico temprano de Europa Occidental y África del Norte, anterior a la Acheulean y caracterizada por bifaces gruesos e irregulares.

personajes más importantes en la compleja jerarquía sacerdotal del clero egipcio.

Aclarado esto, he aquí la cronología completa de este pueblo, la que remonta al Origen de Aha-Men-Ptah, con las dinastías Divinas, las de los Héroes, luego de las que vivieron en Egipto, en este Ath-Ka-Ptah, o Segunda-Alma-de-Dios. La concordancia histórica con la cronología es completa con las pruebas aportadas por los movimientos armónicos celestes y sus fáciles dataciones. Lo que permite desde ahora afirmar que las múltiples coincidencias ya no pueden ser aquí mero azar, sino que son acciones naturales que dependen de una Ley de las "Combinaciones Matemáticas" deseadas por Dios, para ser previstas por el Hombre, y poder de esta forma evitar los cataclismos siguiendo los Mandamientos Divinos.

En el Canon cronológico conservado en Turín, las líneas 9, 10, y 11, contienen un resumen general de los tiempos anteriores a Menes, dan una duración de vida de 13.420 años hasta el advenimiento de "Horus": "Hor", que está anotado como el primer "Héroe", y de 23.200 años para las sucesiones Divinas anteriores a Hor, es decir, una continuación total de los reinados extendidos a lo largo de 36.620 años hasta Alejandro.

Claro que es fácil comprender los gritos de los censuradores y de los exegetas que, hasta principios del siglo XX de nuestra era, aseguraban que Adán, el primer hombre engendrado por Dios, lo había sido poco más de seis milenios antes. Pero, los Concilios acabaron por evolucionar en este concepto y los últimos Papas tuvieron más discernimiento que los historiadores de la Iglesia, especialmente gracias al informe de la Comisión Bíblica de Vaticano de 1.948, las fábulas preconizadas hace veinte siglos por Sincelo caen por sí mismas para volver a una realidad cronológica.

Maneton no hizo más que volver a copiar los textos de los archivos de los que sabían leer jeroglíficos en las cimentaciones de los Templos de Edfú, Esna, Karnak, y los leían íntegramente de los grabados siguiendo los datos más precisos conservados tradicionalmente por los "Maestros de la Medida".

Esta continuación de reglas datadas en el Tiempo y materialmente al alcance de las generaciones futuras para su estudio, ha sido muy justamente reproducida en el "Espacio", sobre el planisferio de Dendera para que nadie la ignore, y ello no es causalidad, sino una continuidad lógica de las combinaciones deseadas por Dios y previstas por los Pontífices.

Ptah, pues, el Dios-Único, el Creador, en un cierto momento transformó una criatura terrestre a Su imagen, para que el entorno creado pudiera servirle en todas las cosas. La tocó con Su gracia, y esta especie en particular empezó a elevarse para siempre mantenerse erguida. Poco a poco, empezó a utilizar la parcela Divina incluida en su cerebro, y el espíritu le llegó. El Hombre pensó, y sus reflexiones crearon la inteligencia, luego tomó lugar en el Alma. Los siglos, luego los milenios la moldearon: utilizó el fuego, fundió metales, fabricó armas y un día su dominio se afirmaría sobre el resto del género terrestre. Pero Dios no tardó en observar que Su imagen también cambiaba en espíritu. Ésta se dividía desde ahora en una infinidad de clanes, tribus, pueblos y países. Cada uno, de ellos deseando asegurar la superioridad sobre los demás, regresando a la ignorancia de los "Mandamientos Divinos" de la "Combinaciones Matemáticas" y a la impiedad. Así, el tiempo transcurriendo sobre los humanoides que se ayudaban para ser hombres, para luego odiarse y se matarse los unos a otros.

Cronológicamente, el Inicio de la Humanidad fue el tiempo en el que Dios decidió "juzgar" los humanoides para hacer "Su" imagen. Este tiempo de reflexión le permitió pesar las nuevas Almas según "Sus" propios criterios del "Bien y del Mal". Esto duró el tiempo del paso del Sol, durante 12°, en una constelación celeste (es decir 864 años) al que se le dio el nombre de "Khi-Ath", o "Juez-de-los-Corazones". Fue Path-Nou-Fi quien dio esta denominación cuando escribió para la posteridad los rollos de cuero las "Combinaciones Matemáticas Divinas"; justificó este nombre por el hecho que los "corazones de los primeros seres humanos fueron pesados antes que sus almas pudiesen ser medidas para conocer el contenido exacto en "Bien y en Mal". Ello permitió introducir, poco tiempo después, la noción de la Balanza, Libra, y darle este nombre a la dicha constelación.

Después de estos 864 años, el Sol avanzó en la constelación siguiente, dejando el grupo de estrellas de Khi-Ath, y hacia un conjunto estelar muy puro, tiempo en el que una joven virgen, alcanzada por la gracia Divina dio a luz a este "Ptah-Nou-Fi", "el-Dios-enviado-del-Cielo" para enseñar a los pueblos siendo el primer letrado, y de forma natural puso como símbolo a esta constelación con tres espigas. Por su madre, simbolizando el Cielo, Nut; Dios al Creador, y él al Hijo, las generaciones futuras; fue de esta tríada de la que se derivó toda la humanidad. Más popularmente y más tarde, esta constelación celeste tomó el nombre de Virgo, para que la humanidad recordase que en esta constelación ella descendió de Nut.

Así, las Almas se acostumbraron a reflexionar en el espíritu mismo de Dios, para nunca romper el hilo conductor que los unía al Cielo.

A lo largo de 2.592 años, es decir en el tiempo transcurrido en recorrer los 36°, donde el Sol apareció, el pueblo instruido por los 71 descendientes directos que sucedieron a Ptah-Nou-Fi, creó una civilización evolucionada que había aprendido el arte de vivir en acuerdo unánime con el ritmo celeste.

Cuando el astro del día, siguiendo su lenta navegación a lo largo del "Gran Río Celeste" (la Vía Láctea: Hapy) estuvo en la siguiente constelación, y fue consagrado el 73 descendiente del Primogénito (el Pâa-Râ) que emprendió dirigir sólo el país, a pesar de estar dotado de una fuerte musculatura, de la que se sentía muy orgulloso, tenía un pequeño cerebro del que era menos consciente, además amaba exponer su excepcional fuerza a la menor oportunidad, y más que hacer bellas frases, era muy evidente que después de todas las mezclas de sangre, su parcela de divinidad se vio muy reducida. Así que el mismo día de su coronación, hubo un acontecimiento casi milagroso que los Anales recuerdan muy bien, y que nos ha llegado por medio de un nombre de un grupo de estrellas.

Este joven Maestro, cansado de oír las proezas de leones que retozaban cerca de su morada y que nadie quería desafiar, viendo durante su Coronación, un león azaroso que se acercaba al lugar de culto, perturbando de esta forma la pomposa ceremonia tradicional, dejó caer su corona, para saltar con más facilidad al suelo de la alta planicie donde se desarrollaba la ceremonia para perseguir al animal. Era un espléndido macho adulto, y en menos tiempo que se necesita para escribirlo, lo alcanzó y estranguló con sus manos desnudas. La inmensa muchedumbre que se había precipitado a las terrazas para ver mejor y gozar de los detalles de la lucha, aplaudieron con frenesís esta proeza sin precedentes, que no dejaba duda alguna de los favores que Dios concedía al nuevo Monarca.

El nombre del león, Er-Kaï, fue dado a la constelación donde el Sol entraba ese mismo día de la consagración del Maestro, por lo que éste decidió llamarse: "Meri-Ptah-Er-Kaï", es decir: "León Amado de Dios".

Hay que decir al margen de esta narración, está apuntado que el nombre de "Er-Kai'" fue sinónimo de "Fuerte como un León", y los griegos lo convirtieron en "Herakles", más tarde "Hércules" en nuestra lengua.

Setenta y una generaciones le sucedieron igualmente a lo largo del periplo solar en esta constelación, Er-Kaï, pero con menores momentos ya que las numerosas desavenencias hicieron degenerar esta descendencia, que perdió todo el control y cuyos últimos representantes se hundieron en una ceguera total. La cólera de Dios se manifestó, sin esperar, en contra de ellos. El orden celeste fue perturbado por un movimiento retrógrado de la marcha solar en el Espacio. Y es la primera relación de tal fenómeno que ha llegado ¡hasta nosotros!

A lo largo del gobierno de estos 144 maestros, cuando el astro del día estaba en el grado 32 de esta constelación de Leo, los elementos se desencadenaron, trastocando los continentes por completo, situando ciertos mares en el lugar de las tierras, y viceversa. El magma, con su peso de miles de millones de tonelada hizo oscilar la tierra sobre su eje, y ésta se situó invertida, en el ¡cuarto grado de la misma constelación de Leo!

Estos movimientos solares fueron, antaño, cuidadosamente observados por el primer Rey de esta III dinastía, que se dio cuenta de que el Sol seguía ahora una marcha ascendente directa, después de haber retrocedido durante varios milenios pero, evidentemente, volviendo sobre él mismo, retrocediendo en Leo unos 1.440 años, por ello tomó el nombre de "Mou-Kaï-Ptah", es decir, "Justo-en-la-Fuerza-de-Dios".

Este patronímico define muy bien el nuevo temor que el Poder Divino inspiraba a Sus criaturas, esta dinastía fijó una escritura primaria con caracteres simbólicos que permitió a la inteligencia del pueblo evolucionar de forma espectacular. Es por lo que el León: Er-Kaï, simbolizó no sólo la Fuerza, sino igualmente a Dios y al Sol.

Luego el astro del día dejó la constelación de Leo, para entrar de nuevo en Nut: la Virgen con sus tres espigas. La población comprendió rápidamente, que este nombre se había dado con mucho acierto, lo que demostraba de nuevo el Poder Divino. La Reina de este tiempo recibió, tal como lo quería la tradición el nombre de su ilustre predecesora, y dio nacimiento a un hijo primogénito Divino. Fue él quien con este nombre de: "Ath-Aha-Ptah", es decir, "Segundo Primogénito de Dios", utilizó la perfecta escritura de sus predecesores para que los mandamientos Divinos se comprendieran mejor y tuvo interés en conservarlos bien. Él organizó los ritos de la oración y las ofrendas, los castigos y las sanciones.

Los 2.592 años que duró el paso del Sol, de nuevo en Virgo pero en sentido contrario, no fueron más que de paz y de justicia, en los que la Humanidad desarrolló todas las ciencias físicas y perfeccionó los métodos empleados en la agricultura.

Luego fue la era de la "Khi-Ath", que juzgó los Corazones: "Libra", la navegación solar, esta vez, tuvo lugar a todo lo largo del río, y duró los 1.872 años previstos. Ahí también se instauró un tipo de "Edad de Oro", gracias a la obediencia de todo un pueblo a las leyes Divinas. Las pocas diferencias menores que requerían ser zanjadas, lo eran y ello sin dificultad alguna, en un patio interior del Templo-Dios, al menos una vez al año por el Maestro que se sentaba sobre una piedra de granito verde, cúbica, de cuatro codos de costado, y sobre la que se posaba, junto a él, una balanza de oro. Ahí permanecía desde el amanecer hasta la puesta del Sol, a lo largo de 26 días durante la revolución anual que realizaba en esta constelación. El Maestro dictaba sin recurso, y sus veredictos eran justos, nadie elevaba la voz, de forma que los últimos Maestros, se durmieron en una Fe que ya sólo era Ley, y ¡ellos mismos se tomaron por dioses!

Por este motivo la entrada en la siguiente constelación fue esperada con perplejidad por unos y con ansiedad por otros. Este grupo de estrellas aún no tenía nombre, ya que el Sol aún no la había penetrado y ello desde el inicio de los Anales escritos, lo que creó un clima de temor y cierto malestar en el entorno cercano al rey, malestar que aumentaba conforme se acercaba la fecha fatídica del paso a la era siguiente, además se produjeron varios accidentes graves en los años intermedios. Digamos por los cambios de radiaciones astrales de las constelaciones.

En el año 17 de su mandato, el "Maestro" reinante murió un día, en el inicio de este nuevo Tiempo, aplastado por unos escombros de su palacio, sin que se pudiese comprender el porqué. Su hijo, en otro edificio se salvó, pero al día siguiente cuando iban a buscarlo con gran parafernalia para la ceremonia de la Coronación, fue hallado muerto, indudablemente matado por él mismo... Hoy añadiríamos quizás, como consecuencia de una depresión nerviosa.

Los sacerdotes viendo ahí el dedo de Dios, llamaron esta constelación "Hetet", la "Destructora", que se transformó en "Teti", que fue algunas semanas más tarde denominada: "Escorpión". El pueblo la había bautizado así debido al suicidio que hemos narrado. El escorpión puede matarse a él mismo picándose con su dardo, cuando un mal instinto lo empuja.

Fue un sobrino del primer rey quien subió al trono, para conjurar la suerte y hacer alianzas por todas partes, tomó el nombre de: "Hetet-Teti", el "Escorpión-Destructor", y de hecho reinó largo tiempo con un despotismo sanguinario, esclavizando el mundo bajo su yugo después de haber decidido que sólo su justicia sería válida y que la ejercería en ¡cualquier momento del año! En esta constelación destructora pasaron 1.872 revoluciones solares, a lo largo de las que se sucedieron 61 Maestros, que se acentuaron en sus injusticias y en las continuas luchas que libraban. La decadencia humana se volvió a precipitar.

El último Rey, el número 64 de esta dinastía maldita er hasta tal punto depravado, que no se casó y al no tener ninguna concubina, murió sin dejar descendencia alguna, su sucesión abrió una era de rebeliones y de guerras civiles donde los pretendientes al trono fueron una legión.

Sin embargo, un medio hermano menor que hubiera debido ser el 123 en posición entre los novicios, consiguió en tres semanas imponerse como cuarto candidato. Con una leal compañía de arqueros decidió acabar con los demás, matando por la mañana los tres posibles futuros "Maestros", y también a sus principales amigos y padres. Después de este día sangriento, no tuvo más obstáculos para ser Monarca. Se impuso a los Sacerdotes atemorizados, y su nombre naturalmente fue: "Maka-Sati", la "Flecha Invencible", lo que inclinó al Colegio dar oficialmente el nombre a la constelación en la que el Sol acababa de entrar: "Sati", o la "Flecha". Los griegos hicieron de ella el "Centauro", o "Sagitario".

Maneton tuvo acceso a los archivos de Heliópolis, y conocía perfectamente el texto de los "Anales Antiguos", pero Eusebio, Josefo, y los demás que en su época tuvieron, por suerte, las obras de este sacerdote en sus propias manos, y los escritos en su propia lengua, sólo recordaron: ¡la caza al arco del día de la Coronación! demostrando así el poco interés de estos historiadores latinos para la ¡datación cronológica!

Este "Maka-Sati", primer Rey de esta VII dinastía, que sería la última de la denominada los "Reyes-dioses", y que estaba en la constelación "Sati", efectivamente, había organizado una caza en el bosque cercano, en el noroeste del Palacio Real. Era la época de caza de grandes animales: los "âa-n'abu", que llamamos "mamuts", hoy totalmente extinguidos. Esta raza de gigantes tranquilos pero peligrosos por su masa, pacían en este tiempo tardío buscando los últimos brotes de vegetales. Cuando proliferaban se juntaban en importantes rebaños y se convertían en una verdadera plaga, no para la población sino para el cultivo de la cebada.

Cuando un grupo de un centenar de bestias llegaron a un campo, ya no se podía más que decir: ¡adiós a la cosecha! En menos de una hora la tierra era arrasada y aplastada. El día de la coronación de Maka-Sati, un rebaño llevado por el hambre se acercó al campo del Palacio y, para iniciar su reinado de forma espectacular, se organizó esta famosa cacería de mamuts. Sólo había ocho cazadores y él mismo, armados únicamente de su arco y un carcaj que sólo tenía doce flechas. Los invitados podrían asistir al espectáculo desde las terrazas, ya que los monteros debían acosar las ociosas bestias que habían cometido el crimen de lesa majestad devorando la cebada real.

El monarca y los ocho cazadores esperaban la estampida en la misma linde del bosque, montado en un semental negro y seguido a pocos pasos por sus ocho servidores, Maka-Sati escuchaba distraído los ruidos confusos de los monteros, cuando de repente aparecieron dos masas enormes grises y oscuras: dos "¡âa-n'abu!". En lugar de dar media vuelta y huir, el joven Rey cogió su arco con orgullo de su montura, lo sujetó firmemente debajo de él con sus muslos y con la rapidez de un rayo, lo armó con una flecha que disparó casi sin apuntar, e hizo lo mismo con tres flechas más en menos de diez segundos.

El segundo mastodonte cayó justo a los pies de su caballo, una flecha le había atravesado cada ojo, en cuanto al primero se había derrumbado a pocos pasos, alcanzado de la misma forma por las dos flechas anteriores. Los ocho cazadores no habían tenido tiempo de esbozar el más mínimo movimiento, y todos los espectadores habían contemplado este poderío en las armas favorecido, sin duda alguna por Dios; por ello "Maka-Sati" fue glorificado a partir de este día y para la eternidad como el "Hombre-Caballo de flecha invencible".

Este Monarca, sin embargo, a pesar de su poder físico y de su rápido instinto de defensa, estaba desprovisto de la parcela Divina de sus ancestros. Había nacido de una pareja humana, y su consciencia muy elástica hizo degenerar por completo esta última dinastía de los "Reyes-Dioses", a lo largo de 16 generaciones de Monarcas que reinaron durante 720 años; siendo el último: "Maka-Aha-Sati", que hizo reinar un terror sin nombre y cuyas salvajadas jamás fueron igualadas y por desgracia, por ello consiguió dominar al pueblo durante 64 años, lo que llevó al Sol al 10º (grados) en esta constelación de Sagitario.

Otros movimientos geológicos ocurrieron entonces, acompañados de grandes terremotos y de otro diluvio. El conjunto no fue consecuencia de una oscilación del eje terrestre, sino de un adelanto casi instantáneo de 72º en la rotación terrestre, lo que presentó este mismo día un Sol, no a 10º de Sagitario, ¡sino a 21º de Acuario! Este nombre se le dio sin protesta alguna posible en ese tiempo, donde visiblemente, el agua fue derramada a cántaros.

El nuevo casquete glaciar del polo Norte se había hundido en las aguas, rompiendo el territorio de Canadá creando la actual Bahía de

Hudson, las costas de Alaska y de Groenlandia separaban este reciente territorio por un amplio brazo de mar del continente de Aha-Men-Ptah. Ocurrió lo mismo a todo alrededor del globo terrestre a lo largo de este paralelo, dejando así el polo Norte encerrado por los glaciares en un inmenso territorio aislado.

He aquí la cronología recapitulativa de Aha-Men-Ptah hasta este mini cataclismo.

	Dios	Path		
Meditación y Creación 864 años.			Khi-Ath Libra	864 años
Iª Dinastía Divina 2.592 años.	+ 71 Reyes	Path DIOS-UNO		
		Path-Nou-Fi Enviado del Cielo	Nut Virgo	3.456 años
IIª Dinastía Divina 2.448 años.	+ 71 Reyes	Meri-Ptah-Kai León-Amado	Er-Kaï Leo	5.904 años
IIIª Dinastía reyes-dioses 1.440 años.	+ 33 Reyes	Mou-Kai-Ptah Justo y Fuerte	Er-Kaï Leo[37]	7.344 años
IVª Dinastía reyes-dioses 2.592 años.	+ 71 Reyes	Ath-Aha-Ptah Segundo Primogénito	Nut Virgo	9.936 años
Vª Dinastía reyes-dioses 1.872 años.	+ 63 Reyes	Mou-Ath-Ptah Corazón Justo	Khi-Ath Libra	11.808 años
VIª Dinastía los semidioses 1.872 años.	+ 55 Reyes	Hetet-Teti El Destructor	Teti Escorpión	13.680 años.
VIIª Dinastía los semidioses 720 años.	+ 16 Reyes	Maka-Sati La Flecha invencible	Sati La Flecha	14.440 años.

---

[37] El León a partir de este día, es retomado en posición directa por el Sol, que seguirá navegando en su vía hasta el Gran Cataclismo.

El mini cataclismo que trastocó el hemisferio norte de la Tierra en aquel momento, llevó nuestro globo a efectuar un salto hacia adelante, sobre él mismo y en su mismo eje, que lo empujó del grado diez (10°) de la constelación de Sagitario, a 21° de la de Acuario, que las combinaciones matemáticas calcularon con precisión para poder iniciar desde ese mismo momento una cronología exacta. Estamos en el día 21 del segundo mes del año 21.312 a.C.

La cronología de Manetón es pues, exacta, ya que cifra con 36.000 años en total desde la meditación Divina. Y encontramos esta misma suma, con algún detalle: 14.440 + 21.312 años + 243 años hasta Alejandro, nos da 35.996 años. Para su mejor comprensión, presentamos este mismo estudio con forma gráfica:

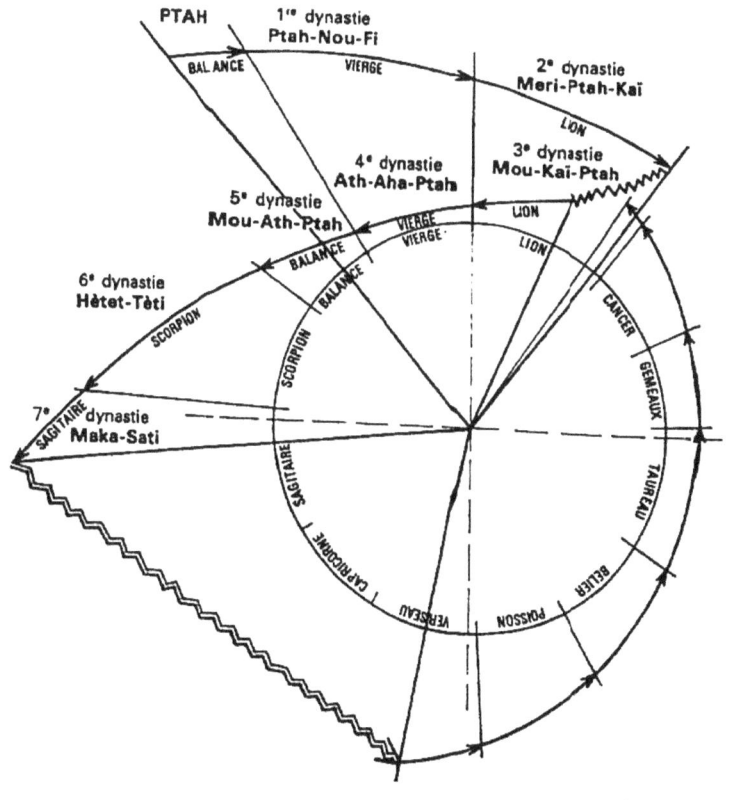

Después del cataclismo del eje terrestre que avanzó el "cielo" 40 días sobre la eclíptica ecuatorial celeste, provocando las intensas perturbaciones descritas anteriormente. El continente amputado de su provincia del norte, hundida, mantuvo sin embargo el gran Aha-Men-Ptah, aunque orientado de forma diferente, con casi todas sus tierras por encima del ecuador.

Los sacerdotes eligieron un pontífice, el primero que dirigiría los asuntos concernientes a la ley divina, y consagraron a un pariente en segundo grado del maestro difunto que reinaría sobre el pueblo y sería investido del poder en los asuntos que no dependían del dominio espiritual.

Este era aún un hombre joven, nacido bajo buenos aspectos de las combinaciones de las Fijas, que habían sido observadas y anotadas por el gran sacerdote. Introducido por ello, en el noviciado de la "Casa de Vida" del templo de Ptah, donde estuvo seis años estudiando lo que pudiese hacer de él un Sabio, y era cierto, que el ambiente decadente que bañaba su entorno no lo había alcanzado. Gracias a él una primera dinastía de "Héroes", o de "Manes", se instauró en este nuevo día: el 21 de febrero de 21.312 a.C. maestro consciente de las realidades exigidas por Dios en Aha-Men-Path, este segundo período duró cronológicamente 11.520 años, acabándose con el gran cataclismo que vio su último maestro, hijo de Nut: Osiris.

Antes del primer rey de los Héroes, la VII dinastía de los semidioses acabó después de 14.400 años de Historia, por un adelanto sobre el eje terrestre, que hizo aparecer el Sol en la constelación de Acuario.

Soleil dans constellation	Durée en années	Durée avant le Christ	Durée totale avant 1975	Durée depuis Méditation	Durée depuis les « Héros »
Sagittaire	1 576	21 321	23 287	14 400	—
		Mini déluge amenant le Soleil à 8° du Verseau			
Verseau	576	20 736	22 711	14 976	576
Poissons	2 016	18 720	20 695	16 992	2 592
Bélier	2 304	16 416	18 391	19 296	4 896
Taureau	2 304	14 112	16 087	21 600	7 200
Gémeaux	1 872	12 240	14 215	23 472	9 072
Cancer	1 872	10 368	12 343	25 344	10 944
Lion	576	9 792	11 767	25 920	11 520

... En ce jour-là « Le Grand Cataclysme » amena le Soleil à se lever à l'est ...

Y el tercer período dinástico se inició con los valientes rescatados del continente hundido que desembarcaron en una segunda tierra inició los "Anales Cronológicos" con Hor: "Hor el Puro".

Una traducción que fue realizada por el profesor de arqueología oriental Henri Frankfort, muy interesante, aunque muy aproximada del texto llamado "Teología Menfita", podemos leer textualmente en el capítulo XV:

*"Ocurió que combatimos;
lo que significa que Hor luchó contra Set.
Y Geb dijo a Hor y a Set: Olvidad."*

Los rescatados, autores del manuscrito original, recuerdan a sus sucesores, seis mil años más tarde una realidad convertida en incomprensible. La historia fue transformada en mitología adaptada a un nuevo medio, donde estos viejos libros se habían convertido en una serie de fábulas, a cuál más fantástica...

EL GRAN CATACLISMO

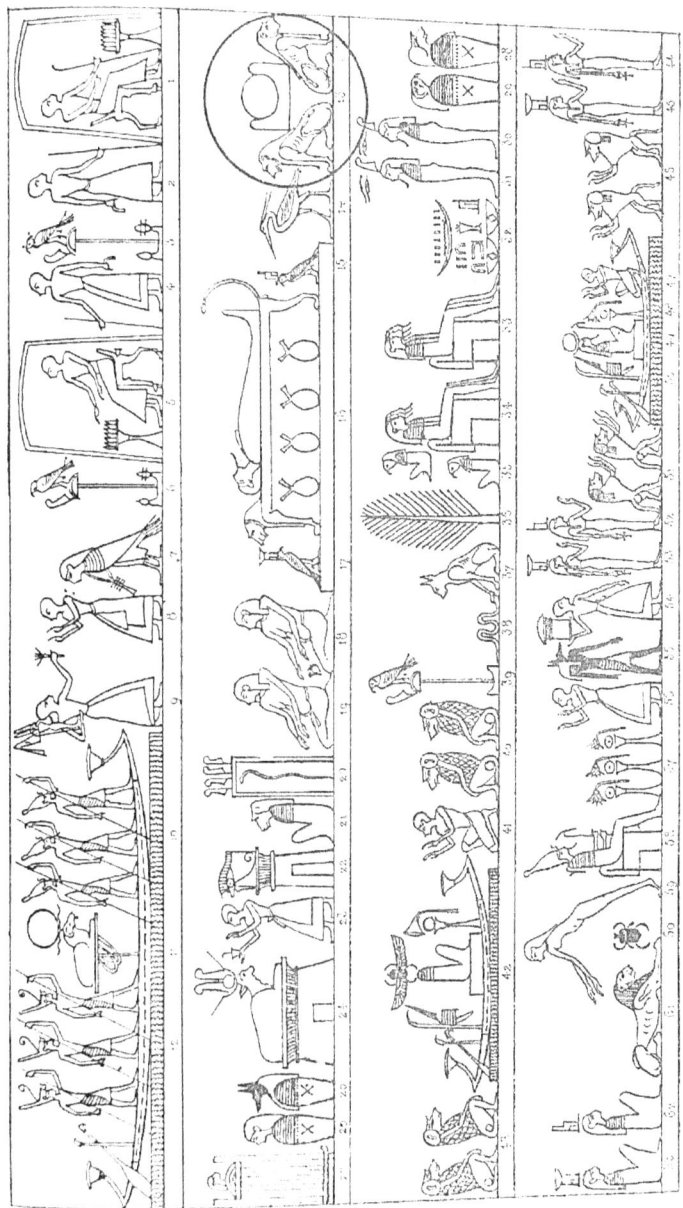

El capítulo XVII es el único del "Libro de los Muertos", que no tiene ningún texto jeroglífico. Está constituido por este único grabado que cuenta la época, sin error alguno, del "Gran Cataclismo en Leo".

Es probable que Hor, que aún no había entrado en la leyenda para convertirse en Hor-Our deificado, pensara en este lejano futuro, aún atado a una Mandjit, con una madre cariñosa que lo cuidaba y sujetaba, ya que la embarcación rodaba de ola en ola, sobre un mar furioso, agitado por los sobresaltos de un continente que se hundía bajo las aguas. Inmóvil, el cuerpo rígido por la humedad y la sangre coagulada; era muy consciente de estar vivo y extremadamente lúcido. Sentía una mano dulce apretar fuertemente una de sus piernas, como para sujetarla pegada a la madera e impedirle irse al abismo que le hubiera llevado a ese reino hundido, convertido en el de millones y millones de muertos.

Empapado de agua, se sujetaba a la parte inferior del mástil roto, acechando a través de los párpados de su ojo válido, una eventual orilla donde varar, donde el creador, que los había salvado, permitiría a la Mandjit encallar. El hueco de las enormes olas se lo impedía a menudo, y el ruido que hacían rompiendo contra el casco de la frágil, aunque resistente embarcación, le partía el corazón al tiempo que los oídos, ya que en cada embestida se preguntaba si él y su madre no acabarían dando de comer a los crustáceos. Y su fe disminuía aún más, al tiempo que se hacía la angustiosa pregunta: ¿Cuántos supervivientes habría?

Nekbet, en cuanto a ella, no estaba perturbada por las montañas de agua que se levantaban como acantilados frente a su embarcación. Sabía que vería el fin en el momento elegido por Dios. El mundo entero parecía disolverse en la difusa claridad ofrecida por un "Nuevo Sol" que ni siquiera la intrigó. Después de la tempestad, la calma renacería, como la vida. Nuevos constructores edificarían una segunda patria, y todo volvería a empezar. Pero no por ello los hombres comprenderán mejor la perversión que fue suya, y la inutilidad siempre querer creer que son ellos los dioses.

Contemplando la piel de toro en el fondo de su barca que contenía el cadáver de su venerado padre Osiris, la joven mujer no se permitió, sin embargo, reclamar venganza contra el asesino, su propio hermano Sit. Ella sabía que su padre nunca lo hubiera deseado, y que era él en ese cuero protector quien le inspiraba este pensamiento de clemencia. ¿Pero, qué protegía esta piel? Cuanto más observaba Nekbet este bulto, menos veía un muerto, lo que la asustó y pareciéndole inexplicable tal pensamiento. De pronto una profunda alegría la invadió; levantando sus ojos hacia este Sol que reconfortaría los corazones, comprendió que un milagro se estaba produciendo. Unas lágrimas la inundaron, se convenció de la resurrección de Osiris, de una forma u otra. Su Padre, para demostrar Su poder supremo en cualquier circunstancia, devolvería la Vida a su hijo... Nekbet no sabía cómo, pero tenía plena confianza.

BIBLIOGRAFÍA

Los principales documentos estudiados para una compresión anaglífica de los textos:

DESCRIPTION DE L'ÉGYPTE. - Recueil des observations et des recherches qui ont été faites durant l'expédition de l'armée française, 1ère éd., 9 vol. de textes et 12 vol. d'atlas et documents dessinés (1809 à 1813).

BIBLIOTHÈQUE DE L'ÉCOLE DES HAUTES ÉTUDES. -Maspéro : *Genre épistolaire*, 1872; Grébaut : *Hymne à Amon-Râ*, 1875 ; Virey : *Papyrus Prisse*, 1887 ; Jéquier : *L'Hadès*, 1894.

ANNALES DU MUSÉE GUIMET. - Lefébure : *Hypogées royaux*, 1886 ; Amélineau : *Gnosticisme*, 1887 ; Mahler : *Calendrier*, 1907.

BIBLIOTHÈQUE ÉGYPTOLOGIQUE. - Œuvres des égyptologues français : Leroux : deux volumes, 1893 ; Maspéro : *Mythologie*, 1894 ; Dévéria : *Mémoires*, 1904 ; Chabas : *Œuvres*, 1905 ; de Rougé : *Œuvres*, 1909.

ARCHEOLOGICAL SURVEY. - Griffith : *Hieroglyphs*, 1895 ; Davies : *Ptahhetep*, 1897 ; Crowfoot : *Meroé*, 1911.

ALTERTUMSKUNDE AEGYPTENS. - Sethe : *Horusdiener*, 1903 ; Schaeffer : *Mysterien des Osiris*, 1904.

EGYPT EXPLORATION FUND. - Naville : *Pithom*, 1885 ; Petrie : *Dendérah*, 1900.

ÉTUDES ÉGYPTOLOGIQUES. - Lefébure : *Mythe osirien*, 1874 ; Révillout : *Chrestomathie*, 1880.

Y en orden alfabético de autores

Autores	Obras	Fechas
Amélineau E.	*Études sur le payrus de Boulacq*	1892
— —	*Le culte des rois prédynastiques* (art. dans le « Journal des Savants » de 1906	
Ampère J.-J.	*Transmission des professions dans l'ancienne Égypte*	Septiembre 1848
Baillet Auguste	*Fonctions du Grand-Prêtre d'Ammon*	1865
Bergmann	*Hieroglyphs Inschrifften*	1879
Birch Samuel	*Select Papyri of Britisch Museum*	1841
Brugsch Émile	*Le livre des Rois*	1887
— —	*Dictionnaire géographique ancien*	1877
Budge Wallis	*Papyrus d'Ani*	1895
Burton James	*Excerpta hieroglyphica*	1825
Capart Jean	*La fête de frapper les Annou*	1901
Chabas François	*Le papyrus Harris*	1860
Chassinat Émile	*Dendérah* (6 vol.) I.F.A.O.	1911
Davis Charles	*Le Livre des Morts*	1894
Dévéria Th.	*Papyrus de Nebqeb*	1872
Devilliers	*Dendérah*	1812
Ebers Georges	*Papyrus Ebers*	1875
Einselohr August	*Avant le règne de Ramsès III*	1872
Erman Adolf	*AEgypten Leben im Alterthum geschildert*	1885
— —	*Grammaire égyptienne*	1894
Frazer J.-G.	*Totémisme*	1887
Gaillard Claude	*Le Bélier de Mendès*	1901
Gardiner Alan	*Papyrus de Berlin*	1908
— —	*The Admonitions of an Egyptian Sage*	1909
— —	*Textes hiératiques (pap. Anastasi et Koller)*	1911

Gayet Albert	La Civilisation pharaonique	1907
Golénitscheff	Papyrus n°1 de St-Pétersbourg	1876
— —	Papyrus hiératique n°15	1906
Grébaut Eugène	Les deux yeux du disque solaire	1879
Grenfell Bernard	The Amherst Papyri	1891
Griffith	Two Papyri hieroglip. from Tanis	1889
Groff William	Le nom de Jacob et Joseph en égyptien	1885
— —	Papyrus d'Orbiney	1888
Guieysse Paul	Hymne au Nil	1890
Horrack Ph.-J. (de)	Les Lamentations d'Isis et de Nephtys	1866
— —	Le Livre des Respirations	1877
Jollois J.-B.	Dendérah	1814
Lanzone Rod.	Le domicile des Esprits	1879
Lauth Fr. J.	Pharaon Meneptah	1867
Lenormand Fr.	Les premières civilisations	1874
Le Page-Renouf P.	Religion of Ancient Egypt	1880
Lieblein J.	Recherches sur la chronologie égyptienne	1873
— —	Papyri hiératiques du musée de Turin	1868
— —	Dictionnaire des noms hiéroglyphiques	1871
Lieblein Dr J.	Recherches sur la civilisation de l'ancienne Égypte	1910
Loret Victor	Rituel des fêtes d'Osiris à Dendérah	1895
— —	Manuel de la langue égyptienne	1896
Mariette Aug.	Description du Grand Temple de Dendérah	1875
Martin Théodore	Opinion de Manéthon sur sa chronologie	1860
Maspéro Gaston	Littérature religieuse des anciens Egyptiens	1872
Moret Alexandre	Le rituel du culte divin	1902
— —	Rois et Dieux	1911

— —		Mystère égyptiens	1911
Morgan J. (de)		Recherches sur les origines de l'Égypte	1897
Naville Édouard		La Litanie du Soleil	1875
— —		La religion des anciens Égyptiens	1906
Petrie W. Flinders		Religion of ancient egypt	1906
Pierret Paul		Horus sur les crocodiles	1869
— —		Vocabulaire hiéroglyphique	1875
Reinach A.-J.		L'Égypte préhistorique	1908
Révillout Eugène		Chronique contemporaine de Manéthon	1876
Rougé Emm. (de)		Origines de la race égyptienne	1895
Sharpe Samuel		History of Egypt	1870
Virey Philippe		Religion de l'ancienne Égypte	1909
Young Thomas		Hieroglyphics	1823

Casi toda la bibliografía fue consultada en la *Bibliothèque des "Fontaines"*, cerca de Chantilly, en Oise, donde los bibliotecarios de los Padres Jesuitas vigilan de cerca 600.000 volúmenes filosóficos y religiosos, permitiendo al mismo tiempo el acceso a los interesados. Nos gustaría agradecerles aquí.

OTROS TÍTULOS

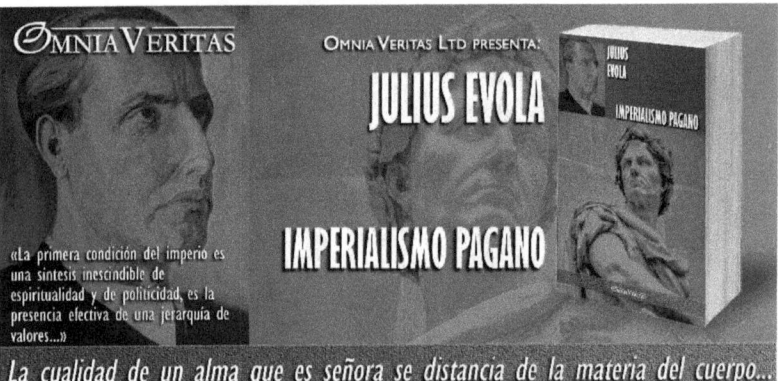

EL GRAN CATACLISMO

Omnia Veritas Ltd presenta:

Historia Proscrita
I
Los Banqueros y las Revoluciones

por

Victoria Forner

Los procesos revolucionarios necesitan agentes, organización y, sobre todo, financiación, dinero.

Las cosas no son a veces lo que aparentan...

EL GRAN CATACLISMO

OMNIA VERITAS

Omnia Veritas Ltd presenta:

HISTORIA PROSCRITA II
LA HISTORIA SILENCIADA DE ENTREGUERRAS

POR

VICTORIA FORNER

"El verdadero crimen es acabar una guerra con el fin de hacer inevitable la próxima."

EL TRATADO DE VERSALLES FUE "UN DICTADO DE ODIO Y DE LATROCINIO"

OMNIA VERITAS

Omnia Veritas Ltd presenta:

HISTORIA PROSCRITA III
LA II GUERRA MUNDIAL Y LA POSGUERRA

POR

VICTORIA FORNER

Distintas fuerzas trabajaban para la guerra en los países europeos

MUCHOS AGENTES SERVÍAN INTERESES DE UN PARTIDO BELICISTA TRANSNACIONAL

OMNIA VERITAS

Omnia Veritas Ltd presenta:

HISTORIA PROSCRITA IV
HOLOCAUSTO JUDÍO, NUEVO DOGMA DE FE PARA LA HUMANIDAD

POR

VICTORIA FORNER

Nunca en la historia de la humanidad se había producido una circunstancia como la que estudiaremos...

UN HECHO HISTÓRICO SE HA CONVERTIDO EN DOGMA DE FE

Omnia Veritas Ltd presenta:

EUROPEA Y LA IDEA DE NACIÓN
seguido de
HISTORIA COMO SISTEMA
por
JOSÉ ORTEGA Y GASSET

Pero la nación europea llegó a ser "nación" porque añadiera formas de vida que pretenden representar una "manera de ser hombre"

Un programa de vida hacia el futuro

Omnia Veritas Ltd presenta:

FRANCO
por
JOAQUÍN ARRARÁS

"La alegría del alma está en la acción." De Marruecos sube un estruendo bélico, que pasa como un trueno sobre España.

Caudillo de la nueva Reconquista, Señor de España

Omnia Veritas Ltd presente:

LA GUERRA OCULTA
de
Emmanuel Malynski

En esencia, **La Guerra Oculta** es una metafísica de la historia, es la concepción de la perenne **lucha entre dos opuestos** órdenes de fuerzas...

La Guerra Oculta es un libro que ha sido calificado de "maldito"

El análisis más anticonformista de los hechos históricos

"En el islamismo, la tradición es de doble esencia, religiosa y metafísica"

Se las compara frecuentemente a la "corteza" y al "núcleo" (el-qishr wa el-lobb)

Omnia Veritas Ltd presenta:

RENÉ GUÉNON

APERCEPCIONES SOBRE LA INICIACIÓN

«A menudo nos concentramos en los errores y confusiones que se hacen sobre la iniciación...»

Somos conscientes del grado de degeneración al que ha llegado el Occidente moderno ...

Omnia Veritas Ltd presenta:

RENÉ GUÉNON
APRECIACIONES SOBRE EL ESOTERISMO CRISTIANO

« Este cambio convirtió al cristianismo en una religión en el verdadero sentido de la palabra y una forma tradicional ... »

Las verdades esotéricas estaban fuera del alcance del mayor número...

Omnia Veritas Ltd presenta:

RENÉ GUÉNON
AUTORIDAD ESPIRITUAL Y PODER TEMPORAL

"La distinción de las castas constituye, en la especie humana, una verdadera clasificación natural a la cual debe corresponder la repartición de las funciones sociales."

La igualdad no existe en realidad en ninguna parte

Omnia Veritas Ltd presenta:

RENÉ GUÉNON

EL ERROR ESPIRITISTA

En nuestra época hay muchas otras "contraverdades" que es bueno combatir...

Entre todas las doctrinas "neoespiritualistas", el espiritismo es ciertamente la más extendida

« Dante indica de una manera muy explícita que hay en su obra un sentido oculto, propiamente doctrinal, del que el sentido exterior y aparente no es más que un velo »

... y que debe ser buscado por aquellos que son capaces de penetrarle

"Cuando consideramos lo que es la filosofía en los tiempos modernos, no podemos impedirnos pensar que su ausencia en una civilización no tiene nada de particularmente lamentable."

El Vêdânta no es ni una filosofía, ni una religión

OMNIA VERITAS LTD PRESENTA:

RENÉ GUÉNON

EL REINO DE LA CANTIDAD Y LOS SIGNOS DE LOS TIEMPOS

« Porque todo lo que existe de alguna manera, incluso el error, necesariamente tiene su razón de ser »

... y el desorden en sí mismo debe encontrar su lugar entre los elementos del orden universal

"Un principio, la Inteligencia cósmica que refleja la Luz espiritual pura y formula la Ley"

El Legislador primordial y universal

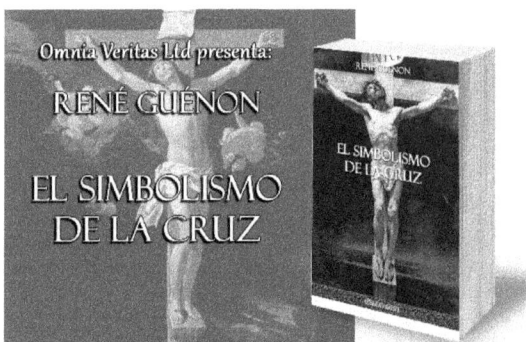

«La consideración de un ser en su aspecto individual es necesariamente insuficiente»

... puesto que quien dice metafísico dice universal

OMNIA VERITAS LTD PRESENTA:

RENÉ GUÉNON

EL TEOSOFISMO

HISTORIA DE UNA SEUDORELIGIÓN

"Nuestra meta, decía entonces Mme Blavatsky, no es restaurar el hinduismo, sino barrer al cristianismo de la faz de la tierra"

El término teosofía sirvió como una denominación común para una variedad de doctrinas

EL GRAN CATACLISMO

OMNIA VERITAS

OMNIA VERITAS LTD PRESENTA:

RENÉ GUÉNON

ESTUDIOS SOBRE

EL HINDUÍSMO

"Considerando la contemplación y la acción como complementarias, nos emplazamos en un punto de vista ya más profundo y más verdadero"

... la doble actividad, interior y exterior, de un solo y mismo ser

OMNIA VERITAS

Omnia Veritas Ltd presenta:

RENÉ GUÉNON

ESTUDIOS SOBRE
LA FRANCMASONERIA
Y EL COMPAÑERAZGO

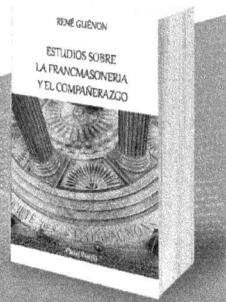

«Entre los símbolos usados en la Edad Media, además de aquellos de los cuales los Masones modernos han conservado el recuerdo aun no comprendiendo ya apenas su significado, hay muchos otros de los que ellos no tienen la menor idea.»

la distinción entre "Masonería operativa" y "Masonería especulativa"

OMNIA VERITAS

OMNIA VERITAS LTD PRESENTA:

RENÉ GUÉNON

FORMAS TRADICIONALES
Y CICLOS CÓSMICOS

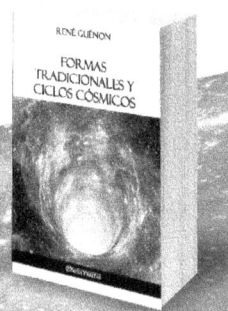

«Los artículos reunidos en el presente libro representan el aspecto más "original" de la obra de René Guénon.»

Fragmentos de una historia desconocida

Omnia Veritas Ltd presenta:

RENÉ GUÉNON
INICIACIÓN
Y
REALIZACIÓN ESPIRITUAL

« Necedad e ignorancia pueden reunirse en suma bajo el nombre común de incomprensión »

La gente es como un "reservorio" desde el cual se puede disparar todo, lo mejor y lo peor

OMNIA VERITAS LTD PRESENTA:

RENÉ GUÉNON
INTRODUCCIÓN GENERAL AL ESTUDIO DE LAS DOCTRINAS HINDÚES

« Muchas dificultades se oponen, en Occidente, a un estudio serio y profundo de las doctrinas orientales »

... este último elemento que ninguna erudición jamás permitirá penetrar

Omnia Veritas Ltd presenta:

RENÉ GUÉNON
LA CRISIS DEL MUNDO MODERNO

«Parece por lo demás que nos acercamos al desenlace, y es lo que hace más posible hoy que nunca el carácter anormal de este estado de cosas que dura desde hace ya algunos siglos»

Una transformación más o menos profunda es inminente

«En todo ternario tradicional, cualesquiera que sea, se quiere encontrar un equivalente más o menos exacto de la Trinidad cristiana»

Omnia Veritas Ltd presenta:

RENÉ GUÉNON

LA GRAN TRÍADA

se trata muy evidentemente de un conjunto de tres aspectos divinos

«La metafísica pura, al estar por esencia fuera y más allá de todas las formas y de todas las contingencias»

no es ni oriental ni occidental, es universal

«Vamos a hablar de un hombre extraordinario en el sentido más estricto de la palabra. Pues no es posible definirlo ni "clasificarlo".»

Omnia Veritas Ltd presenta:

PAUL CHACORNAC

LA VIDA SIMPLE DE RENÉ GUÉNON

Por su inteligencia y su saber, el fue, durante toda su vida, un hombre oscuro

«Según la significación etimológica del término que le designa, el Infinito es lo que no tiene límites»

La noción del Infinito metafísico en sus relaciones con la Posibilidad universal

«... nos ha parecido útil emprender este estudio para precisar algunas nociones del simbolismo matemático»

OMNIA VERITAS LTD PRESENTA:

RENÉ GUÉNON

LOS PRINCIPIOS DEL CÁLCULO INFINITESIMAL

Esa ausencia de principios que caracteriza a las ciencias profanas

"Hay cierto número de problemas que constantemente han preocupado a los hombres, pero quizás ninguno ha parecido generalmente tan difícil de resolver como el del origen del Mal"

OMNIA VERITAS LTD PRESENTA:

RENÉ GUÉNON

MISCELÁNEA

Este dilema es insoluble para aquellos que consideran la Creación como la obra directa de Dios

Omnia Veritas Ltd presenta:

RENÉ GUÉNON
ORIENTE Y OCCIDENTE

«La civilización occidental moderna aparece en la historia como una verdadera anomalía...»

Esta civilización es la única que se ha desarrollado en un aspecto puramente material

OMNIA VERITAS LTD PRESENTA:

RENÉ GUÉNON
ESCRITOS PARA REGNABIT

«Esa copa sustituye al Corazón de Cristo como receptáculo de su sangre. ¿Y no es más notable aún, en tales condiciones, que el vaso haya sido ya antiguamente un emblema del corazón?»

El Santo Grial es la copa que contiene la preciosa Sangre de Cristo

OMNIA VERITAS LTD PRESENTA:

RENÉ GUÉNON
SÍMBOLOS DE LA CIENCIA SAGRADA

«Este desarrollo material ha sido acompañado de una regresión intelectual, que ese desarrollo es harto incapaz de compensar»

¿Qué importa la verdad en un mundo cuyas aspiraciones son únicamente materiales y sentimentales?

www.omnia-veritas.com

www.ingramcontent.com/pod-product-compliance
Lightning Source LLC
Chambersburg PA
CBHW050130170426
43197CB00011B/1781